本书是2016年湖北省教育厅人文社科重点项目——符号学视野下的当代图文关系研究（16D072）的结题性成果，并得到湖北民族学院学科建设费的出版资助。

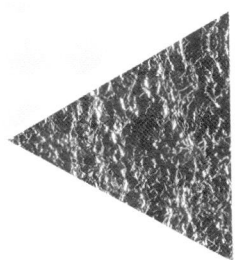

图像化时代的
图文关系研究

李烨鑫 著

中国社会科学出版社

图书在版编目(CIP)数据

图像化时代的图文关系研究/李烨鑫著. —北京：中国社会科学出版社，2018.10
ISBN 978-7-5203-3434-1

Ⅰ.①图… Ⅱ.①李… Ⅲ.①传播学—研究 Ⅳ.①G206

中国版本图书馆 CIP 数据核字（2018）第 245626 号

出 版 人	赵剑英
责任编辑	陈肖静
责任校对	石春梅
责任印制	戴 宽

出　　版	中国社会科学出版社
社　　址	北京鼓楼西大街甲 158 号
邮　　编	100720
网　　址	http://www.csspw.cn
发 行 部	010-84083685
门 市 部	010-84029450
经　　销	新华书店及其他书店
印　　刷	北京明恒达印务有限公司
装　　订	廊坊市广阳区广增装订厂
版　　次	2018 年 10 月第 1 版
印　　次	2018 年 10 月第 1 次印刷
开　　本	710×1000　1/16
印　　张	16.75
插　　页	2
字　　数	201 千字
定　　价	68.00 元

凡购买中国社会科学出版社图书，如有质量问题请与本社营销中心联系调换
电话：010-84083683
版权所有　侵权必究

目 录

绪论 ……………………………………………………（1）
  一　问题缘起 …………………………………………（3）
  二　研究对象 …………………………………………（6）
  三　研究现状与不足 …………………………………（12）
  四　研究思路与内容 …………………………………（21）
  五　创新之处 …………………………………………（23）

第一章　新的时代：图像化时代 ………………………（24）
  第一节　逻辑起点："图像转向" …………………（25）
    一　"语言转向"与"图像转向" ……………………（25）
    二　"图像转向"的两种命运 ………………………（31）

  第二节　文化语境：视觉文化 ………………………（33）
    一　视觉与视觉文化 ………………………………（33）
    二　视觉文化的本质言说 …………………………（37）

  第三节　图像化时代 …………………………………（40）
    一　两种称谓："图像时代"及"读图时代" ………（40）

二　图像泛化与图文关系 …………………………………… (47)
　　三　图像化时代之"化" ……………………………………… (50)

第二章　图文之辨 …………………………………………………… (56)
　第一节　语言之魅 ………………………………………………… (60)
　　一　缺席的形象 …………………………………………………… (61)
　　二　联结的言语流 ………………………………………………… (65)
　第二节　图像之魅 ………………………………………………… (68)
　　一　虚拟的在场 …………………………………………………… (68)
　　二　定格的空间 …………………………………………………… (79)
　第三节　图文的部分"祛魅" ……………………………………… (84)
　　一　语言符号的新质 ……………………………………………… (87)
　　二　图像符号的新质 ……………………………………………… (96)
　　三　图文新质与图文关系 ………………………………………… (114)

第三章　场域理论与图文关系 …………………………………… (117)
　第一节　历史回顾：图文关系的主要论题 ……………………… (118)
　　一　"书画同体" …………………………………………………… (118)
　　二　尊诗贬画 ……………………………………………………… (123)
　　三　言、象、意之辨 ……………………………………………… (128)
　第二节　场域理论视阈下的图文关系 …………………………… (131)
　　一　场域理论及符号场域 ………………………………………… (132)
　　二　游戏关系："勾结"与"竞争" ………………………………… (137)
　　三　"场域理论"下的图文关系 …………………………………… (140)

第四章　图文互换：超符号美学 …………………………………（154）

第一节　图文互换的基点 ………………………………………（155）
一　图文互换的"出位之思" …………………………………（155）
二　图文互换的均势互仿 ……………………………………（160）
三　异质同构与图文互换 ……………………………………（166）

第二节　图文转换的思维过程 …………………………………（180）
一　从符号到"精神的图像" …………………………………（181）
二　从"精神的图像"到异质符号 ……………………………（183）

第三节　图文互换的三种表征 …………………………………（186）
一　能指互换，所指共同 ………………………………………（188）
二　能指互换，所指增损 ………………………………………（191）
三　能指互换，所指迥异 ………………………………………（193）

第四节　图文转换的原则 ………………………………………（195）
一　忠实性原则 …………………………………………………（195）
二　重构性原则 …………………………………………………（198）

第五节　图文互换的局限 ………………………………………（201）
一　语言再现之视觉再现的局限 ……………………………（203）
二　视觉再现之语言再现的局限 ……………………………（205）

第五章　图文缝合 …………………………………………………（210）

第一节　"文学图像化" …………………………………………（212）
一　文学语言的图像化 …………………………………………（213）
二　创作主体的图像化追求 ……………………………………（216）
三　文学文本的图像化 …………………………………………（217）

第二节　"图像文学化" …………………………………………（221）

一　图像所指的文学化 ……………………………………（221）
　　二　图像文本的文学化 ……………………………………（224）
第三节　图文缝合之后 …………………………………………（225）
　　一　积极影响 ………………………………………………（225）
　　二　消极影响 ………………………………………………（230）

结语　坚守场域特性，开拓艺术空间 ………………………（239）
参考文献 ………………………………………………………（249）
致谢 ……………………………………………………………（261）

绪　论

语言符号和图像符号古已有之，它们是人们传递信息、表情达意的重要工具，也是人类文化的重要载体。与此同时，对这两者的研究也是早已有之，所以图文关系[①]的研究也并不是一个新鲜的论题。在人类文明的发展过程中，文字符号因为其思想性、抽象性、时间性等诸多特征而占据主导地位。但是，自20世纪以来，随着摄影艺术和影视艺术的发展，图像符号在文化领域内逐渐发展并日渐兴盛。各种各样的图像符号纷纷出现，大有抢占语言符号固有领地的趋势。对此，法国学者米歇尔·德塞图在 The Practice of Everyday Life（《日常生活实践》）一书中对图像的大行其道有过这样的描述：

> 从电视到报纸，从广告到各类商业形象，我们社会的特征是视觉的癌症般扩散，所有东西的价值都取决于显示或被显示的能力，谈话也被转化为视觉过程。这是一种眼睛的史诗，阅

[①] 本书的"图文关系"主要在符号的层面上，指语言艺术符号和图像艺术符号之间的关系。

读冲动的史诗。①

在这一段论述中，米歇尔·德赛图用形象的语言，生动地描述了日常生活中图像激增的状态。"视觉的癌症般扩散"用比喻形象地表现了图像增长的速度之快和效力之强。在这个时代里，"视觉形象"、"显示"、"眼睛"等术语是其重要标签，也是学者们研究的重点。的确，放眼四周，我们的生活已经被各种各样的图像所充斥，形态各异的图像改变了我们的生活方式，也改变了我们的思想观念。可以说，我们正处在一个图像快速增长、图文并存的图像化时代。

新事物、新情况的出现必定会引起固有态势的变化，也必将产生与之相应的理论和现实问题，从而引导我们去分析、研究，并将实践上升为理论，再以理论指导实践。图像符号的异军突起改变了人们的生活状态，也改变了人们的思维方式和行为方式，这些变化引起了学术界的研究兴趣。在新的图像化时代②，语言符号和图像符号本身发生了哪些变化？两者之间的关系有什么改观？语言符号和图像符号之间可以转换，两者互换的理论基础和依据是什么？在图文互换的过程中，异质符号之间能够转换和不能转换的因素是哪些？……这些问题是本书的研究内容，将在相关章节依次展开讨论。

《绪论》部分从问题意识出发，依次谈到问题缘起、研究对象、研究现状与不足、研究思路与内容以及创新之处这五大方面，从而为正文的研究奠定基础。

---

① Michel de Certeau, *The Practice of Everyday Life*, trans. Steven Rendall. California & London: Univeristy of Canifornia Press, 1984, p. XXI.

② 对"图像转向"影响下所形成的新的时代，不同的学者有不同的称谓，如"图像时代""读图时代"等，本文一律称为"图像化时代"。"图像化时代"是本图文文关系研究的时间区域，这个时代的特征在本文第一章中具体论述。

一　问题缘起

图文关系的研究既是学界的重点，也是热点，并且取得了丰硕的研究成果。如莱辛在《拉奥孔》中对于诗画界限的论述①、钱钟书的《读〈拉奥孔〉》以及《中国诗与中国画》等文章对莱辛理论的进一步深化②，他们的理论建构不愧为图文关系研究史上的瑰宝，具有典型意义。但是也反映出一些缺陷和不足，这些缺陷和不足构成了研究的缘起。图文关系研究所出现的主要问题如下：

问题之一在于，现有的图文关系研究侧重于图文之间的界限和区别，而忽视了图文之间的互补关系以及两者之间的融会贯通。莱辛在《拉奥孔》中用"时间"和"空间"这两个维度在诗和画之间划分出严格而清晰的界限，他认为诗歌属于时间艺术，而绘画属于空间艺术，各自具有自己的独特表现领域。莱辛认为，诗歌的表现力要比绘画强得多，表现领域也更宽广。因为诗歌通过线性的语言文字符号，在时间的轴线上……而绘画作为空间艺术，只能在某些顷刻来表现关键性的情节。钱钟书在《读〈拉奥孔〉》中使诗歌的表现力及领域进一步扩大，而画的表现力及领域则相应缩小。他认为，诗画之间除了莱辛所提到的时间和空间的差别，还表现在诗歌中"带有显明表情的内心状态"、"分合错综的复杂关系"、气氛性的景色等在绘画中都是很难画出的。诗歌善于描写运动的场面和抽象的物体，它可以表现颜色的虚实、表现"似是而非、似非而是"的情景。他甚至认为莱辛所说的绘画的"最富于孕育性

---

① ［德］莱辛：《拉奥孔》，朱光潜译，人民文学出版社1979年版。
② 钱钟书：《七缀集》，生活·读书·新知三联书店2003年版。

的那一顷刻"①的特征也可以在文学艺术中体现,所以,诗歌是优于绘画的。

莱辛和钱钟书所论述的诗和画其实只涉及其所属艺术符号类型②中的一部分。如莱辛所论述的诗主要指向叙事诗,钱钟书将研究范围扩大到了抒情诗,但是也并没有达到关涉所有诗歌类型的宏观高度(尽管这样的要求未免显得苛刻)。也就是说,他们的诗画理论并不能涵盖所有的诗画类型。所以,在理论的普适性上存在一定的缺失。而且,随着20世纪中叶以来"图像转向"的发生,原有理论的普适性则变得更小、更狭窄。因为,语言和图像的外延和内涵都发生了变化,其中以图像的变化尤为显著。至少,随着传媒技术的发展,图像的运动性③成为重要特征,而传统图像符号研究的主体是静止图像④如:绘画艺术,摄影艺术。同时,因为影视艺术作为最年轻的一门艺术⑤,具有"站在巨人肩膀上"的优势,所以成为一门综合其他已经发展成熟的艺术类型优长的新型艺术。它融合了文学、诗歌、舞蹈、戏剧等众多艺术类型的特性,从而具有综合性的艺术特征。因此,语言符号和图像符号的艺术特征和表现力都发生了变化,这些变化也亟待建构与之相对应的理论。

---

① [德] 莱辛:《拉奥孔》,朱光潜译,人民文学出版社1979年版,第85页。
② 分别对应本文的两大研究对象:语言艺术符号和图像艺术符号。
③ 图像的运动性指的是以影视艺术为代表的图像的主要特征,这类图像建立在"视觉暂留"原理的基础之上,分别以每秒24画格(电影)和26画格(电视)的标准将静止的画面剪辑在一起,因为视网膜上短暂停留的图像而造成运动的假象,从而使我们在影视艺术中欣赏到以运动的图像来展现事物的发生和发展。图像的运动性不单单是其艺术特征,而是强调影视技术的维度,是建立在技术发展基础之上的艺术特征。影视艺术就是运动图像的代表类型。
④ 静止图像主要指绘画、雕塑等以单幅的、静止的状态存在的图像。
⑤ 影视艺术又被称为"第七艺术",出现于19世纪末20世纪初,是继绘画、音乐、舞蹈、文学、雕塑等古老艺术门类之后的年轻艺术。正因为年轻,所以,它能吸取已有艺术门类的优势为它所用,所以,它是"站在巨人肩膀上"发展起来的。

既然语言符号和图像符号的特征都发生了变化,那么两者之间的关系也必将发生变化:从强调差异性关系变成互补性关系。通过日常生活现象,我们更多地看到两者相互融合、相辅相成的关系。图文关系涉及图文转换的问题,即语言文字符号和图像符号的相互转换。在现实生活中,图文转换在现实实践中开展得如火如荼,如文学作品的影视改编,但是理论建构相对滞后。所以,图文互换的理论探讨也具有一定现实意义。

问题之二在于根深蒂固的"语言中心主义"观念所引起的重语言、轻图像的思想倾向,这种思想倾向影响了人们对图文关系的正确认识。在人类文明发展历史上,语言符号长期以来占据着主导地位,从而使人们形成了"语言中心主义"的观念。人们认为,语言符号的抽象性、思想性、时间性等特征是它的优势所在,而图像符号与之相比则逊色很多。所以,只有语言符号才能够承担起信息交流、文明传承,甚至建构主体和世界的重任。如赵宪章在研究两者互相转换的时候就认为语言是强势符号,所以从文到图的转换过程是"顺势"之为,而图像是弱势符号,所以从图到文的转换过程是"逆势"之为。[①] 这些观点多多少少站在"语言中心主义"的立场,夸大了语言符号的优势而贬低了图像符号的优势,相应地也会导致对图文关系的不全面认识。

以上两个主要问题导致了"图文之争"的白热化。在图像化时代,图像的激增对语言符号的主导地位产生冲击,由此导致语言符号与图像符号之间争夺领地的斗争。如文艺理论界的"文学终结论"、"文学边缘说"以及文学深度的流失等都是代表性学说。持这

---

① 赵宪章:《语图互仿的顺势和逆势——文学与图像关系新论》,《中国社会科学》2011年第5期。

些观点的学者们认为,图像的兴盛已经危及语言符号的生存,这不免有些危言耸听,也缺乏坚实的理论依据。所以,如何用语言符号和图像符号的差异论、互补论和互换论指导现实实践,也是一个值得研究的问题。

二 研究对象

从符号学的层面对语言和图像进行研究,首先得从符号说起。对于"什么是符号"这一问题,众说纷纭。美国著名符号学家皮尔士认为符号是在某些方面或某种能力上相对于某人而代表某物的东西,他这样说道:

> 符号或者符号媒介在某种程度上向某人代表某样东西。它是针对某个人而言的,也就是说,它在那个人头脑里激起一个相应的符号,或者一个更加发达的符号。我把这个后产生的符号称为第一个符号的"意义"。符号代表某样东西,即它的"指称对象"。它并不是在所有方面都代表那个对象,而是通过某种观念来完成的。[①]

从以上的论述中我们可以看出,符号主要由三部分组成:符号媒介、符号意义以及指称对象,这就是皮尔士的符号三分法。符号媒介具有相应的指称对象,并产生一定的意义。简而言之,符号就是代表着某物(指向某个对象),并能产生一定意义的某物。

而赵毅衡认为:"符号是携带意义的感知:意义必须用符号才能

---

① [美] C. 哈特雄等编:《皮尔士全集》第 2 卷,哈佛大学出版社 1931 年版,第 135 页。

表达，符号的用途是表达意义。反过来：没有意义可以不用符号表达，也没有不表达意义的符号。"[①] 他从符号功能的角度说明符号与意义之间的一一对应关系：任何符号都表达意义，任何意义都必须用符号表达。而索绪尔认为符号是由能指和所指这两个对立统一成分构成的整体。他的论述与皮尔士的相比，少了一个环节，即指称对象，从而使符号能指和所指直接联系起来。

不管是按照皮尔士的"三分法"、索绪尔的"两分法"，还是赵毅衡的符号和意义的对应关系，符号都要通过某种符号形式表达某些意义。符号的种类繁多，而语言符号和图像符号是符号系统中的两种主要类型。它们无论是在能指的表现特征上，还是能指和所指（符号和意义）之间的联系方式上，以及所指的指涉范围等方面，都表现出不同的特征。也就是说，从符号层面来看，语言符号和图像符号具有迥异的特性。但是，随着时代的发展，特别是随着图像的激增，语言和图像各自的迥异性特征出现了互动，彼此发生了影响。这些新的变化和特征成为本书的研究内容之一。

本书从符号的不同特征出发，将语言符号和图像符号作为研究对象，并且只研究艺术作品中的语言符号和图像符号。具体来说，本书的研究对象是作为艺术符号的语言和作为艺术符号的图像。

（一）艺术领域内的语言符号

著名语言学家索绪尔认为语言是概念和音响形象构成的两面的心理实体，而概念和音响形象分别对应所指和能指。概念的心理性是显而易见的，而音响形象也不是纯粹物质性的声音。为此，索绪尔还专门指出："语言符号连结的不是事物和名称，而是概念和音响

[①] 赵毅衡：《符号学原理与推演》，南京大学出版社2011年版，第1页。

形象。后者不是物质的声音，纯粹物理的东西，而是这声音的心理印迹，我们的感觉给我们证明的声音表象。它是属于感觉的，我们有时把它叫做'物质的'，那只是在这个意义上说的，而且是跟联想的另一个要素，一般更抽象的概念相对立而言的。"① 可以看出，即使是音响形象，也强调它和接受者相契合的心理状态。"心理实体"在很大程度上与符号的抽象思维性有关，所以，能指和所指的划分，将语言与心理性，进而与抽象性结合在一起，表明了语言符号显明的抽象性特征。

接着，索绪尔又论述了语言符号的两个基本原则：一是符号的任意性原则，即符号和意义之间并没有必然的联系，而是随意性的关联。如法语称"牛"为"boeuf"，德语称牛为"Ochs"，其中所指一样，但是能指不同（无论是从发音还是从字形上）。二是符号能指的线条特征，即"能指属听觉性质，只在时间上展开，而且具有借自时间的特征：(a) 它体现一个长度，(b) 这个长度只能在一个向度上测定：它是一条线。"② 这两个基本原则组成语言符号最重要的两个特征：语言表意的抽象性特征与语言能指的时间性特征。

爱德华·萨丕尔认为："语言是纯粹人为的，非本能的，凭借自觉地制造出来的符号系统来传达观念、情绪和欲望的方法。"③ 他的观点也强调语言的人为性特征以及思想性特征。在图像化时代，语言符号的这些特征发生了变化，所以，其功能和意义也必将发生变化。

---

① [瑞士] 费尔迪南·德·索绪尔：《普通语言学教程》，高名凯译，商务印书馆2008年版，第101页。
② 同上书，第106页。
③ [美] 爱德华·萨丕尔：《语言论——言语研究导论》，陆卓元译，陆志韦校，商务印书馆2007年版，第7页。

随着时代的发展，语言符号无论是从能指还是所指方面都发生了很大变化。语言符号的抽象性特征与时间性特征也融入了一些新的特征。这是本书将语言符号作为研究对象的重要原因之一。

但是，语言符号在文明发展史上长期占据主导地位，可以说，它是人类文明传承的主要载体。因此，几乎各门学科、各种领域内都使用语言符号。本书的研究对象不是所有学科和领域内的语言符号，而限定在艺术作品类型中的语言符号。作为艺术符号的语言将研究对象的范围再次缩小，是对"语言符号"这个研究对象的再次定位。具体来说，艺术领域内的语言符号主要体现在文学作品中。所以，本书主要研究艺术领域内的语言符号的场域性特征、图像化时代语言符号在特征方面产生的新的变化以及这些变化对图文关系的影响。

当然，艺术领域内的语言符号既具有一般语言符号的共性，也具有自身的个性，如艺术语言符号独有的审美性特征、情感性特征等。所以，在研究语言符号的时候，我们还要适度关注这些因素。

（二）艺术领域内的图像符号

早在1972年，英国学者E. H. 贡布里希在《视觉图像在信息交流中的地位》一文中这样写道：

> 我们的时代是一个视觉时代，我们从早到晚都受到图片的侵袭。在早餐读报时，看到新闻中有男人和女人的照片，从报纸上移开视线，我们又看到食物盒上的图片。邮件到了，我们开启一封封信，光滑的折叠信纸上要么是迷人的风景和日光浴中的姑娘，使我们很想去做一次假日旅游，要么是优美的男礼服，使我们禁不住想去定做一件。走出房间后，一路上的广告牌又在竭力吸引

我们的眼睛，试图挑动我们去抽上一支烟、喝上一口饮料或吃上点什么的愿望。上班之后更得去对付某种图片信息，如照片、草图、插图目录、蓝图、地图或者图表。……①

他的论述生动详细地描述了我们当今生活的真实状态：不管我们是否觉察到，我们每天都面临无数充满吸引力的图像。图像已经进入我们的日常生活，构成我们生活中不可或缺的因素，上文所述都是图像符号的具体表现形式。当然，本书所研究的图像的范围要小得多，因为没有将广义的图像纳入研究范围。

在西方，"图像"一词有三种基本表达：一是德国艺术史家潘诺夫斯基所说的"Iconology"，它特指宗教圣像；二是 W. J. T. 米歇尔提出的"Image"，它是不能改变的原初图像信息，决定着图像的性质；三是用"Picture"来表达，这个概念也是米歇尔提出的，这是最大众化的一个术语，其涉及的范围较前两种有很大扩展，带有强烈的后现代的去精英化色彩。他的著作《图像理论》的英文原标题即是 *Picture Theory*，因为他认为这一单词能够表现出因为图像技术的发展所带来的图像的普及性，这种普及性已经祛除了传统绘画艺术的精英光环。

与潘诺夫斯基的"Iconology"相对应，"Picture"是图像的外形，是可以改变的，但是其中的"Image"作为内核、作为基因，其基本信息不能改变。所以，"Picture"是"Image"的表现形式，它可以有多副面孔，但是其实质——"Image"不变，这实际上只是一种理想状态。在传播过程和接受过程中，"Picture"的"Image"不可

---

① ［英］贡布里希：《视觉图像在信息交流中的地位》，载范景中选编《贡布里希论设计》，湖南科技出版社 2001 年版，第 106 页。

能不改变。为了充分彰显视觉化的特征，我们一般用"Picture"一词来表示"图像"概念。米歇尔视野中的图像涉及范围很广，包括绘画作品、杂志的封面封底、摄影作品、电影等从"元图像"到"形象文本"系列。在他后来的图像研究中，"图像"的范围更是空前扩大，类型也更加丰富多彩。其研究对象涉及广告、时装、灯箱等一切与视觉相关的事物。著名图像学研究专家布雷德坎普甚至将图像扩展到邮票、地毯样品、传单等物件。按照这样的逻辑，生活中是无处不"图像"了，这就是"图像泛化"现象。这种现象必将致研究工作的复杂化和困难化。实际上，"图像泛化"将导致真实世界不存在，整个世界全部由图像构成。换句话说，这个世界除了图像，一无所有。

图像符号是一个过于宽泛的概念，有些种类的图像不是本书的研究范畴和对象，譬如说，医学中作为判断病情的图像（医学影像）。所以，本书在图像符号的基础上进一步将研究范围限定在作为艺术符号的图像范畴之内。那么，从现有的七种艺术种类来考量的话，作为艺术符号的图像主要包括绘画、雕塑和影视等。

本书将研究范围限定在包括传统的绘画艺术、雕塑艺术以及现代的摄影、电影和电视等新艺术形式的范围之内。它们主要是一种诉诸人的视觉感受、以艺术性为主要审美趋向的图像形式，从而摈弃了缺少艺术性的纯粹生活图像，以尽量减少图像泛化所导致的边界不清的困惑。

本书将作为艺术符号的语言和图像共同置于20世纪特别是20世纪60年代以来的图像语境下，探讨在新的时代环境中语言和图像的关系。因为图文关系并不是在图像语境之下才存在的问题，而是一直存在于人类社会的发展过程中。在"图像转向"发生之前，基本都是语言占据着主导地位,而在"图像转向"发生后,图像对语言的冲击力日益增强,语言和图像之间的关系也呈现出一些新的变化。

从图像的动静表现状态来说,当代图像主要有两种基本类型:一是静止图像,主要包括绘画图像、雕塑图像以及摄影图像等;二是运动图像,主要指影视艺术。我们这两类图像划入艺术领域内的图像符号的范围之内,作为本书的研究对象。

三 研究现状与不足

(一)国外研究现状

国外对图文关系的研究呈现出两种主要倾向,一是强调差异性研究,而忽视互文性、互补性研究。这种差异性主要体现在精英图像与大众图像的差异,同时还体现在语言符号和图像符号的差异;二是作为艺术形式的图像研究逐渐泛化为作为文化形式的图像研究,而且这种泛化的程度之强是前所未有的。

从派别来分的话,国外的图像研究主要分为英国学派和美国学派:英国学派以布莱逊为代表,走的是以研究绘画等精英艺术为主的路线,如被称为"新艺术史"三部曲的《语词与图像:旧王朝时期的法国绘画》、《视觉与绘画:注视的逻辑》、《传统与欲望:从大卫到德拉克罗瓦》,这些著作都是针对图像中的绘画艺术。而绘画艺术与以技术为基础、具备大众性的现代影视艺术相比,则是具备仪式感和灵韵(本雅明语)、高高在上且与大众具有一定距离的精英艺术。美国学派以米歇尔为代表,他们的研究从精英路线转到大众路线,即进入日常生活图像的范围,如广告、影视等。他的代表作《图像理论》探讨了图像和语言的关系,他认为图像和文本之间呈现出互动关系,虽然两者的再现方式是异质的。图像和词语之间的差异主要与下列问题相关:(言说的)自我与(被视的)他者之间的差异;讲述与展示之间的差异;"道听途说"与"亲眼目睹"之间的差异;词语(听到的、引用的、刻写的)与客体或行动(看见的、描画的、描写的)之间的差异;传感渠道、再现的传统和经验模式之间的差异。[①] 之后他探讨了图像与权利、图像与公共领域等关系问题。从而得出结论,图像和话语之间的关系是一种权力关系[②],即强调图像的意识形态特征[③]。他认为:图像的接收方式——观看并不是肤浅的,而是与其他阅读形式同样深刻的一个问题。他还提出"元图像"(即关于图像的图像)的概念。他想要印证的观点是:图像也许能够反映自身,能够提供二级话语,告诉我们——至少向我们展示——有关图像的东西。[④] 因此,我们的方法步骤是图像再现的语言再现。元图像是一幅关于自身的图画,一幅援指自身创造的图画,然而又是一幅消解内外再现界限的图画,而这个内外界限正是元图像结构所依赖的基础。[⑤]

西方学术界将图像划分为精英艺术和大众艺术这两大阵营的研究现状,透露出这样的信息:持精英艺术研究路线的学者大多坚持以绘画作为传统艺术的阵地,而拒绝将新的图像艺术纳入自己的研究范畴,这将无视图像符号作为符号大家庭中的成员的现状,不能正确研究新的图像的特征;而持大众艺术研究路线的学者重视研究新的图像符号形式,但是也陷入忽略传统图像符号的境地。这是英、

---

① [美] W. J. T. 米歇尔:《图像理论》,陈永国、胡文征译,北京大学出版社 2006 年版,第 13 页。
② 同上书,第 302—306 页。
③ 同上书,第 16 页。
④ 同上书,第 28 页。
⑤ 同上书,第 32 页。

美这两大派别在图文关系研究方面存在的主要问题。米歇尔对于图像和语言的研究也体现了差异性思想。所以，无论是精英图像和大众图像的区分，还是语言和图像的比较，都重在差异性、区别性研究，而忽视共通性、交叉性研究。

根据时间划分，我们可以将国外的图像研究分为两大阶段：

第一阶段主要是从20世纪30年代至80年代末，这是图像文化研究初具规模的时期。早在20世纪初，随着电影艺术的出现，巴拉兹·贝拉就预言以图像为主的视觉文化将取代以语言为主的印刷文化。20世纪60年代，居伊·德波在《景观社会》一书中认为，当今世界的物质形象已经转化为观看的景观，而且是一种不容许对话的独裁和暴力。丹尼尔·贝尔在《资本主义文化矛盾》一书中认为现在已经由印刷文化时代进入视觉文化时代，"声音和影像，尤其是后者，约定审美，主宰公众……"①。本雅明也在《机械复制时代的艺术作品》一书中分析了视觉文化用大量的复制品取代了原作的独一无二性，进而分析了图像的大众审美性。这一阶段的研究尚属初创期，但是已经具有鲜明的研究特征。从以上的梳理可以看出，这一时期的研究论题还主要集中在新兴的图像文化和印刷文化的比较研究上，进而关注图像本身逐渐增强的影响力，而图像研究是置于视觉文化的语境之下的。所以，视觉文化时代的诸多因素对图文关系产生了极大影响，如传媒技术的发展对图文特征产生了影响，进而也影响到图文关系。

第二阶段是从20世纪90年代至今，这一时期图像文化研究日渐兴盛，成果颇丰。例如，福柯认为语言和绘画的关系是一种无限

---

① ［美］丹尼尔·贝尔：《资本主义文化的矛盾》，严蓓雯译，江苏人民出版社1989年版，第154页。

的关系,他的"无限"并不意味着关系不确定或者不明确,而是意为解读意义的多重性。他认为语言和绘画的关系研究可以引发双重视觉、双重声音以及语言和视觉经验之间的一种双重关系。福柯还揭示了话语与"可视"之间、可见与可说之间的分裂,并认为这种分裂是现代性"景观"的一条重要的错误路线。他认为,词语和形象就好比两个猎手,在两条路上追逐猎物,只有这样才能保证追捕到,单独的话语或一幅画都不能保证。[①] 但是,在图像和文本之间有一系列的交叉——或相互间的攻击、射向对方的箭、颠覆和破坏的勾当、兵刃相见和伤亡、一场战斗。而形象和文本之间的巨大空间,就是他的权利和知识结构的基础。詹姆逊阐释了图像文化的"空间模式",并区分了图像文化和话语文化。法兰克福学派在大众文化语境中对视觉媒体进行研究。他们认为,视觉的王国、大众媒体和一种法西斯主义文化的威胁相关。这一阶段的研究在前一阶段的基础上向纵深发展,主要关注图像背后的意义、图像和语言之间的关系等,并开始讨论图像和现实的关系、图像的意义、图像与话语、图像与权力等相关方面的问题。在后现代文化语境中,图像和语言一样,也成为表达意义,甚至建构意义的重要形式。

同时,在电影符号学方面,麦茨成为重要的领军人物。他以及其后的符号学研究者运用符号学对电影进行理论诠释,使电影研究成为文艺理论中的重要组成部分。麦茨将电影艺术和文学艺术置于同一层次来进行研究,他在研究电影符号学的内涵和外延时说:"电影艺术与文学艺术处于同一符号学'层次':纯美学的安排和约束(文学中的诗韵、格式、修辞等;电影中的取景、摄影机移动、光影

[①] 转引自〔美〕W. J. T. 米歇尔《图像理论》,陈永国、胡文征译,北京大学出版社 2006 年版,第 59 页。

效果等）就是在实现内涵的要求，而内涵是附着在外延含义上的（在文学中，外延是由纯语言的词意来体现的，词意在所用的语言中与作家使用的单位密切相关；在电影中，外延是通过镜头中再现的场面，或'声带'再现声音的表面含义，即能够直接感知的含义来体现的）。"① 由此可见，语言符号和图像符号都有独有的特征，它们都是具有深度的符号模式。由此，电影中也存在语言学中的组合关系和聚合关系。组合关系指的是影像的流动，而聚合关系指的是在同一影像流中，不同的影像手段（光影、色彩、线条、构图等）构成同一艺术整体。麦茨的研究在发掘图像的表达功能和美学特征等方面做出了贡献，也关注到语言和图像的差异和相通之处。

总之，西方学术界对于语言和图像的研究基本经历了这样的发展历程对于图像文化的研究最初停留在与印刷文化对比研究的基础上，后来逐渐扩大到图像独立存在的表现力方面。也就是说，对于图像的研究经历了一个由依赖到独立的过程。"依赖"指的是借用语言的思维模式来研究图像，"独立"指的是具备自己的图像思维和图像意识。而且，图像研究对于语言研究成果或者研究思维的依赖还依然存在，只是存在的方式变得不那么明显。虽然一些电影理论家、美学家在语言和图像的互补性研究方面做出了努力，但是，图文研究的主导趋势还是强调两者的区别性关系。需要指出的是，这种倾向也体现在国内学界，如肖伟胜的著作《视觉文化与图像意识研究》就表现了建构图像意识的努力②，这是与国外研究接轨的尝试。这些研究多是从图像与外围事物和现象的相互关系入手进行研究，而较

---

① 吴小丽、林少雄主编：《影视理论文献导读》（电影分册），上海大学出版社 2005 年版，第 248 页。

② 肖伟胜：《视觉文化与图像意识研究》，北京大学出版社 2011 年版。

少涉及图像本身的符号性质研究,特别是作为艺术符号的图像。为此,本书从符号学的角度切入图文关系研究,既能贴近各自的本质性特征,也能体现论述角度的新颖性。

(二)国内研究现状

国内图文关系的研究受到国外研究的影响较大,国内图像研究的热潮是伴随着 J. 希利斯·米勒"文学终结论"的输入而兴起的。米勒是美国当代著名理论家和批评家,他于 2000 年秋在北京参加"文学理论的未来:中国与世界"国际学术研讨会时,提出了"文学终结论",即时引起了轰动。随后他于 2001 年年初在《文学评论》第一期发表了题为《全球化时代文学研究还会继续存在吗?》的文章,"文学终结论"的观点进一步扩散,逐步引发了图文关系的热烈讨论。

国内的图文关系研究主要在文学和文化领域内展开。学者们关注的热点主要集中在四个方面:一是图像对于语言(文学)的影响研究;二是图文改编研究;三是介绍性研究;四是图像本体研究。具体状况如下:

一是图像对于语言(文学)的影响研究。影响研究主要分为积极影响和消极影响,但是国内主要集中在消极影响方面。在短时间内,学界涌现出大量批判图像的文章,这就是很好的证明。持这种观点的学者认为,图像的急剧增长占领了语言的场域,挤压了语言的生存空间,从而影响了文学的生存,以至于出现了"文学终结论"、"文学消亡说"等诸多观点。如朱国华的文章《电影:文学的终结者?》认为文学接受电影的招安而俯首称臣,所以,文学的黄昏已悄然来临。[①] 金惠敏在《图像增值与文学的当前危机》一文中提

---

① 朱国华:《电影:文学的终结者?》,《文学评论》2003 年第 2 期。

出：与现实无关的"拟像"消解了语言文化的深度感，也解构了主体。黄发有在文章《挂小说的羊头，卖剧本的狗肉——影视时代的小说危机》（下）中提出影像化叙事的视觉化、场景化等特征消解了语言在描述复杂场景、展示生活复杂性等方面的优势，从而导致了小说的死亡。① 欧阳友权的《数字化语境中的文学嬗变》提出文化符号趋于图像叙事已经是一个不争的事实。② 张邦卫的《图像增值：语言的式微与图像的狂欢——数字化时代审美文化的范式转型》认为语言的式微已是客观存在的事实，并预测在未来的审美文化中，图像文化才是主导文化形态。③ 由此可见，众多文章从语言符号的主导地位立场出发，以图文对比的姿态来论证图像激增对文学的挤压性影响。当然，学界也出现了一些与之相反的观点，如彭亚非的《图像社会与文学的未来》一文就认为文学具有固有的、特定的、不可取代的人文本性与美学本性，这些本性决定了文学必将继续存在，并走向永恒的未来。④ 总之，国内研究主要集中在负面影响方面，较少探讨积极影响，这是明显不足的地方。毫无疑问大量图像的涌现所带来的影响既有消极的，也有积极的，这是客观存在的。这些影响主要体现在哪些方面，这将是本书研究内容之一。

二是对于图文改编的研究，这也是研究热点，国内出现了众多专著和文章。但是这些研究呈现出一个明显不平衡的特征：从文到图的转换研究多，而从图到文的转换研究少。更准确来讲，这类研

---

① 黄发有：《挂小说的羊头，卖买剧本的狗肉——影视时代的小说危机》（下），《文艺争鸣》2004 年第 3 期。
② 欧阳友权：《数字化语境中文学的嬗变》，《理论与创作》2004 年第 3 期。
③ 张邦卫：《图像增值：语言的式微与图像的狂欢——数字化时代审美文化的范式转型》，《长沙理工大学学报》2005 年第 2 期。
④ 彭亚非：《图像社会与文学的未来》，《文学评论》2003 年第 5 期。

究主要集中在文学作品的影视改编研究方面。毛凌滢的著作《从文字到影像：小说的电视剧改编研究》主要研究了小说的电视改编，她从立体的角度考察改编的意义生成机制，探讨文本转换的内在理据，并从动态和静态这两个角度研究具体的转换过程。[①] 张宗伟的《中外文学名著的影视改编》从改编观念、改编方法以及改编实践等方面探讨了从文学作品到影视作品的改编。[②] 刘彬彬的《中国电视剧改编的历史嬗变与文化审视》在历史和美学的文化语境中梳理电视剧改编的历史脉络。[③] 陈林侠的《从小说到电影：影视改编的综合研究》以叙事学的方法展开对影视文本的细读，分析小说和影视因叙事媒介不同而产生的差异，并呼吁将影视生成研究纳入更深入的理论研究中去。[④] 而张冲的《文本与视觉的互动：英美文学电影改编的理论与应用》对文学视觉化的现象进行理论阐释。[⑤]

而有关改编研究的文章更是为数众多，在中国知网仅以"改编"为"篇名"关键词进行检索，显示检索结果为7000多篇文章。[⑥] 在这些文章中，也多为从文学到影视的改编研究，如张冲的《经典的改编与改编的经典：论莎士比亚电影改编及改编意义的研究》[⑦]，张太兵的《论消费文化语境下"红色经典"的改编——以小说〈林海雪原〉的电视剧改编为例》[⑧]，秦俊香的《从改编的四要素看文学名

[①] 毛凌滢：《从文字到影像：小说的电视剧改编研究》，四川大学出版社2009年版。
[②] 张宗伟：《中外文学名著的影视改编》，中国广播电视出版社2002年版。
[③] 刘彬彬：《中国电视剧改编的历史嬗变与文化审视》，岳麓书社2010年版。
[④] 陈林侠：《从小说到电影：影视改编的综合研究》，中国社会科学出版社2011年版。
[⑤] 张冲：《文本与视觉的互动：英美文学电影改编的理论与应用》，复旦大学出版社2010年版。
[⑥] 截至2017年10月4日。
[⑦] 张冲：《经典的改编与改编的经典：论莎士比亚电影改编及改编意义的研究》，《艺术评论》2011年第1期。
[⑧] 张太兵：《论消费文化语境下"红色经典"的改编——以小说〈林海雪原〉的电视剧改编为例》，《江汉论坛》2011年第8期。

著影视改编的当代性》[1]，等等。赵宪章也关注图文关系，他在《文学和图像关系研究中的若干问题》、《语图互仿的顺势和逆势——文学与图像关系新论》等文章中也涉及图文转换的问题。由此可知，国内改编研究主要涉及从语言到图像的转换，而从图像到语言转换的研究相对较少，以至于出现了图文互换研究的不平衡趋势。

三是介绍性研究。这部分指介绍国外有关视觉文化研究的理论，这项工作为图文关系研究提供了理论资源。大约从 20 世纪 90 年代起，我国开始关注视觉文化，并介绍国外视觉文化研究学者的主要观点。如罗岗的《视觉文化读本》、吴琼主编的《视觉文化的奇观——视觉文化总论》、《文化研究》第三辑以"视觉文化研究"为专题，介绍了国内外视觉文化研究的主要成果，这类著作是国内研究者接触国外图像研究的主要渠道。随着视觉文化理论的传播，国内学者也开始进行视觉文化研究，主要成果有金元浦主编的"视觉文化研究丛书"以及周宪的《视觉文化转向》，同时也有大量的期刊论文。在视觉文化语境中研究图文关系，我们可以进一步明确图文关系发生变化的外部原因。

四是图像本体研究。这方面主要研究图像的审美范畴、内涵、表现元素等特征。肖伟胜的《视觉文化与图像意识研究》从图像意识的认识论、存在论角度进行研究，还论述了作为认知的图像意识以及作为审美的图像意识。[2] 如高字民《从影像到拟像：图像时代视觉审美范式研究》全景式地呈现出图像时代视觉审美范式发展演变的多侧面像。[3] 韩丛耀在《图像：一种后符号学的再发现》一书中

---

[1] 秦俊香：《从改编的四要素看文学名著影视改编的当代性》，《北京电影学院学报》2003 年第 6 期。
[2] 肖伟胜：《视觉文化与图像意识研究》，北京大学出版社 2011 年版。
[3] 高字民：《从影像到拟像：图像时代视觉审美范式研究》，人民出版社 2008 年版。

认为图像的特征有如下四点：迹象性、相似性、象征性、类似性迹象。① 谢宏生的《图像与观看》论述了摄影图像、影视图像、绘画等图像形式，也涉及了图像与文字的对抗以及图像的技术维度等方面研讨了图像的基本特征。②

综上所述，国内外学术界的图文关系研究都不同程度地出现以下不足：第一，学者大多站在"语言中心主义"的立场，认为语言是一种优势符号，在各方面占有先天优势，从而对图像采取一种抗拒的态度以保卫语言的领地。第二，从数量上来说，图文互换研究呈现出不平衡的态势，从文到图的转换研究较多，而从图到文的转换研究较少；从研究的方式来说，具体的图文转换实例研究较多，而理论阐释较少。第三，对于图像符号本体的研究不够深入，而是关注它与意识形态、话语权力等的关系。针对这些不足，本书将展开相应研究。

四 研究思路与内容

本书的研究思路是首先阐明本文的研究语境是图像化时代而不是整个人类文明发展史，因为这一新的时代具有明显的阶段性特征，对图、文以及图文关系都产生了深刻影响，并促使它们发生了显著变化；接着便研究这些新的变化：图与文的新特征是什么；在图文新质的基础上，研究图文关系的主导趋势和主要表现；图、文之间符号场域既相交又隔离的特性为图文转换提供了条件。所以，接下来研究图文互换的基点、基本策略、主要类型以及基本原则等主要内容；最后，在前面四章的研究基础上，进一步分析图文缝合关系

---

① 韩丛耀：《图像：一种后符号学的再发现》，南京大学出版社2008年版。
② 谢宏生：《图像与观看》，广西师范大学出版社2012年版。

的具体表现形态以及影响。按照这样的研究思路，结合问题意识和研究现状来分析，本书的研究内容主要包括图像化时代的特征研究、图文特征、图文关系研究以及图文转换研究。具体内容如下：

1. 图像化时代的特征研究。这部分主要说明命名图像激增的时代为"图像化时代"的原因；"图像化时代"与"图像时代"、"读图时代"等称谓有什么区别；图像化时代的主要特征和表现是什么。

2. 图文特征研究。这部分主要分为三大研究内容：图文各自的标志性特征；在图像化时代这一新的文化语境之下，由于外部原因和图文内在发展逻辑等原因导致它们各自出现的新的特征；这些新的特征对图文关系的影响。

3. 图文关系研究。这部分在总结"图像化时代"之前的图文关系的主导趋势的基础之上，研究"图像化时代"图文关系的全新趋势。这部分运用社会学家皮埃尔·布迪厄的场域理论来研究图文之间的既"勾结"又"竞争"的关系。

4. 图文转换研究。这部分主要研究图文互换的"出位之思"、均势互仿以及异质同构；图文转换的基本思维策略；图文互换的基本表征；图文互换的基本原则以及图文互换的局限等问题，主要解决的问题是图文之间能够实现转换和不能转换的部分是什么，其原因又是什么。

在以上四大主要内容的基础上，本书在结语部分还涉及两个主要问题：语言符号的坚守与发展、图像符号的坚守与发展。研究者对于图文关系，始终要树立图文和谐共生、互为补充的建构性和积极性态度，而不是保持一种非此即彼、互为消解的解构性和颠覆性态度。

五 创新之处

国内外已有众多图文关系研究的成果,其中不乏具备典型意义的理论建树,如莱辛在《拉奥孔》中对诗与画界限的划分——时间艺术和空间艺术的分野已为大多数人所熟知。但是随着时代的发展,由于图与文各自内在发展逻辑的影响,图、文之间出现了一些新的特征,图文关系也相应发生变化,原有的理论成果也出现了与现实状况不相适应的部分。因此,我们需要进一步研究这个论题。而且图文互换的具体实践尚需要理论上的指导。具体来说,本书的创新之处主要体现在如下方面:

第一,研究视角的创新。本书从符号学的角度切入语言和图像的关系研究,抓住图像和图像各自原初的、本质性的特征,同时将语言、图像从与意识形态、话语权力等过度联系的语境中解放出来。

第二,研究方法的创新。本书采用跨学科的研究方法和视野,综合运用符号学、语言学、社会学、文艺学等学科的理论观点和方法,对图文关系这一研究对象进行较为全面和详细的考察。

第三,具体观点的创新。"图像化时代"的命名;场域理论视野下图文之间既"勾结"又"竞争"的关系;图文互换的基点是"精神的图像";图文互换的表征;对待图文关系的积极的、建构性的态度。

第一章 新的时代:图像化时代

随着"图像转向"的出现,我们从书写文化时代步入崭新的图像化时代。图像化时代的逻辑起点是"图像转向",它伴随着"图像转向"的发生,日渐成型并日趋兴盛。对于新的时代,不管是"图像时代"还是"读图时代"的称谓,都不能准确地概括这一时代的新特征,因为它们都不同程度地带有将图像泛化的嫌疑。而图像泛化直接导致了夸大图像的作用和地位的问题,从而使对图文关系的认识产生错位。所以,本书试图找到一个较为贴切的称谓,既能避免将图像泛化的缺陷,又能比较可观地概括这一时代的特征。

为此,为了避免图文关系的紧张或者错位,本书以"图像化时代"来命名这一新的时代。图像化时代是本文论题所处的时代背景,也是本文研究的时间界限。这一章将从图像化时代的逻辑起点、视觉文化语境和主要特征入手,探讨图像化时代的一些基本特征。

"图像化时代"这一称谓的关键字在于"化"。"化"表明了图像符号日益增长的趋势和过程,它是一个动态的发展过程。图像化时代存在的依据不仅仅在于图像生产的数量巨大,还在于图像符号功能的强化，而功能的强化是日益发展的媒介技术为之提供了可能。所以，在某种程度上来说，科学技术的进步是图像化时代发展的动力。图像化时代既能表示图像增长的速度，也能表明图像增长的数量。图像化时代还表现出接受者对于它的积极关注和接受态度。图像化时代之"新"还在于图像符号和语言符号各自特性的部分重叠，从而使得既存在"图像化"的趋势，也存在与之相对的"文学化"的趋势。图像化时代之"化"可以表现出语言符号和图像符号之间相辅相成、相互融合的关系。

第一节 逻辑起点："图像转向"

图像化时代是随着"图像转向"的发生而出现的，所以，"图像转向"是图像化时代的逻辑起点。20世纪以来，文化史上相继发生了两次较大规模的转向，第一次是"语言转向"，这次转向的主要贡献在于将学术研究的重点转移到语言本身，第二次转向就是本书所涉及的"图像转向"，这次转向将学术研究的重点逐渐从语言符号转移到图像符号。这两次"转向"所关注的主要对象正是本书的研究对象，本章首先将"语言转向"与"图像转向"并置，引出本书主要的研究对象，并说明两者之间的相互作用和影响。

一 "语言转向"与"图像转向"

（一）"语言转向"之于语言符号

"语言转向"（Linguistic turn）是20世纪初期出现并逐渐发展壮大的一次具备强大冲击力的哲学思潮。它的提出者是奥地利著名哲学家伯格曼，其后的海登·怀特也大力提倡"语言转向"。后来，著名语言学家索绪尔在《普通语言学教程》中阐释了结构主义语言学的基本原则和属性。之后,语言问题已经逐渐超越了语言学的范畴,进入更广泛的、非语言学独有的哲学范畴。到了20世纪60年代以后,特别是维特根斯坦在1961年发表的《逻辑哲学论》中所提出"全部哲学就是语言批判"的观点时,语言已经摆脱了"工具论"、"载体论"的宿命,成为哲学研究的主体,即转变到"语言建构论"(语言建构主体甚至世界)。语言本身成了研究的主体,海德格尔在《在通向语言的途中》中也明确提出:"我们要沉思的是语言本身,而且只是语言本身。语言本身就是语言,而不是任何其他东西。语言本身就是语言。"①他类似于同义反复地对语言本身的强调正是语言地位上升的明显标记,他甚至将语言和存在这个终极哲学问题等同,认为语言是存在的寄寓之所。

美国著名语言哲学家威廉·阿尔斯顿谈到了语言和哲学的关系,他说:

> 就哲学由概念分析所组成而论,哲学始终与语言有关。并且,如果阐明各种不同的语词和陈述形式的使用特征或意义或是哲学家的全部工作或是他们的大部分工作,那么,哲学家在关于语言使用的性质和意义的某种一般概念的基础上进行研究便是必不可少的。当分析哲学家就一个给定的语词的含意是什么,或者两个表达式或两个形式的表达式具有相同意义这类问题而争论不休时,上述那一点就变得尤其重要了。②

---

① [德]海德格尔:《在通向语言的途中》,孙周兴译,商务印书馆2008年版,第2页。
② [美]威廉·阿尔斯顿:《语言哲学》,牟博、刘鸿辉译,生活·读书·新知三联书店1988年版,第15页。

他认为哲学始终和语言相关，而哲学家的大部分工作就是进行语词和陈述形式的研究，他特别强调语言研究在哲学研究中所起到的非同小可的作用。所以，哲学问题首先是语言问题，哲学上一些主要的理论问题都是由于对语言实用不当或者是失误所造成的，所以，为了弄清楚哲学问题，首先要解决语言问题。

后结构主义的代表人物德里达认为语言的能指和所指关系在相互作用中不断发生变化，所以，意义是不确定的，而且是无穷的。他们的主要观点是：语言不仅仅是再现意义，还能创造意义。所以，"语言转向"的最大效力是将支配文化思想的"工具论"转换为了"本体论"，从而使语言摆脱了传达思想的宿命而成为自身意义的主宰者。

在"语言转向"的时期，语言在人们生活中占据了主要位置，这是人类文明发展史上的语言文化时代，或者说是印刷文化时代。在此之后，人类文化思潮在经历了"语言转向"之后又步入了"图像转向"时代。

在"图像转向"之前的时代，人们接受信息的符号媒介呈现出以语言符号为主、图像符号为辅的态势。语言符号长期以来一直处于主导地位甚至强势地位，由此形成了与之相对应的语言文化时代，或者说"文字化时代"。在"文字化时代"，真实性和语言符号联系在一起，所以，"白纸黑字"一直被看作是有力的证据，直到现在仍然摆脱不了这种影响。在"图像转向"发生之后，图像的效力大大增强，以至于我们在看到仅仅有语言符号而没有相应的图像符号的新闻报道时，心底会有隐隐的质疑或者不甘心，怀疑其真实性，直到看到图像才增加信任的筹码。这已经由"有字为证"过渡到"有图为证"。这种现象虽然是我们感性的生活体验，但是反映出图像的某些特征和优势已经获取了我们的信任。从图像的角度来说，它的功能也逐渐增强。正是因为功能的增强，它在某些方面能够代替语言，从而引起图文关系的变化。

所以，"语言转向"将语言符号的作用和地位发挥到极大，甚至可以说是极致。"语言转向"之于语言符号，是推动力。他将语言符号从工具论的旋涡引到建构论，使语言成为学术研究舞台上的重要部分。

（二）"图像转向"之于图像符号

人类由"语言化时代"跨入"图像化时代"的重要标志是"图像转向"（Picture turn）。最早提出"图像转向"的学者是美国著名学者、芝加哥大学教授米歇尔，他在1992年发表了一篇名为《图像转向》的文章中，以哲学史中的"语言转向"为论述的起始，认为"知识和学术话语中的这些转变必定是相互关联的，而非那样紧密地相关于日常生活和普通语言，这并非特别显见"[1]，接下来就宣告了新的"转向"的发生：

> 知识和学术话语中的这些转变必定是相互关联的，而非那样紧密地相关于日常生活和普通语言，这并非特别明显。但看起来清楚的是，哲学家们所谈论的另一次转变正在发生，又一次关系复杂的转变正在人文科学的其他学科里、在公共文化的领域里发生。我想要把这次转变称作"图像转向"。[2]

---

[1] [美] W. J. T. 米歇尔：《图像理论》，陈永国、胡文征译，北京大学出版社 2006 年版，第 1 页。

[2] 同上书，第 2—3 页。

他认为正在发生的"转向"就是"图像转向",而且涉及的领域较为广泛。同时,他认为图像转向是"对图像的一种后语言学的、后符号学的重新发现,将其看作是视觉、机器、制度、话语、身体和比喻之间复杂的互动"①。他对图像的"后语言学"、"后符号学"的界定,又在某种意义上反映出图像和语言之间的紧密关系,而且还反映出某种"语言中心主义"的意味。图像语言之"语言"带有比喻之意,是意义传递层面的比较。图像也像语言一样,有自己表达意义的独特方式,如色彩、线条、构图等形式"语言"。每一种艺术类型都有自己的"语言"形式,正如音乐之旋律和节奏,舞蹈之肢体动作,雕塑之材质和形体……这些"语言"形式都是由语言符号之"语言"衍生出来的称谓。

他的论述至少传递了以下信息:"图像转向"继"语言转向"之后,对文化产生了重要影响;"图像转向"的最突出的特征是视觉性的凸显。"图像转向"的发生并不意味着"语言转向"的终结。两者在时间上有交错存在的现象,而且直到现在,这两种"转向"仍然存在。而且在内在精神上,它们也具备某些相通之处。如都强调符号本体以及意义的生成。

当然,"图像转向"的发生对"语言转向"所形成的文化产生了极大冲击。周宪认为当今的文化形态已经从语言主因型转变为图像主因型。"语言转向"和"图像转向"本来是两个不同的"转向"类型,前者主要表明语言是哲学研究的根本问题,后者表明图像在文化研究中占据重要位置。本书将"语言转向"和"图像转向"并置,并不是说"图像转向"代替了"语言转向",也不是说两者存

---

① [美] W. J. T. 米歇尔:《图像理论》,陈永国、胡文征译,北京大学出版社 2006 年版,第 7 页。

在前后相继的逻辑关系，目的在于通过对这两个"转向"的简要回顾，说明它们都对特定时代的文化产生了重要影响，而且它们将两个重要的术语推上了学术研究的风口浪尖：语言和图像，从而有利于本书在各自的文化语境和发展脉络中探讨这两个主要的研究对象。所以，"语言转向"对图像化时代研究的最大贡献即是关注符号本身，而不仅仅是关注符号所负载的意义和内蕴。

所以，"语言转向"和"图像转向"尽管不在同一个层面，但是两者所产生的相同后果是促成对符号本身的研究。同时，与之相关的语言理论建构和图像理论建构也成为必要。米歇尔在《图像理论》中也认为如果要重建图像学的步骤之一是放弃建立科学理论的希望和努力，而在绘画和文学艺术中让图像和数学语言相遇，这种方式的结果是"使图像学远远超过了语言和视觉艺术的比较研究，而进入了把人类主体作为由语言和图像构成的一个存在者的基本建构"[1]。他的观点提升了图像的地位，将语言和图像以同等的姿态作为人类主体的建构因素。

本书将语言和图像并置的原因还在于：从两者的功能来说，它们都对现代社会或者文化产生了重要影响，起到了建构社会或者文化的作用。关于这一点，周宪在一篇文章中也特意提到："这里我想特别指出'语言学转向'的一个发现对于探讨'图像转向'仍具有重要意义。那就是：假如说语言是建构我们社会现实的重要通道的话，那么，在同样的意义上也可以说，在当代文化中图像同样是建构我们社会现实的重要路径。"[2] 进而，他还充分肯定了图像的建构

---

[1] ［美］W. J. T. 米歇尔：《图像理论》，陈永国、胡文征译，北京大学出版社2006年版，第15页。
[2] 周宪：《"读图时代"的图文"战争"》，《文学评论》2005年第6期。

作用，而且认为图像的建构作用比语言更有利、更有效。

综上所述，"图像转向"之于图像符号，就在于凸显了图像符号的功能和作用。图像符号的这些变化必将影响到语言的地位和作用，也必将影响到图文关系。

二 "图像转向"的两种命运

"图像化时代"的前提是"图像转向"的发生。"图像转向"的概念一经提出，便在学术界产生了巨大影响，人们对此问题保持着高度的热情。和其他新生事物一样，"图像转向"经历了两种截然不同的命运，也就是学界对于图像转向的两种截然不同的态度：有人肯定，有人否定。也就是说，对于图像的激增，一部分学者充分肯定图像的作用和功能，而另一部分学者则否定图像的作用和功能。

态度之一是充分肯定"图像转向"下图像化时代的优越性，并伸开双手、热情拥抱它的到来。面对图像的盛行，人们从各个方面看到了图像的优势。从认知方式来说，图像符号的展示具备直观、具体、形象的优势，接受者可以快捷、迅速地了解图像的基本信息。从接受范围来说，由于图像符号与大众的天然亲近性，使得图像和人们的日常生活的关系更紧密，从而形成了更广大范围的视觉接受场。而且，除开这种亲近性外，图像的参与性和互动性更强烈，它几乎能够带动全民狂欢。在当今时代，我们即使不去使用和创造图像符号，也无论学识修养和认知水平如何，都可以接受并消费图像符号。所以，鉴于图像的具象化以及亲民性等众多突出的特征，很多学者讴歌它，赞扬它。

态度之二是否定甚至敌视态度。这种态度主要鉴于图像对语言造成了冲击，并致使语言面临失去阵地的危险，所以他们产生了一种焦虑甚至抵制的态度。前一种态度多是一些感性之言，缺乏理论论证。而后一种则是众多人持有的一种态度。国外有维特根斯坦的"形象恐惧"，罗蒂的"镜像焦虑"，法兰克福学派的文化工业论、鲍德里亚的"超真实"文化论。国内的学者从张法1995年发表的文章《都市文化：九十年代美学和理论热点的一个动因》中的专节论述——"视觉文化与语言文化的对立"、南帆的《话语与影像——书写文化与视觉文化的冲突》，到周宪《文化研究的新领域——视觉文化》中的从"语言转向"到"图像转向"和《"读图时代"的图文"战争"》将两者的关系上升到"战争"的高度，可以明显看出这种图像取代语言的恐惧和焦虑在不断加深。

产生这种焦虑甚至恐惧的原因主要有两个：图像的泛化和图像消费主义的盛行。图像的泛化指的是图像外延的泛化，图像的边界被无限制的扩张，广告、画报、影视甚至身体本身也被纳入图像的范畴，自然会使它貌似无处不在并居于霸主地位。同时，"图像转向"发生在消费文化盛行的后现代时期，文化艺术作品因为消散了精英文化的"灵韵"而变成商品，这也是许多学者深感忧虑的重要原因。而且，对于图像接受者的考察，很多是视觉享受主义的奉行者，这不免也对语言有轻视之嫌。所以，对于"图像转向"的过于保守和激进的态度都是有失妥当的。

我们完全可以丢掉这种恐惧和焦虑。因为图像的泛化是有些研究者人为地扩大了图像的边界。我们可以将研究对象限定在自己的学科范围之内。而图像具有多维属性，如艺术性、技术性、商品性等。而商品性只是其属性之一，我们没必要为此陷入对消费主义的竭力抵制中而忽略了图像的艺术性。

概括而言，对于图像的态度不管是肯定还是否定，都是两种极端的态度。任何极端继续向前发展都会走向反面，所以，这不是面对新生事物的正确的、正常的态度。我们应该辩证地肯定或者否定，既看到"图像转向"的优势，又看到其带来的某些负面影响。

第二节 文化语境：视觉文化

图像化时代处于视觉文化的语境中，在视觉文化的潮流中彰显出鲜明的时代特色。从某种意义上说，视觉文化时代就是图像化时代的一个代名词。视觉文化是当代比较热门的研究领域和范畴，它是随着视觉性的凸显而逐渐兴起和繁盛的。视觉文化作为图像化时代的存在背景，我们主要从以下相关方面进行研究：视觉与视觉文化、视觉文化的本质言说。

一 视觉与视觉文化

视觉是与听觉、嗅觉、触觉等相提并论的一种由基本的感觉器官所产生的感觉，它是由眼睛这个感官产生的一种对事物或形象的直观化的印象。我们对任何事物的感知都离不开视觉。视觉的基本功能是观看，它是我们与周围世界建立广泛联系的基本手段，也是最常用、最普通的手段。

在传统的印刷文化中，我们阅读语言文字其实也诉诸视觉，人们并不以之为奇。但是，当"视觉"一词和"文化"一词联系起来组成新的词组——"视觉文化"的时候，即刻发生了令人惊奇的变化。"视觉文化"引起了人们极大的兴趣，成为一个时髦的词汇。

"文化"是一个内涵和外延十分丰富的术语，它在英语世界中被列为最复杂的两个到三个词之一。古今中外的学者从不同的角度对"文化"所做的界定不下百种,其中很多界定获得广泛的认可度,如英国文化学者威廉斯认为:"关于文化的(当代)用法,常见的大致上有三个:(1)描述知识、精神与美学发展的一般过程;(2)指涉一个民族、一个时期、一个团体或整体人类的特定生活方式;(3)指知识,尤其是艺术活动的实践及其成品。"① 他的第二层界定——"特定的生活方式"即表明生活与文化的结合,这也表明文化不再是高高在上的、被贵族或者精英阶层所拥有的特权,普通老百姓也可以享用,这也是视觉文化的重要特性。视觉文化和人们的日常生活紧密相关,它已经由一种基本的感官功能变成了一种文化形式。视觉文化也被纳入大众文化研究的范畴。显然,"视觉"的内涵已经大大扩大。

当视觉和文化结合在一起的时候,我们不去过多地关注"文化",而是将着眼点落在"视觉"一词上。什么是视觉文化?对于这个问题的回答,也是众说纷纭。早在20世纪初,著名电影理论家巴拉兹·贝拉在其著作《电影美学》中专门用一部分阐释视觉文化。但是他在这一部分并没有从学理上阐释视觉文化的内涵,只是举了一些生动有趣的例子来说明观众在面对以电影为代表的视觉文化形式时,不学习它的语言表达形式,也是无法接受的。接着,他在"可见的人类"这一部分里面论述到:印刷使以前通过面部表情、肢体语言传递的"可见的思想"变成了概念的、"可理解的思想"。但是,随着摄影机的发明和大力推广,一切又发生了变化。他预言"电影将在我们的文化领域里开辟一个新的方向"②。他

---

① [英] 汤林森:《文化帝国主义》,冯建三译,上海人民出版社1999年版,第10页。
② [匈] 巴拉兹·贝拉:《电影美学》,何力译,中国电影出版社1978年版,第29页。

如此描绘：

> 目前，一种新发现，或者说一种新机器，正在努力使人们恢复对视觉文化的注意，并且设法给予人们新的面部表情方法。这种机器就是电影摄影机。它也像印刷术一样通过一种技术方法来大量复制并传播人的思想产品。它对于人类文化所起影响之大并不下于印刷术。①

他认为电影的出现使人们恢复了对于视觉文化的注意，并宣告了一种新的视觉文化时代的到来；视觉文化是优于印刷文化的，因为语言只是不完美的艺术表达形式的一种过渡性工具，它不足以说明画面的精神内容。

随后，海德格尔在20世纪30年代提出了"世界图像时代"的概念，本雅明的"机械复制时代"，这些说法都是对视觉文化时代所具有的某些特征的描述。

20世纪60年代以后，这是一个重要的时间节点，视觉文化真正进入研究的繁盛时期。无论是居伊·德波的"景观社会"、丹尼尔·贝尔的"视觉统治"，还是伊格尔顿的"图像霸权"、杰姆逊"仿像社会"，抑或是米歇尔的"图像转向"，都是对视觉文化的具体研究。

国内专注于视觉文化研究的学者主要以周宪为代表，他探讨了视觉文化的转向，关注视觉文化研究的范式和策略，阐释视觉文化的问题等，比较全面地建构了视觉文化研究的框架和体系，形成了

---

① ［匈］巴拉兹·贝拉：《电影美学》，何力译，中国电影出版社1978年版，第28页。

一些重要的研究成果。

纵观视觉文化的发展历史，视觉已经作为我们理解和接触世界的主要方式。视觉文化的兴起，重在强调视觉，而不是强调文化，尽管两者密不可分。它关注用崭新的视觉方式切入当今文化和世界的研究，而图像是其中最重要也是最突出的表现形式。因为图像首先强调的是视觉，其次才能涉及其他因素。所以，从范围上来说，视觉文化远远超过了图像的研究领域，但是视觉文化包含着图像研究。

视觉的平民化和日常性赋予视觉文化大众性的维度和特性。对此，很多学者将图像归入大众文化的范畴，进而与精英文化相对比。如彭亚非认为图像一直作为一种文化基因蛰伏，当它遇到市民社会的契机时才被全面激活并大放异彩，"图像正是大众话语最合适的传媒和载体，图像化为大众化的意识形态提供了一个最有效的途径，因此，图像霸权也是对传统精英性的话语霸权的一种解构和颠覆"[①]。他还进一步论述了大众文化因为大量复制所造成的数量与质量的背道而驰。持相同观点的学者还为数众多，图像文化/视觉文化与大众文化相联系，显示了与大众的近亲性，这是传统的印刷文化所不具备的。它以一种与精英文化相对抗的姿态出现，强调与普通民众的融合度，这既是对现代社会传统和经典的解构，也是消费社会利益最大化的体现，但是这丝毫不能损害视觉文化应该具有的深度。视觉赋予视觉文化的不仅有直观、生动和形象，也有抽象、晦涩和理性，它不是平面化和肤浅化的代名词。所以，英国伦敦大学教授伊雷特·罗戈夫认为："在当今世界，除了口传和文本之外，意义还借

---

① 彭亚非：《图像社会与文学的未来》，《文学评论》2003年第5期。

助于视觉来传播。图像传达信息，提供欢乐和悲伤，影响风格，决定消费，并调节权力关系。"① 他将图像和情绪表达甚至权力关系结合在一起，也是对图像的深度意义的肯定。

以上说法不无道理，视觉文化的重要和核心范畴还是视觉。视觉之于视觉文化是决定性的因素，而视觉性既需要在实践中积累感性经验，又需要在理论上加以建构。所以，图像化时代的主要特征也是其显明的视觉性，这也是新的时代的具体体现。

二 视觉文化的本质言说

图文关系研究需要关注视觉文化，进而关注视觉、关注视觉性。那么，究竟什么是视觉文化呢？

其实，到目前为止，这也是一个难以准确释义的术语。国内较早对视觉文化进行界定的学者是周宪，他认为视觉文化的基本含义"在于视觉因素，或者说形象或影像占据了我们文化的主导地位"②。他的这种界定有点大而化之，过于笼统，只指出了最主要的特征，即视觉文化的主要表达手段是形象或影像。

加拿大著名传媒理论家埃里克·麦克卢汉从媒介的角度对视觉文化这一新兴事物进行界定，他认为："如果说17世纪从一种视觉和造型的文化退入一种抽象的文字文化的话，今天我们就可以说，我们似乎正在从一种抽象的书籍文化进入一种高度感性、造型和画像似的文化"③，这就是他眼中的视觉文化。他主要从文字文化和视

---

① ［英］伊雷特·罗戈夫：《视觉文化研究》，朱国华译，载《文化研究》第3辑，天津社会科学院2002年版，第41页。
② 周宪：《视觉文化与消费社会》，《福建论坛》2001年第2期。
③ ［加］埃里克·麦克卢汉：《麦克卢汉精粹》，南京大学出版社2000年版，第459页。

觉的对比来彰显视觉文化的主要特征：高度感性。

赵维森认为："近年来学术界探讨的视觉文化，主要指以影视图像符号作为基本表意系统，以凭借光电信道的影视及电脑多媒体作为传播介质，与传统印刷文化相对应的新型的文化艺术形态。"[①] 他的观点除了同样强调了图像符号的基础作用之外，还创新性地指出了视觉文化的技术性特征。

总之，视觉文化的本质特征是以图像符号为其主要构成要素的一种文化形态。但是，这种界定同样是笼统的。视觉文化是一种文化形态，这是肯定的。我们是否能将这一概念进一步缩小和细化？抑或是视觉文化就是一种新的看待事物和现象的眼光或者视角。尼古拉斯·米尔佐夫的观点别出蹊径，他认为现代生活就发生了荧屏上，在论述了视觉文化的日常生活性特征之后对视觉文化做了这样的描述：

> 在此意义上，视觉文化是一种策略，而不是一门学科。它是一种流动的阐释结构，旨在理解个人以及群体对视觉媒体的反应。它依据其所提出或试图提出的问题来获得界定。与上面所提到的其他研究一样，它希望能超越传统的学院限制而与人们的日常生活结合起来。[②]

他提出的重要观点是：视觉文化是一种策略。我们可以这样理解：通过"视觉文化"这种特殊的手段和途径，我们可以获取对于

[①] 赵维森：《视觉文化时代人类阅读行为之嬗变》，《学术论坛》2003年第3期。
[②] [美]尼古拉斯·米尔佐夫：《视觉文化导论》，倪伟译，凤凰出版传媒集团、江苏人民出版社2007年版，第5页。

碎片化的后现代文化最佳的理解，甚至说视觉文化在后现代文化中具有决定性的作用和地位。他进一步认为"视觉文化并不取决于图像本身，而取决于对图像或是视觉存在的现代偏好"[1]。他说明了视觉文化发展的时代契机，也强调图像与外在世界的联系，进而探讨与消费社会、与日常生活的联系。他甚至认为视觉化是当代社会的主要特征，而日常生活本身就是观看。视觉文化的主要研究任务就是从消费者的角度切入日常生活的研究。

视觉文化和后现代文化也有紧密联系。尼古拉斯·米尔佐夫又说："……但是对于视觉及其效果的迷恋（它已成为现代主义的标记）却孕生了一种后现代文化，越是视觉性的文化就越是后现代的。"[2] 他认为视觉性是后现代文化的重要特征，但是因为现代文化和后现代文化之间并没有绝对的界限，所以，在现代文化中，视觉文化也是存在的，只是在后现代文化中更为突出。

视觉文化除了是一种文化形态之外，它还是一门学科，一门跨越了很多学科的交叉学科。对于这一特征，伊雷特·罗戈夫如是说："而诸如视觉文化这样相对新兴的竞技场的出现，使我们有可能把有些讨论从一些学科框架下解脱出来。这些学科领域包括艺术史、电影研究、大众传媒和通讯、视觉的理论阐述、受众以及激活了我们称之为视觉竞技场的诸种权利关系，它们起初将其地位阐述为文本和对象。"[3] 所以，视觉文化跨越了影视艺术、大众传媒、文艺理论等许多学科，所以导致其研究也具备多重视角和方法论。

所以，图像化时代的文化语境是视觉文化，其核心要素是视觉

---

[1] [美]尼古拉斯·米尔佐夫：《视觉文化导论》，倪伟译，凤凰出版传媒集团、江苏人民出版社2007年版，第6页。
[2] 同上书，第3页。
[3] 同上书，第43页。

性的凸显。虽然，语言符号具有视觉性的因素，但是视觉性在图像符号中具有非比寻常的作用。图像符号主要诉诸视觉，没有视觉的刺激，没有吸引观众的眼球，就不可能有进一步深入的接受。

第三节　图像化时代

一　两种称谓："图像时代"及"读图时代"

在"图像转向"的影响之下，我们步入了一个崭新的时代。对于这一时代的命名，学界主要有以下两种称谓："图像时代"和"读图时代"。这两种说法因为侧重点不同而存在细微差别。同时，这两种称谓都存在自身的不足。只有正确认识了它们的不足，才具备重新命名的基础和前提。

（一）"图像时代"的图像泛化

第一种称谓是"图像时代"。首先提出这一称谓的是著名哲学家海德格尔，他于1938年在题为《世界的图像时代》的演讲稿中提出了"世界图像"（Weltwild）的概念，他对"图像"这一概念是这样界定的：

> "图像"在这里并不是指某个摹本，而是指我们在"我们对某物了如指掌"这个习语中可以听出来的东西。这个习语要说的是：事情本身就像它为我们所了解的情形那样站立在我们面前。"去了解某物"意味着：把存在者本身如其所处情景那样摆在自身面前，并且持久地在自身面前具有如此这般被摆置的存在者。[①]

[①]　［德］马丁·海德格尔：《林中路》，孙周兴译，上海译文出版社2004年版，第90页。

他将"图像"和他哲学思想的精髓"存在"联系在一起,认为图像要表现"存在",或者说把"存在"带到它自身面前。接着,他进一步阐释了"图像时代"的基本含义和特征:

> 所以,从本质上看来,世界图像并非意指一幅关于世界的图像,而是指世界被把握为图像了。这时,存在者整体便以下述方式被看待了,即:惟就存在者被具有表象和制造作用的人摆置而言,存在者才是存在着的。在出现世界图像的地方,实现着一种关于存在者整体的本质性决断。存在者的存在是在存在者之被表象状态(Vorgestelltheit)中被寻求和发现的。[1]

虽然,海德格尔在此所提出的"图像"不与本书所研究的"图像"在一个层面上,他主要指的是一种存在方式。海德格尔认为,世界图像时代与人在存在者范围之内成为主体是同一过程。甚至,现代的基本进程就是图像世界的征服过程。所以,海德格尔认为,作为存在者整体的世界被把握为图像了。这意味着人们感知和把握这个世界的方式发生了重要变化,这是与印刷文化时代的语言感知截然不同的时代。这种称谓更多的是对主体作用的概括,是主体形成世界观、建构世界甚至建构自身的方式的重大变化。当然,整个世界不可能是纯粹图像化的,但是,他的论述也预示着思维方式和理解方式的转变。

其后,居伊·德波用"景象"[2](Spectacles)代替了海德格尔的

---

[1] [德]马丁·海德格尔:《林中路》,孙周兴译,上海译文出版社2004年版,第91页。

[2] 又译作"景观"。

"世界图像"。德波提出了"景象"一说,他认为"景象"不是简单的形象聚积,而是展现了一种社会关系。所以,"景象"实际上并不是肤浅的图像,而是有着深刻含义的,甚至可以说是世界观的对象化。他对"景象"的具体阐释如下:

> 从整体上理解景象,既是现存的生产方式的筹划,也是其结果。景象不是现实世界的补充或额外的装饰,它是现实社会非现实主义的核心。景象以它特有的形式,诸如信息或宣传资料,广告或直接的娱乐消费,成为主导的社会生活的现存模式。景象是对在生产或必然的消费中已做出的选择普遍肯定。景象的内容与形式同样都是现存状况与目标的总的正当性理由,景象也是这正当性理由的永久在场,因为它占用了现代生产以外的大部分时间。①

就德波看来,景象是社会生活的主导模式,并体现了现存的社会关系。如果说海德格尔的观点还带有很大程度的形而上的思考的话,那么,德波已经将图像带入了人间的现实生活,与人们的日常生活紧密相关。

在他们的观念中,"图像"或者"景象"已经充斥了整个世界,并主宰了时代或者生活。所以,海德格尔说"世界被把握为图像了",德波说景象是"主导的社会生活的现存模式"。他们认识到了当今社会所发生的巨大变化,但是未免有夸大之嫌。无论是从图像的存在区域,还是它的功能方面,都有一种极度膨胀之感。或者说,

---

① [法]居伊·德波:《景象的社会》,肖伟胜译,载《文化研究》第3辑,天津社会科学院出版社2002年版,第60页。

"图像时代"的称谓就给人一种特别"满"的感觉,这存在夸大之嫌。国内也有学者对"图像时代"这一称谓的准确性产生了质疑,但是没有具体深入地论述,如张晶在一篇文章的开篇就这样写道:"说我们当下的时代是一个图像时代,也许未必是完全科学的,但从某种意义来说又概括了它的特征所在。"①

后来有很多学者都接受了这种思想并进一步丰富和发展。有的学者将"图像时代"的概念扩大到"图像社会",如彭亚非就对图像社会的主要特征做了概括,他说:"图像社会是对我们生活于其中的这个后现代社会的文化生产、传播、接受与消费模式的一个命名,说的简单直白一点,就是说我们现在的文化运作方式与文化生活形态主要是由图像的呈示与观看来构成。"② 图像社会的主要特征就是大众性与消费性。

有的学者还将"图像时代"扩大到"视觉文化时代"或者"图像文化时代"。这种观点认为,图像的兴盛引起了文化的改变。在西方,较早提出"视觉文化"一词的是匈牙利著名电影美学家巴拉兹·贝拉,他在论及电影艺术带来的影响时说:"我们不仅亲眼看到一种新艺术的发展,而且看到了一种新的感受能力、一种新的理解能力和一种新的文化在群众中的发展。"③ 随着电影而来的这种新的文化就是视觉文化,他在《电影美学》中专门分出一小部分来讨论视觉文化,但是他所说的"视觉文化"指的是通过可见的形象来表达、理解和解释事物的能力。④ 所以,他的"视觉文化"还只是涉及视觉文化特征的一个侧面,因此,对于这种随着影视艺术的发

---

① 张晶:《图像时代:文艺学的突破之维》,《湖南文理学院学报》2009年第1期。
② 彭亚非:《图像社会与文学的未来》,《文学评论》2003年第5期。
③ [匈]巴拉兹·贝拉:《电影美学》,何力译,中国电影出版社1978年版,第21页。
④ 同上。

展逐步兴盛的视觉文化形式尚需进一步研究。

国内大力提倡"视觉文化"研究的学者是周宪。他不仅发表了一系列文章论述视觉文化的相关内容,而且还出版了一部专著《视觉文化的转向》,这些成果从理论研究和个案分析这两个层面阐释了对视觉文化的认识。他的一个重要的观点是"文化主因说",他认为:"在'读图时代',从文化活动的对象上说,文字有可能沦为图像的配角和辅助说明,图像则取得文化主因(the dominant)的地位;从文化活动的主体上说,公众更倾向于读图的快感,从而冷落了文字阅读的爱好和乐趣。"① 他认为图像文化成为现代社会的主导文化形态,进而视觉文化的渗透力和扩张力也得到了极大增强。他还研究了一些主要的视觉文化现象,如视觉消费、时尚设计、奇观电影乃至身体审美等。由此可以看出,他的视觉文化已经涉及我们日常生活的各个侧面,带有很大程度的广延性。

综上所述,这些观点看到了随着技术的发展,伴随着消费社会的来临,一个新的时代诞生并逐渐发展起来。但是,由此就说明整个社会皆充满了图像,被图像所主宰,这是将图像泛化了,因此不免有些不切合实际,有夸大图像作用、地位和功能之嫌疑。

(二)"读图时代"之"读"

除了"图像时代",有人还称之为"读图时代"。"读图时代"和"图像时代"具有很大的相似性,两者都是在"图像转向"的影响下产生的新的术语,它们都强调了图像符号的急剧增长,在很大程度上两者是可以互换的。

---

① 周宪:《"读图时代"的图文"战争"》,《文学评论》2005年第6期。

但是两者在细微之处又可见差别,其侧重点也不尽相同。"图像时代"强调图像在整个社会或者文化中的主导地位,但是"读图时代"强调图像的接受,强调接受者的接受方式。所以,这种说法主要强调阅读方式的变化,强调了读者的作用。在这个充满琳琅满目图像的时代,人们的阅读对象由过去的语言文本转到图像文本。读者因为阅读对象的变化而导致阅读方式的变化:从"阅读"到"观看"的变化。

一般来说,"阅读"主要对应于语言符号。从阅读主体来说,接受者需要经过一定的语言符号认知训练,还得经受相应学科的专业训练,才能更容易接受。如对于诗歌这种文学类型的接受,读者首先得认识汉字、字母或者其他语言符号形式,其次需要了解诗歌的基本艺术特征,如节奏、韵律等。否则,很难想象目不识丁之人,或者对诗歌的节奏、韵律等毫无研究之人对于这种语言符号形式的接受状况。从接受方式来说,语言符号的接受大多是一种静观化的方式。鉴于语言符号的抽象性特征,阅读者需要静思默察,认真揣摩它的深层含义。

而"观看"主要对应于图像符号。观看主体不接受专业训练,也基本能达到对图像符号的认知。如婴儿面对苹果、香蕉等图像,即可实现认知。从接受方式来说,图像符号的接受是动、静结合。"静"指的是静观化,"动"与"静观化"相对,是一种非静观化的方式。所以,对于图像的接受,既有形象思维的参与,也有抽象思维的参与。真正的观看是由表层的形象性进入内蕴的抽象性的过程。

"读图时代"之"读"是主要诉诸视觉的"观看"行为。观看又被称为看、凝视、瞥见、观察、监视、偷窥等。贡布里希认为,观看是对图式的透射，是指视网膜将接收到的视觉信息传导到大脑皮层以后，经过大脑皮层的处理，促使我们形成了感知事物的认识方式。

关于观看的具体过程，麦茨等是这样阐述的：

> 所有视觉活动都包含一个双重运动，投射（projective）（"扫射"的探照灯）和内投射（introjective）：意识作为一个敏感的纪录表面（像一个银幕）。同时，我认为，通俗一点说，我把目光"投射"到物体上，物体因此而被照亮，并且被储存到我的意识里（因此可以说，正是这些物体被"投射"到我的视网膜上）。这是一种可称之为观看的视觉流，它能解释有关吸引力的所有神话，它必须投向外部世界，这样，便可以从相反的方向把客体溯源到视觉流（但是客体也用它去寻找自己的道路），最终到达我们的知觉——现在，这知觉就像是柔软的蜡，而不再是发射的源头。[①]

麦茨所说的"投射"行为是观者在观看过程中与外在物象的联系，而"内投射"是观者在观看过程中与自身内部意识的联系。不管是投射还是内投射都是以作为主体的观众为发射源头的。所以，"读图时代"的称谓也受到接受美学的影响。同时，"读图时代"之"读"仍然没有摆脱文字化时代接受方式的影响，以语言符号的接受方式来命名图像符号的接受方式。

所以，"读图时代"之"读"不同于传统印刷文化之"读"。这

---

① 吴琼编：《凝视的快感——电影文本的精神分析》，中国人民大学出版社2005年版，第40—41页。

里的"读"更准确地讲应该是一种观看行为，而且是一种具有深度意义的观看。与此同时，我们可以发现，"读图时代"之"读"也渗透了"阅读"之威力的影响，因为用语言符号的接受方式来称谓图形符号的接受方式，从某个侧面反映了语言符号的力量在无形中仍然发挥了作用。与此同时，"读图时代"之"读"也反映了图像的接受也不仅仅是肤浅的、直观的行为，也是和语言符号一样，具备抽象的思想深度。

除开对于观看的强调之外，"读图时代"强调"读图"代替"阅读"，这也显示了图像对于语言的排挤。所以，"读图时代"也从侧面反映了图像的无所不在。

综上所述，"图像时代"和"读图时代"都从某一个侧面反映了"图像转向"影响下所形成的新时代的特征，但是不能准确地概括这个时代的特征："图像时代"过于"满"，反而显得空泛，而"读图时代"从接受方面凸显了这一时代特征，但是也蕴含了图像泛化的倾向。所以，对于这一全新的时代，这两种主要的称谓都存在将图像泛化的弊端。接下来我们将主要论述图像泛化现象以及对图文关系的影响。

二 图像泛化与图文关系

不管是在实践方面，还是在理论方面，图像都存在泛化问题。图像泛化必然导致语图关系的错位。因为对于图像作用和地位的不正确的估计，必然会带来对于图文关系的不正确认识和判断。如"文学终结论"、"文学边缘说"等。笔者在《绪论》中也提及图像的泛化，并且对本书的图像符号研究的范围做了界说。前者主要是对图像的内涵和外延以及作为艺术符号的图像进行界定，在此有所不同，本部分主要是从图像泛化的角度探讨图文关系。

图像泛化主要是从图像所涉及的范围来说，它从艺术的领域逐渐走向日常生活。在传统观念中，作为艺术符号的图像具有自己的特有区域，基本是限于精英艺术等特定的范畴之内，如绘画、雕塑等就是其具体的表现形式，而其他领域则很少运用图像。但是，纵观现代社会，图像不仅仅存在于传统精英艺术领域之内，而是已经渗透到我们生活的方方面面。抬眼望四周，我们的生活到处充斥着图像，家庭中的电视节目、街道上的广告牌等。有的学者特意向米歇尔本人求证究竟什么是"图像转向"这个问题，他说：所谓图像转向，是说图像研究超越了美术研究的疆界，而进入摄影、电视等新的大众传播领域。[①] 他表明图像从精英走向大众，也表现了图像泛化的趋势。所以，面对这种改变，学界出现了两种不同的态度：一派学者坚持精英主义图像艺术的研究，以英国学者为代表。另一派学者将研究领域和视野扩大到日常生活领域，国外以美国学者米歇尔为代表，国内以周宪为代表。所以，图像泛化的主要表现是将那些本身非图像的事物图像化，这也是被米尔佐夫称为"视觉化"的过程。他认为这一过程将很多原本非视觉化表现的事物也视觉化了，这就是图像的巨大力量。

有的学者甚至直接将图像和日常生活结合起来讨论，米尔佐夫在讨论"什么是视觉文化"这一问题时，探讨了视觉文化和日常生活的关系。他说："日常生活中的跨文化的视觉经验构成了视觉文化的疆域"，"在这种现实与视觉性（它包含了互视性）的复杂交接中，不再有什么关于日常生活的日常性东西。视觉文化在过去常被

[①] 参见段炼《视觉文化研究与当代图像》，《美术观察》2008年第5期。

看作是分散了人们对文本和历史之类的正经事儿的注意力,而现在却是文化和历史变化的场所"。①

图像泛化的出现绝非偶然,而是有着迅速发展的技术力量支撑,同时还受到消费社会经济利益的驱使。从人类文明的历史发展过程来看,图像一直与语言相伴相随、不离不弃。但是在此之前,并没有出现"图像转向",更没有出现"图像泛化",其主要原因就在于现代科学技术作为重要的推动力促进了图像的发展甚至泛化。1839年摄影术的发明,1895年电影的诞生,这些都是建立在技术进步的基础之上的。特别是计算机的发明和使用,使得图像的创作和接受更为便利,从而为图像的迅速发展并蔓延插上了飞翔的翅膀。如果没有摄影、摄像技术以及相应器材的发明和创造,如果没有计算机的发明和使用,图像的发展永远也达不到现有的程度。瓦尔特·本雅明的代表作《机械复制时代的艺术作品》的主要观点就是(复制)技术的进步导致艺术作品数量的增加,进而使得那些曾经独一无二的艺术作品失去了原本属于它的"灵韵"(aura),这是对艺术作品大众化的批判。本书并非否认大众文化的艺术性,或是将大众文化视为低级、庸俗之类,而是借此说明大众文化之接受群体的空间扩大。所以,图像泛化也包含大众化的过程。同时,随着商品社会以及消费经济的发展,利益成为人们追求的重要目标,尽管不是唯一目标。所以,只有尽可能地扩大市场占有率以及获得更庞大的接受群体,创造者才能获得更大的利润。这种需求使得"在景观社会里,个人被景观弄得目眩神迷,被动地存在于大众消费文化中,他唯一渴望的是获得

---

① [美]尼古拉斯·米尔佐夫:《视觉文化导论》,倪伟译,凤凰传媒集团、江苏人民出版社2006年版,第32页。

更多的产品"①。在消费社会里，几乎一切都被商品化了，图像也不例外。

图像泛化与图文关系存在千丝万缕的联系。图像泛化使得图像和日常生活结合在一起，艺术图像和生活图像的界限也已经变得不再那么分明。但是，这只是表面现象，实际上两者是有显著差异的，因为艺术和生活本来就是既有联系也有本质差别的事物。简单来说，图像泛化就是将艺术性和生活性混为一谈了。所以，过分地夸大图像的地位和作用，必将扭曲语言符号和图像符号的关系，从而轻率地得出图像战胜语言，获得霸权的结论。周宪就在一篇文章中提出"图像霸权"一说，他认为："'读图时代'的读图隐忧乃图像对文字的'霸权'，因此造成了对文字的挤压"②；接下来他具体论述到，"不仅影视与文学之间存在着图像对语言的'霸权'，就是在大众媒体中，视觉媒体对文字媒体同样构成了巨大的威胁，诸如电视对报纸的压制和诱惑"③。他还认为，在图像霸权的基础之上，甚至产生了图像拜物教，这些观点都是图像泛化的具体表现。

总之，图像的泛化使得图像的占居空间扩大，其快速增长的气势吸引了人们的目光。这只是新事物、新形势出现初期所产生的狂热之态，当一切逐渐归于平静的时候，必将促使我们更理性地看待和分析这些现象。

三 图像化时代之"化"

图像化时代的存在已然是事实了，正如阿莱斯·艾尔雅维茨所

---

① [美]尼古拉斯·米尔佐夫：《视觉文化导论》，倪伟译，凤凰传媒集团、江苏人民出版社2006年版，第34页。
② 周宪：《"读图时代"的图文"战争"》，《文学评论》2005年第6期。
③ 同上。

说:"无论我们喜欢与否,我们自身在当今都已处于视觉成为社会现实主导形式的社会。"① 对于这种既成事实,我们唯有泰然接受。而且,"图像转向"不是语言和图像之间"一刀切"了,而是图文互动、图文结合。米歇尔在其《图像理论》中提出的论战性主张:"图像与文本之间的互动构成了这种再现:所有媒体都是混合媒体,所有再现都是异质的;没有'纯粹的'视觉或语言艺术,尽管要纯化媒体的冲动是现代主义的乌托邦创举之一。"金元浦也说:"我们还必须看到,在当代消费社会,视觉文化已经无节制地开始它的'独裁'和'暴力',开始它无休止的影像统治。它常常忘记,无论它走多远,它都离不开语言的'原本'。语言是存在的家,语言是人类理解的边界。语言和图像都是人类思维的直接现实。正是视觉图像与语言文字之间的冲突与互补,开辟了人类思维和交往的新时代——图文时代。"②

他们的言论传递了一个相通的信息:图像和语言在现今时代是共存的。而且事实证明也是如此。"图像转向"下的"图像化时代"之"化"强调一种倾向,强调一种过程,同时也强调了图像的地位。因此"图像化时代"这一称谓更全面和准确地概括了"图像转向"下所产生时代的主要特征。对此,米尔佐夫也有相关论述,他认为视觉文化不是依赖于图像,而是视觉化或者图像化,即把本身非视觉性的东西视觉化。他说:"新的视觉文化最惊人的特征之一是它越来越趋于把那些本身并非视觉化的东西予以视觉化。"③ 这正是对

---

① [斯] 阿莱斯·艾尔雅维茨:《图像时代》,胡菊云、张云鹏泽,吉林人民出版社 2003 年版,第 5 页。
② 金元浦:《视觉图像文化及其当代问题域》,《学术月刊》2007 年第 5 期。
③ [美] 尼古拉斯·米尔佐夫:《视觉文化导论》,倪伟译,凤凰传媒集团、江苏人民出版社 2006 年版,第 5 页。

"图像化时代"特征的精练概括。在这个时代，许多原本不是以图像为表征的事物和现象都纷纷搭上图像的快车，以崭新的方式呈现在受众面前。所以，"图像转向"不是语言的式微和隐退、图像的狂欢和霸权，而是对一种在文化领域正在发生的图像表达比重日益增加的趋势的描述。

在古代汉语中，"化"指变化。在现代汉语中，"化"主要指事物的形态和性质发生了变化，用在名词之后表示转变成某种性质和状态。"化"可以表示一种逐渐变化的过程，而不仅仅是一种定性状态的描述。从图像生产方面来说，"图像化时代"之"化"除了"趋势"之意，还有一层重要的含义是对图像增长速度的描述。图像急剧增加，它在几十年时间之内的增长速度是惊人的，超越了以往任何时代。所以，"图像化时代"之"化"还表示图像所带来的一种强制力和支配力。图像的急剧增加迫使人们不得不接受各种图像。在这样的图像爆炸的时代，我们每天都在接受各种不同的图像，不管我们愿意与否。

从图像接受方面来说，图像化时代的显著特征还在于人们对图像的关注程度大大增强。除了学术界鉴于图像挤压语言生存空间而产生的抵触情绪以外，大众对于图像的态度是积极接受并喜爱的。喜爱和抵触都是一种态度，是建立在对图像的关注基础之上的。所以，图像化时代无论是从图像生产方面来说，还是从接受方面来说，都体现了图像强大的魅力及渗透力。

而从技术发展的角度来说，技术的进步是图像化时代产生并发展的巨大动力，甚至可以决定图像化时代的发生、发展以及未来发展趋势。由此，技术性成为图像化时代的显明的、标志性的特征，并成为图像化时代的重要维度。可以说，技术对于图像化时代的作用是至关重要的。如果没有影像技术以及电脑技术的发展，图像就无法进一步展现其叙事的能力，因为流动的影像流将不同的空间点结合在一起，从而形成了时间的流动感。

综上所述，图像化时代指的是20世纪特别是20世纪60年代以来，以"图像转向"为逻辑起点，在视觉文化潮流的影响之下，以后现代文化为背景的图像生产、传播和接受激增的新的时代。"图像化时代"的重要特征是图像增长的速度之快对受众产生了一种强制力，使受众不得不接受它。而且，"图像化时代"的重要维度是技术性，没有技术的进步，就没有这个时代的形成和发展。在这个时代里，图像并不是唯一的主角，而是与语言一起构成这个时代的信息传播方式。所以，"图像化时代"中的图像符号得到凸显，但是并不意味着语言符号的隐退。在艺术发展史上，绘画早就存在，而在19世纪中叶，摄影艺术的发展引起了画家的恐慌。因为画家完成一幅作品耗时相对较长，而摄影作品则短得多。为此，画家认为摄影家将抢夺他们的饭碗，绘画艺术必将被摄影艺术取代，因此，他们提出了"绘画终结论"。历史很好地证明了，绘画并没有终结。新生事物的出现并不一定非得以旧事物的消亡为代价。同理，我们有理由相信，图像的大量使用，并不会促使语言消亡。

正因为图像符号的急剧增加，使得语言和图像之间的局势发生了变化，所以，"图像化时代"的主要特征就表现在语言和图像之间的关系发生了显著的变化。在人类文明发展的漫长历史上，语言和图像一直是共存的。但是，图像在叙述表达中一直处于相对弱势的地位，而语言处于相对强势地位（运用"相对"一词是鉴于这种比较的超越性，一种符号超越了自身的符号场域而进入新的叙述表达功能层面。在各自的符号场域之内，它们能够实现各自的情感和审美传达），书法艺术在历史上高高在上的地位就生动地说明了这一点，所以，我国历史上的画家阎立本在工作中常常因为这种相对弱势和不被人尊重的地位而觉得羞愧难当，因为他仅仅是一位画师而已。到了图像化时代，图像从被语言压抑的状态挣脱出来，展现了自身应有的魅力。语言和图像真正以并肩的姿态站在一起，从而使图像从畸形的被压抑的状态中解放出来。图像化时代之"化"的魅力就在于图像逐渐占据了自身应该具有场域。

面对图像之"化"，语言所产生的前所未有的紧迫感是因为自身长期以来的强势地位流失的不习惯和不甘心。这种态势必将被打破，回归到正常是最明智的选择。当然，如果几千年的文明史主要是用图像来建构的，现今就是另外一幅截然不同的景象。从某种程度上说，图像化时代实现了具象化、生动性的回归，也逐步实现了超越民族和文化的接受性回归。针对图像发展的这一特殊的时代，有的学者认为："由图像/图符所转换而来的新字符超越了民族语言的界限，作为一种新生的语言（或只能称之为辅助语言或语言因素），它有更加广泛的使用范围和交流对象，承担更加复杂丰富、深刻细微的表达，这不是出于逻辑和理性的必然，而是出于历史机遇，就如古埃及的象形文字走向拼音字母，而华夏大地上的象形文字演进为表意的方块字，各有其文明演化路径。"[①] 在图像化时代，挑战与机遇并存。无论是图像还是语言，都要抓住机遇寻求发展的契机。

总之，虽然"图像时代"和"读图时代"都是对当今以视觉文化为主的时代的一种称谓，但是各自的侧重点不同，分别强调了图像创作主体和接受主体的不同作用和地位。或许没有人注意到这些

---

① 蒋原伦：《图像/图符修辞》，《文艺研究》2009 年第 10 期。

称谓的差异。但是，本书认为，能够准确概括这个时代特征的说法是"图像化时代"。因为这一概念既表明了图像符号和语言符号之间微妙的关系——语言符号的某些领地正在逐渐被新兴的图像符号所抢占，这是既成事实，并将延续下去，又表明这个过程正在进行之中尚未形成定论。图像化时代之"化"也不仅仅局限在接受过程中，而是贯穿于艺术创作的全过程，它是一个持续的过程。总之，图像化时代的突出特征有三个方面：图像的急剧并快速增长，图像渗透力的影响力的增强，以及图像技术性维度的扩充。

第二章　图文之辨

"图文之辨"主要是为了辨明语言符号和图像符号之间的差异，从而建构图文关系的差异论。"图文之辨"原本是一个古老的学术话题，古今中外的许多学者都对这一论题做过研究。但是，他们大多是在图文差异性的基础上得出的结论。他们认为，图与文具备截然不同的区别性特征，是没有交集的。国内外许多学者的研究成果都反映了这一思想倾向。

日本学者浜田正秀在《文艺学概论》中把语言和形象视为两种不同的"精神武器"，他说："语言是精神的主要武器，但另有一种叫做'形象'的精神武器。形象是现实的淡薄印象，它同语言一样，是现实的替代物。形象作为一种记忆积累起来，加以改造加工综合，使之有可能成为精神领域中的代理体验。然而它比语言更为具体、更可感觉、更不易捉摸，它是一种在获得正确的知识和意义之前的东西。概念相对于变化多端、捉摸不定的形象而言，有一个客观的抽象范围，这样虽则更显得枯燥乏味，但却便于保存和表达，得以区分微妙的感觉形象和语言的关系，类似于生命与形式、感情与理性、体验与认识、艺术与学术的那种关系。"[1] 他所论述的语言和形象的差异即是图文之辨的主要内容：语言和形象都有现实基础；形象是具体的、可感觉的，但是语言是抽象的、枯燥的。他还进一步分别论及这两种武器的优劣："在一个概念里面有好几个形象，但即便使用好几个概念也不能充分地说明一个形象。"[2] 也就是说，从意义蕴含的角度，语言的表现力比图像（形象）的差，图像（形象）的蕴含更为丰富。

德国艺术评论家瓦尔特·舒里安也论及图文之间的差别："图画就是一种编了码的现实，犹如基因中包含有人的编码生物类别一样。所以，图画总是比话语或想法更概括、更复杂。图画以一种在时间和空间上都浓缩了的方式传输现实状况。因而，图画当然也让人感到某种程度的迷糊不清，然而，图画在内容上比话语更为丰富——话语'容易安排'，但也容易出偏差。"[3] 他和浜田正秀的观点契合，也认为图画比话语的内涵更丰富，但是也提及图画表达的欠准确性，因为它容易使人在理解和接受意义时迷糊不清。

克里斯蒂安·麦茨在《想象的能指：精神分析与电影》一书中所说的电影和梦是"部分亲属关系和不完全差异的关系"[4]。其中，亲属关系既包括能指的亲属关系，也包括所指的亲属关系。我们也可以认为语言符号和图像符号之间是不完全亲属关系，即部分是亲属，部分是差异的关系。"亲属关系"指的是图文的相同之处，"差异关系"指的是相异之处，这是本章研究的

---

[1] ［日］浜田正秀：《文艺学概论》，陈秋峰、杨国华译，中国戏剧出版社1985年版，第32页。

[2] 同上。

[3] ［德］瓦尔特·舒里安：《世界的图像化》，载《作为经验的艺术》，罗悌伦译，湖南美术出版社2005年版，第268页。

[4] ［法］克里斯蒂安·麦茨：《想象的能指：精神分析与电影》，王志敏译，中国广播电视出版社2006年版，第109页。

主要内容。图文之辨的研究主体是两者的差异关系,即两者的区别性特征。

对于这两者之间的差异,米歇尔在批判麦克卢汉的"媒介即信息"的基础上说:

> 因此,普通符号学让我们认识到,从语义上说(即交流、象征性行为、表达和意指的语用学),文本和形象之间没有本质的区别;我们还认识到,在符号类型、形式、再现的物质和制度传统的层面上视觉和语言媒介之间存在着重大的差别。其秘密就在于我们为什么要迫切地把这种媒介当作信息,我们为什么要把这两种媒介之间明显的实用差别看作是形而上学的对立,似乎控制着我们的交际行为,因此必须用视觉再现之语言再现这种乌托邦式的幻想来克服呢?……①

首先,他肯定了文本和形象在信息交流和意义传达之间并没有多大区别。但是,他认为两者在符号类型上存在着重大差异,也提出了从符号层面进行差异分析。的确如此,文本和形象虽然在符号类型上有不同特征,但是它们都以各自的优势在信息交流和意义传达等功能上发挥着同等重要的作用。

图文之间的差异是明显的,无论外在形式方面,还是在内部功能方面。正如龙迪勇所说:

> 须承认,任何一种媒介在叙事、抒情、说理方面都各有所

---

① [美] W. J. T. 米歇尔:《图像理论》,陈永国、胡文征译,北京大学出版社2006年版,第148页。

长和所短。如声音（口语）在表情达意方面具有迅速而准确的特点，但它在时间方面难以保留长久，在空间方面则难以超越特定区域。而图像和文字呢？尽管它们没有了口语的这种限制，但既然是不同的表达媒介，在作为不同的符号创造艺术作品时，也必然会带来一些本质性的差异。①

他认为符号是一类传达信息的媒介，语言符号能够准确而迅速地表情达意，但是很难突破空间的限制。即语言是说完就消失了的，不可能在时空中停留，而图像在空间表达上则有优势。他所说的"本质性的差异"就是图像和文字各自的本质性特征，也是各自的魅力和优势所在。

斯科特·拉什在《后现代主义社会学》一书中比较了语言和图像的主要差异。他说："语言文化表示：（1）词语比形象具有优先性；（2）注重文化对象的形式特点；（3）宣传理性主义的文化观；（4）赋予文本以极端的重要性；（5）一种自我的而非本我的感性；（6）通过观众和文化对象的距离来运作。'图像的'文化则相反：（1）视觉的而非词语的感性；（2）贬低形式主义，将自身与日常生活中常见之物的能指并置起来；（3）反对理性主义的或'教化的'文化观；（4）不去探求文化文本表达了什么，而是探求它做了什么；（5）用弗洛伊德的话来说，'原初过程'扩张进文化领域；（6）通过观众沉浸其中来运作，即借助于一种将人们的欲望无中介地化入文化对象的运作。"② 他的论述也重点强调了词语和

---

① 龙迪勇：《图像与文字的符号特性及其在叙事活动中的相互模仿》，《江西社会科学》2010年第11期。
② Scott Lash, *Sociology of Postmodernism*, London: Routeldge, 1990, p. 175.

形象的差异，这些差异可以归纳如下：首先是媒介差异性，话语文化以语言为核心，语言或文本具有至高无上的优先性，这其实也就是符号形式方面的差别；而在图像文化中，图像是主导因素。其次，话语文化是一种理性主义的文化，它注重通过形式宣传理性主义的价值观。

通过以上简要梳理，不难发现：图与文存在感性与理性、具体与抽象、空间与时间等差异。但是，随着图像化时代的到来，图与文各自的特征发生了显著变化，差异性的特征也出现了互文和互补的趋势，并进而影响到图文关系也由差异走向互文和互补。

第一节 语言之魅

在"图像转向"之前的漫长岁月里，语言主要受到"工具论"的影响和支配。"工具论"认为语言是信息的载体、交流的工具。它仅仅是件工具而已，别无他途。所以，无论是学术研究，还是日常生活，一直坚持着这种思想，没有过多地留意语言符号的其他功能。这种思想和观点在工具书中就有深刻的印迹。如在《现代汉语辞海》里对"语言"的界定是："〈名〉人类特有的用来表达意思、交流思想的工具，由语音、词汇、语法构成。也比喻其他的交际手段。"[1]这是"工具论"思想指导下的定义。而对"文字"的界定是"〈名〉记录语言的符号，如汉字、拉丁字母、日语假名等"[2]。文字符号是对语言的记录，同样也是思想和信息的载体和工具。"语言工具论"将"语言看作是传情达意的工具，是人际沟通的媒介，是记录文化

---

[1] 倪文杰、张卫国等：《现代汉语辞海》，人民出版社1994年版，第1447页。
[2] 同上书，第1159页。

的载体,是对客观实在的一种反映"①。

这种思想和理论在中西方都广泛存在,如亚里士多德的"说非者是,或是者非,即为假;说是者是,或非者非,即为真"②。中国古代的"名实之辨"之中的"名"与"实"相符即是"名"要如实地反映"实"。在这种状态下,语言文字表现出一些与"工具论"相适应的主要的特征。

"工具论"本身并无可厚非。毕竟,语言符号首先是作为工具的姿态呈现的。在"工具论"思想烛照下,语言符号呈现出鲜明的个性特征。语言符号的魅力主要体现在两方面:缺席的形象和联结的言语流。

一 缺席的形象

从语言符号本身和它所塑造的形象来看的话,语言符号的表意是诉诸理性思维的,而我们无法直接从语言符号本身或者表面发现和觉察它所塑造的形象或者思想。形象和思想的获得还需要通过复杂的思维活动,所以,我们将语言符号的这种传递信息的方式称为"可理解的思想"。"可理解的思想"与"可见的思想"相对应,它是语言符号的重要特征。"可理解的思想"的"理解"是思维的重要过程,是诉诸于理性思维的,它的主要特征是抽象性。这种特征既体现在内容层面,也体现在形式层面。

首先,从内容层面来说,语言表达抽象的思想。马克思简单明了地指出语言是思想的直接现实。他说:

---

① 唐礼勇:《从"语言工具论"到"语言建构论"》,《湖南科技学院学报》2009年第7期。

② 黄华新:《逻辑与自然语言理解》,吉林人民出版社2000年版,第260—261页。

对哲学家们说来，从思想世界降到现实世界是最困难的任务之一。语言是思想的直接现实。正像哲学家们把思维变成一种独立的力量那样，他们也一定要把语言变成某种独立的特殊王国。这就是哲学语言的秘密，在哲学语言里，思想通过词的形式具有自己本身的内容。从思想世界降到现实世界的问题，变成了从语言降到生活中的问题。①

在这段描述中，马克思等认为从思想世界降到现实世界是很困难的，因为思想和现实是不能一一对应的。但是，思想能够从语言这种特殊的形式降到现实生活。在这个过程中，语言充当了一种载体，承载了思想。所以，他们几乎是将思想和语言等同起来，从而赋予语言极强的抽象性。

索绪尔更为直接地论述了语言的抽象性特征，他认为语言是一种抽象的集体心理表象。他说，"依我们看来，语言的问题主要是符号学的问题。我们的全部论证都从这一重要的事实获得意义。"② 在论述语言的符号性的基础上，他进一步指出："语言是一种表达观念的符号系统。"③ 此处的观念也是一种抽象的实体。索绪尔的符号系统是语音和概念的集合，语音是外在形式，概念则是语音的内核。

德国学者威廉·冯·洪堡特认为语言文字和人的精神（思维）是紧密联系的。为此，他的著作《论人类语言结构的差异及其对人

---

① ［德］马克思、恩格斯：《德意志意识形态》，载《马克思恩格斯全集》第三卷，人民出版社1960年版，第525页。
② ［瑞士］费尔迪南·德·索绪尔：《普通语言学教程》，高名凯译，商务印书馆2008年版，第39页。
③ 同上书，第37页。

类精神发展的影响》主要阐释了这一观点：语言属于精神创造活动。他说：

> 一个民族的精神特性和语言形成这两个方面的关系极为密切，无论我们从哪个方面入手，都可以从中推导出另一个方面。这是因为，职能的形式和语言的形式必须相互适合。语言仿佛是民族精神的外在表现；民族的语言即民族的精神，民族的精神即民族的语言，二者的同一程度超过了人们的任何想象。[①]

由以上论述可以看出，洪堡特从新的角度阐释语言和精神的关系，认为"语言"和"精神"等同，民族的语言和民族的精神二者同一。可以说，民族的精神是民族的语言的内核和内容，这也正彰显了语言符号内容的抽象性特征。语言在抽象思维表达方面是否具有不可替代性，甚至可以影响人类精神的发展，由此给我们提供一个新的研究思路和视野。

其次，从语言符号外形来讲，它也具有鲜明的抽象性特征。虽然汉字中的象形字从形式上来说是对抽象性的否定，但是这只是语言文字中的特例。如果和图像的具象性相比，象形文字的具象化只是小巫见大巫。英语字母的抽象性更是明显。简单的二十六个字母组合成千变万化的英语单词。大多数情况，语言符号的形式和他的内涵没有任何直接关系，我们也无法从其形式猜测其内涵。萨丕尔在论述了语言内容的抽象性后，接着又论及语言形式的抽象性，他

[①] ［德］威廉·冯·洪堡特：《论人类语言结构的差异及其对人类精神发展的影响》，商务印书馆2008年版，第52页。

认为"语言的形式显得是一种科学的抽象"①,"语言形式的本质就在于把那些具体的、与它相对而言被视为质料的语言要素综合为精神的统一体"②。同样,这个"精神的统一体"是抽象的形式和思想内涵的统一。而与此相反,在绝大多数情况下,图像符号具有更强的形象性,图像其外在形式和内涵之间存在一一对应关系。

在抽象内容的基础上,形式的抽象性主要体现在语言符号的任意性特征之上,这个特征是索绪尔的重要理论成果。抽象的思想和符号之间并没有必然的联系,它们之间的关联是约定俗成、人为的和任意的。约定俗成也就意味着某种程度上的强制性。美国学者乔治·赫伯特·米德认为这种约定俗成性就是一种"主观定义"(subjective definition),但是这种"主观定义"也获得了普遍性。这种任意性法则加强了符号的抽象性。索绪尔说过:

> 正和负。也可以反过来……北和南也一样。如果把这颠倒过来,并且把其余的名称相应地加以改变,那么一切仍然是正确的。这样,我们就可以称西为东,称东为西。太阳从西边出来,行星从东向西旋转等等,这只是名称上的变更而已。③

这段话生动地说明了符号和意义之间的任意性。他认为,语言符号的第一个原则就是任意性原则:"任意性这个词还要加上一个注解。它不应该使人想起能指完全取决于说话者的自由选择……。我的意思是说,它是不可论证的,即对现实中跟它没有任何自然联系

---

① [美]爱德华·萨丕尔:《语言论》,商务印书馆2007年版,第58页。
② 同上书,第61页。
③ [德]马克思、恩格斯:《马克思恩格斯全集》第三卷,人民出版社1960年版,第539页。

的所指来说是任意的。"① 任意性就表明符号本身和意义之间并没有必然的联系，而是建立这种关系之初的任意组合，这也是符号抽象性特征的重要体现。

索绪尔认为："语言符号连结的不是事物和名称，而是概念和音响形象。后者不是物质的声音，纯粹物理的东西，而是这声音的心理印迹，我们的感觉给我们证明的声音表象。它是属于感觉的，我们有时把它叫做'物质的'，那只是在这个意义上说的，而且是跟联想的另一个要素，一般更抽象的概念相对立而言的。"② 所以，语言符号的抽象性几乎是与生俱来的。正是因为其抽象性，语言符号的形式和内涵的统一体才被称为"可理解的思想"，这一切与人的思维活动息息相关。也正是因为这一点，语言符号才具有了深度感，从而被认为是精英文化的重要载体。

语言符号的抽象性特征所带来的直接结果就是人们在认识和接受它之前必须经过一定的训练才能认知相应的语言符号，从而建立起语言形式和内涵之间的固定联系。这也就增强了认知语言符号的难度。因为人们必须经过一段时间的学习，才能掌握语言符号的能指和所指之间的关系，即掌握符号形式和内容之间的关系。

二 联结的言语流

从外在表现形态来说，语言符号是按照线性方式排列的，这就使得一个接一个的语言符号在时间的延续中排列成符号整体，通过蕴含在符号内的意义连接，从而塑造出生动的艺术形象。莱辛在

---

① ［瑞士］费尔迪南·德·索绪尔：《普通语言学教程》，高名凯译，商务印书馆2008年版，第104页。
② 同上书，第101页。

《拉奥孔》中说:"绘画用空间中的形体和颜色而诗却用在时间中发出的声音;既然符号无可争辩地应该和符号所代表的事物互相协调,那么,在空间中并列的符号就只宜于表现那些全体或部分本来也在空间中并列的事物,而在时间中先后承续的符号也就只宜于表现那些全体或者部分本来也在时间中先后承续的事物。"① 绘画的形体和颜色都是我们的感官可以直接感知的,而诗的声音还得通过我们的思维将之转换为概念和内涵。莱辛用时间和空间在诗和画之间划分出严格而清晰的界限,甚至在这部专著中用一个副标题——《论诗与画的界限》来强调这种差异。他认为诗歌划是时间艺术,而绘画划是空间艺术。时间艺术就是在时间的延展过程中得以体现,而语言就是按照前后相继的时间顺序呈现在听者或者读者面前。空间艺术只选取时间延续过程中的一个节点,在这个节点上在空间中铺开,从而塑造艺术形象。

对此,著名语言学家索绪尔在论述语言符号的一般原则的时候,指出的第二条基本原则就是"能指的线条特征"。他认为语言的"能指属听觉性质,只在时间上展开,而且具有借自时间的特征:(a)它体现一个长度,(b)这长度只在一个向度上测定:它是一条线。"② 接着,他进一步解释了"一条线"的基本特征:"视觉的能指可以在几个向度上同时并发,而听觉的能指却只有时间上一条线;它的要素相继出现,构成一个链条。我们只要用文字把它们表示出来,用书写符号的空间线条代替时间上的前后相继,这个特征就马上可以看到。"③ 语言包括口头语言和书面语言(文字符号),如果

---

① [德] 莱辛:《拉奥孔》,朱光潜译,人民出版社1979年版,第84页。
② [瑞士] 费尔迪南·德·索绪尔:《普通语言学教程》,高名凯译,商务印书馆2008年版,第106页。
③ 同上。

说口头语言是听觉上的线性延展,而文字符号则是视觉上的线性延展。线性特征就表明这些符号之间具有一定的顺序,若乱了顺序,意义就会发生改变。所以,面对文字符号,我们只能从文本的第一个符号开始阅读,直到文本的末尾,这样才能了解文本的所指。文字符号群就是在线形的空间排列中展示内蕴,而正如索绪尔所说的"视觉的能指可以在几个向度上同时并发",现代影视艺术就是时空综合艺术,综合了图像和语言的空间和时间特征,从而在时间和空间两个维度展开叙述。虽然索绪尔所处的时代还没有进入图像化时代,他也没有关注图像,但他的论述无疑是具有某种预见性的,意识到视觉可以突破线性的限制,在多个向度之间展开。

在索绪尔的基础之上,法国符号学家罗兰·巴尔特论述了语言的两根轴线:组合段和系统,其中组合段就展现了时间的延展性。他说:"对于索绪尔来说,联结语言学各词项的关系可沿两个平面展开,其中每一个平面都产生它自己的值项;这两个平面则对应于两种心理活动形式(雅克布逊也做过这样的概括)。第一个是组合段平面,它具有延展性;在分节语言中这种延展性是直线的和不可逆的(即'言语链')。这就是说,两个成分不能同时间说出来……。"①符号的组合段就是对延展性的进一步说明。时间的延展就是语言符号的直线性和不可逆性,从而形成联结的言语流。在此,本书用一个"流"字生动地表现语言符号的线性特征。

联结的言语流在线形的空间布局里面延展,再加上它的抽象性特征,从而决定了语言符号的接受方式是静观化的苦思冥想,是静心静神的过程,也更多地需要理性思维的参与,从而加深了阅读的

---

① [法]罗兰·巴尔特:《符号学原理》,李幼蒸译,中国人民大学出版社 2008 年版,第 34 页。

难度。但是，正是因为阅读障碍的存在，在阅读的过程中，我们才能享受经过思考过后的云开日出的喜悦。

总之，"缺席的形象"和"联结的言语流"构成了语言符号的最显著的特征，也是可以经得起时间之流冲刷的特征。所以，即使到了图像化时代，这两个特征仍然像挥之不去的魅影一样存在着。即使语言符号因为时代的改变而被注入了新质，但是，这些本质性的特征仍然存在。

第二节 图像之魅

与语言符号相比，图像符号具有一些鲜明的、迥异的特征。我们常说：百闻不如一见；或者眼见为实，耳听为虚，就表现了图像的特征，也强调了人们对视觉所见之物的依赖和信任。图像的魅力在与语言的比较中彰显出来，它的魅力主要体现在"虚拟的在场"和"定格的空间"这两大方面。

一 虚拟的在场

（一）在场性与具象化

与语言符号相比，图像符号所塑造的形象是生动可见的，接受者可以直接从图像符号本身感受到其承载的信息。也就是说，图像符号将所描述之物直接呈现在接受者眼前，就像所描述之物在场一样。比如说，文学作品《红楼梦》塑造了一个典型的美人形象——林黛玉，其弱柳扶风的情态只能在各自的想象空间内感受。但是在电视作品中，演员却可以将林黛玉的形象直接呈现在荧幕上，从而使观众获得直观感受。

因此，从这一方面来说，图像的这种特征又被称为"可见的思想"。"可见"主要指的是接受者可以看见，指的是图像的具象化特征。具象化指的是图像和实物在外在形貌上的相似性，图像符号就像是原物的复制品一样，将所表达的内容形象生动、直接地呈现在观者面前。比如某个人物的肖像画或者某个人的照片，图像中的人物栩栩如生，就好像真实人物出现在我们面前一样。图像将事物的外部轮廓、色彩、质地，或者是神态等清晰地呈现出来，给观者以强烈的视觉冲击。观看者看到图像的同时，不需要通过思维转换符号，可以直接获取信息。图像和实物之间存在着点与点对应的关系，即图像点和物体点之间的共轭关系。图像的这种具象性优势绝对是语言符号不可比拟的。

具象化来源于图像的能指和所指之间的相似性联系。图像符号的能指和所指之间具有一种自然的联系，而不是人为的、臆造的联系。关于"相似性"，王寅教授认为是"符号在音、形、或结构上与其所指之间映照相似的现象"[①]。具象化是从图像符号和所指物之间的关系来说，两者之间具有局部或者全部的相似性。正因为这个特征，皮尔士将图像符号归为象似符。他还将象似符分为三小类：影像（属性相似）、拟像（符号和对象各部分之间相似）、隐喻（最高、最抽象的相似性，符号和对象存在一般的类似关系）。那么，作为艺术符号的图像主要归属于第一小类和第二小类，既强调属性相似，也强调符号和所代表对象之间的各部分相似，由此产生了具象化的特征。

具象化不仅仅指以上所示的图像符号作品的具象化特征，还指

---

① 刘明芳：《语言符号的任意性与像似性述评》，《武汉科技学院学报》2007年第5期。

思维特征的形象化。我们对于图像的思考是一种形象化的思维方式，这种直观化的思维方式其实是一种原始思维的方式。原始思维采用可见和可感的方式，呈现出与抽象思维截然不同的思辨方式。列维·斯特劳斯将这种模拟式的思维称为"野性的思维"，他在《野性的思维》一书中说："野性的思维借助于形象的世界深化了自己的知识。它建立了各种与世界相像的心智系统，从而推进了对世界的理解。在这个意义上野性的思维可以说成是一种模拟式的思维。"① 斯特劳斯的观点集中探讨了形象思维在获取知识方面的特征，他所说的"模拟"也强调了图像符号与所代替事物的形象相似性。

具象化思维方式不仅体现在创作过程中，也体现在接受过程中。在创作过程中，艺术家面对某个具体的物象，抑或是抽象的物象，运思过程中对物象进行选择并加工成头脑中的形象，再将头脑中的形象形转换为具象的图像艺术作品。在整个运思过程中，形象性是贯穿始终的。读者在接受过程中，首先也是因为具体形象的图像刺激他的眼球，从而唤起读者心目中与之相呼应的图像形象。美国作家亨利如是说："电影是一切手段中最自由的，你能用它来创造奇迹。确实有朝一日电影取代了文学，不再需要阅读，我会举手欢迎的。你能记住影片里的面孔和手势，你在读一本书时，却永远无此可能。"② 我虽然不赞同他认为电影即将取代文学的说法，这有点危言耸听之嫌，但是他认为在观看的过程中，具体生动的图像带给观众的影响更深刻却是真实的。

莱辛的《拉奥孔》在诗画对比的基础上对绘画所展现的具象美

---

① [法]列维·斯特劳斯：《野性的思维》，李幼蒸译，商务印书馆1987年版，第301页。
② [美]爱德华·茂莱：《电影化的想象——作家和电影》，邵牧君译，中国电影出版社1989年版，第289页。

进行了生动的描述,他认为只有绘画才能表现物体美,而且这种美是独一无二的,他说:

> 物体美源于杂多部分的和谐效果,而这些部分是可以一眼就看遍的。所以物体美要求这些部分同时并列;各部分并列的事物既然是绘画所特有的题材,所以绘画,而且只有绘画,才能摹仿物体美。①

他认为,图像可以实现空间的并列,而诗歌不能实现这种并列,而只能把事物的美按照先后承继的顺序展现出来,这同样是在时空划分的基础上对两者展开的对比研究。其中,空间并列所产生的杂多美就是具象化的呈现,它在同一空间将众多形象直接显现出来。

正因为其具象性,图像才具有了跨文化、跨地域等特点。因此,不同国家、不同民族的人对图像的认知基本一致。如面对一朵玫瑰花的图像符号,不同国家、操持不同语言的人都能够认知这一符号。我国著名作家王安忆虽然擅长用语言符号进行艺术创作,但是她也认识到图像符号的优长:"电影却是几乎接近国际性的语言,它用我们大家都懂的画面来描写故事,语言的障碍仅影片中的对话了。"②从作家的角度来论述图像符号的具象化特征,显然具有十足的说服力,也具备现实的客观性。其实,她所论述的影片中的对话、独白等语言的障碍在具象化的图像面前已经无关紧要,这对图像的接受影响不大。在电影发展史初期,无声影片(默片)没有声音,只有纯粹的图像符号,但是仍然产生了非同小可的艺术表现力,在影视

---

① [德]莱辛:《拉奥孔》,朱光潜译,人民文学出版社1979年版,第113页。
② 王安忆:《看电影也是读书》,《文学自由谈》1991年第3期。

艺术发展史上形成了一个繁盛时期,卓别林所主演的大量经典影片即是力证。以至于后来有声电影出现以后,它在很长时间内也没有获得观众的认可,因为他们认为声音的加入破坏了默片的艺术性。

所以,图像符号的认知度比语言符号要大得多。图像符号也有自身的能指和所指,一般而言,它的能指和所指是基本一致的,或者是相吻合的。所以,图像信息的传播是不需要翻译的,可以直接进行交流。观者基本不需要专门的训练,就能够将符号的能指和所指联系起来。对此,公元6世纪教皇格里高里大帝说过:"图像对于无知的人来说,恰如基督教《圣经》对于受过教育的人一样,无知之人从图像中来理解他们必须接受的东西;他们能在图像中读到其在书中读不到的东西。"① 他用生动的比喻说明了语言符号和图像符号各自的差异性特征,其中图像对于无知的人来说,是他们接受信息的主要渠道。

这种具象性就是福柯所说的遵循"符合论"的符号模拟阶段。他认为符号话语模式经历了三次主要的转变:符号模拟、符号表征和符号仿像。其中符号模拟阶段的符号特征就是图像对现实的真实反映。德里达从宏观的角度论述了符号的"不在场"性,他认为:

> 符号作为实物的替代,具有从属性和临时性。从属性是因为符号从原始的在场派生而来,并且作为一种不在场的替补而存在。在指向最终的、缺少在场的运动过程中,符号仅仅是一个中途调解驿站。②

---

① 参见 [斯] 阿莱斯·艾尔雅维茨《图像时代》,胡菊兰、张云鹏译,吉林人民出版社 2003 年版,第 20 页。
② [德] 莱辛:《拉奥孔》,朱光潜译,人民文学出版社 1984 年版,第 111 页。

他的符号是一个整体的概念，包含所有的代替原始事物的不同的符号类型。其中"原始的在场"就是符号所代替事物的原生状态的存在，因为符号的能指只是对彼时所存在之物的一种呈现方式。符号无法代替原物，它永远仅仅是一种替代之物。所以，从某种意义上来说，在符号面前，"在场"永远只是一个神话，是一个无法实现的"乌托邦"和无法到达的"彼岸世界"。因此，符号只是指向彼时真实存在的"驿站"，它可以在意义上或者形象上无限趋近于所代替之物，但是永远无法和所代替之物等同。因为符号作为实物的替代，在生成和接受信息的过程中，必将发生信息的遗失、增补甚至变形，这就和实物存在差距。

所以，约翰·伯格认为："除了影像，还没有任何一种遗物或古文献可直接确证各个朝代人民生活在其中的世界。在这方面，影像比文献精确、丰富。"[①] 我国古代文学家陆机也说过"宣物莫大于言，存形莫善于画"[②]，他的论述精辟阐释了图像的具象化特征。古希腊著名哲学家赫拉克利特说过："眼睛是比耳朵更精确的证人。"美国著名评论家苏珊·桑塔格在《论摄影》一书中，将摄影图像这一特性称为"照片可被当成是一种严格选择的透明性"。摄影的这种"可选择的透明性"表现为摄影能立即把成为人所学知识素材的"细节"显现出来[③]。她所论述的"类似性"、"细节"等都是对图像符号具象化特征另外一种表达和描述。

韩丛耀在其专著中也论述到图像的相似性，他从这个角度对图

---

① [英]约翰·伯格：《观看之道》，戴行钺译，广西师范大学出版社2007年版，第4页。
② 陆机：《士衡论画》，俞剑华《中国画论类编》，人民美术出版社1975年版，第13页。
③ [法]罗兰·巴特：《明室：摄影纵横谈》，载罗兰·巴尔特《罗兰·巴尔特文集》，赵克非译，文化艺术出版社2003年版，第45页。

像做了界定:"从符号学的角度出发,我们可将图像定义为:一种由制造出我们所谓'相似性'的表象的方式而构成的符号。"① 他进一步论述到,图像既具有与原物的相似性,更由于其所蕴含的图像文化而具有多重意义。

图像艺术中的电影是一门综合艺术,它集合了众多艺术的语言形式,如声音、色彩等的真实还原,更能塑造真实的气氛。所以,苏联电影理论家弗雷里赫指出:"电影把其他艺术的表现手段综合于一身,从绘画和雕刻中吸收了视觉形象的直接感染力;从音乐中吸取了通过音响世界去获得协调和节奏感;从文学中吸取它善于通过事物的一切联系和表现去有情节地反映世界的能力;从戏剧中吸取演员艺术。"② 电影中的绘画、雕刻、音乐、文学等艺术的造型性加强了影像的真实感。这种真实的在场性能够给观众带来强烈的、身临其境的真实感。文学大师高尔基曾热情洋溢地写下首次观看电影的印象,"突然之间它消失了,我们眼前呈现宽阔的黑暗里,一块白色幕布,看来上面什么又没有了。但是,不知什么人,仍诱使你去想象,刚才似乎看到的东西不过仅仅是一会工夫。随后,不知怎的,你隐约觉得惊心动魄。"③ 爱迪生在一次放映电影的时候,也有过同样兴奋的感受:"昨晚放映的电影真是不可思议地真实,令人感到无法控制的兴奋。"④ 所以,在某种程度上,观众将图像的在场性等同

---

① 韩从耀:《图像:一种后符号学的再发现》,南京大学出版社2008年版,第126页。

② 转引自许文郁《解构影视幻境:兼及文学、历史、性、时尚、网络的关系》,中国社会科学出版社2004年版,第26页。

③ 转引自张凤铸主编《影视艺术前沿——影视本体和走向论》,中国广播电视出版社1999年版,第34—35页。

④ 转引自许文郁《解构影视幻境:兼及文学、历史、性、时尚、网络的关系》,中国社会科学出版社2004年版,第3—4页。

于真实性，感觉电影中的故事真的发生过一样。

（二）在场性与虚拟性

换一种角度思考，这种空间的并列使得图像具体、生动地展现在接受者的面前，但是，图像的在场只是一种虚拟的在场。因为图像中被描述之物并未实实在在地出现在接受者眼前，而只是被描摹或者录制下来的影像。所以，实物和形象并不能等同，图像的具象性不能和真实性或者是现实性等同，它是一种虚拟的真实性，是虚拟的在场。所以，鲍德里亚在论及影像和现实（真实）的关系时说："它遮蔽和颠倒根本现实；它遮蔽着根本现实的缺席。它与现实没有任何关系：它是它自身的影像。"这种不存在与客观现实具备一一对应关系的状态也被他称为"超真实"，即"没有起源和现实性的真实模型"[①]，是"真实自身的荒漠"[②]。由此，他在论述领土和地图的关系时认为领土不是先于地图而存在。地图生产领土，地图反而成了先于领土而真实存在的痕迹。他的观点不无道理：在某种程度上，我们对图像的欣赏已经代替了身体力行的实践。这其实也反映了图像足以以假乱真的魅力。他接着论述了模拟产品存在于超空间中，"在这种空间中，它的曲率不再是真实的，也不再具有真实性，所有指涉物的消失开启了模拟时代——更糟的是，这种指涉物在符号体系中被人为地复活了，这是比意义更易塑造的物质，它们使自己适合于所有的等价体系、所有的二元对立和所有的组合代数学。他不再是造假问题，不再是复制问题，也不再是模仿问题，而是以真实的符号替代真实本身的问题……"[③] 他认为符号的真实性可以与真实

---

① ［法］鲍德里亚：《生产之镜》，仰海峰译，中央编译出版社2003年版，第185页。
② 同上书，第186页。
③ 同上书，第187页。

性本身等同，这极大提高了图像符号的地位。当然，如果他以图像的貌似真实的存在而否认现实的存在，也是不科学的。

图像只是对现实进行模仿的一种符号而已。鉴于此，阿莱斯·艾尔雅维茨在其著作《图像时代》中如是说：

> 图像就是符号但它假称不是符号，装扮成（或者对于那迷信者来说，它的确能够取得）自然的直接和在场。而词语则是它的"他者"，是人为的产品，是人类随心所欲的独断专行的产品，这类产品将非自然的元素例如时间、意识、历史以及符号中介的间接性干预等等引入世界，从而瓦解了自然的在场。①

艾尔雅维茨清楚地意识到，图像是"装扮成自然的直接的在场"，这是对虚拟性的另外一种表达。真实的物象是不直接与观众面对面的，"在场"的只是真实物象的影像，所以，我们称图像的具象化特征为"虚拟的在场"。图像的具象化就像镜子的功能一样，镜中展现的只是原物的摹本而非原物。正如湖南大学的李清良所说：图像是"以揭示的方式遮蔽，以在场的方式不在场"②。摹本的本质是让人们几乎毫不费力地从图像中认出原型，原型也因摹本的存在而得以表现。

在艾柯看来，尽管图像符号拥有与所表现对象的相似性，但并不表明它们之间拥有相同的属性，相似度并不等于具有相同的属性。在论及图像的相似度的时候，他说："但是，相似度甚至可以更准确

---

① ［斯］阿莱斯·艾尔雅维茨：《图像时代》，胡菊云、张云鹏泽，吉林人民出版社2003年版，第26页。
② 欧阳文风等：《"图像社会与文学发展"专题学术座谈会综述》，《中南大学学报》2008年第5期。

地界定为两张图形所共有的属性,它们具有在比例上相等的等角和等边。再者,相似度方面的标准是依据一些严密规则,这些规则把某些参数作为相关成分选择出来,而把其他一些参数视为无关,撇一边。"① 属性的相似又被他称为"同型性",是一种相似性形式,这是图像具象化的重要原因。

而且,随着现代科学技术的发展,没有现实的蓝本,完全由计算机模拟创造出来的图像生动地诠释了图像的虚拟性特征。所以,我们对于"缺席的在场"的解释是:在场是图片,缺席的是现实。我们所见的具象化的图像也只是某物的摹本,而不是原物本身。麦茨等将这种特征称为"动态的中立","即人们在观看某个对象的时候可以无须进入与它的某种关系。被看的对象不必通过直接作用于认识者来让自己被看到"②,被看的对象是不和观众直接面对面的。

麦茨等还专门论述了电影的能指和所指,他们认为,电影的能指是知觉,包括视觉和听觉。而且电影的能指包括音乐、戏剧等其他艺术,它能够召集起所有的知觉,形成一个知觉的混合体,所以被称为"综合艺术"。这种"缺席的在场"也被称为"幻觉"。麦茨等将电影和戏剧等其他艺术进行比较时说:"不管戏剧表演是不是模仿一个神话传说,它的动作——即使模仿是必须的——依旧需要真实的人在真实的时间和空间中、在与观众相同的舞台或'场景'中来完成。电影银幕则是'另一种场景'——准确地说,我们一般不这样称呼它(从一开始它就更接近幻想)。正如前面所说,在那里展开的东西或多或少是虚构的,这一展开本身也是虚构的:演员、'舞

---

① [意]乌蒙勃托·艾柯:《符号学理论》,陆德平译,中国人民大学出版社1990年版,第224—225页。
② 吴琼编:《凝视的快感——电影文本的精神分析》,中国人民大学出版社2005年版,第6页。

台设计'，以及人们所听到的言语都是不在场的，所有的东西都是被记录的（就像一个记忆踪迹，它当下就是如此，不需要以前的其他东西），并且，即便那被记录的东西不是'故事'，其目的也不是虚构性的幻觉本身，这也依然是真实的。因为它就是能指本身，并且就整体而言，是被记录的，是不在场的……"①

这种"可见的思想"（"虚拟的在场"）通过想象来缝合摹本和真实之间的缝隙。而究竟什么是想象呢？麦茨等也有自己的界定："想象，就其定义而言，包含着一个特定的在场和一个特定的不在场。在电影中，它并不只是虚构的所指，如果说电影中有一个虚构的所指，那就是以不在场的方式来表达在场，他从一开始就是能指本身。"② 所以，"缺席的不在场"形成了真实物体的虚像、影子、幽灵和复制品。

这种"虚拟的在场"更多地体现在外在形象上，但是也不仅仅停留这个层面，即视觉的冲击上。在最初的视觉刺激之后，接受者将继续探求图像的内涵。所以，艾柯认为相似性并不涉及形象与其客体之间的关系，而是影像和事先文化内容之间的关系。这也就是艾柯所谓的模仿因素和模仿体的区别，即某种有所代表的东西和其他某物所代表之物的区别。

所以，对于观众来说，与语言符号的接受相比，图像符号的接受过程较为简单，不需要经过"二次转换"。孟建对此有所描述：

> 视觉文化无需将经验、体验加以翻译，无需借助于任何中

---

① 吴琼编：《凝视的快感——电影文本的精神分析》，中国人民大学出版社2005年版，第34—35页。
② 同上书，第36页。

介，而是以直接的视觉经验、体验为内容，以直接关照的方式呈现于人类面前，它去除了语言文字中介可能引起的误解歧义，强调直观的把握视觉文化现象、反思视觉文化现象代表着一种灵活的看和问的方式。视觉文化现象学就是从这种最初意义上的直观、直视出发的对于意义的把握。[①]

他的论述简单明了地指出了视觉文化的直接体验方式，而语言符号则是一种间接的体验方式，需要借助一些手段和中介，所表达的信息才能传递出来。当然，语言符号在信息传递的过程中也离不开想象的缝合作用。

所以，图像符号的缺席性与在场性、虚拟性与真实性是矛盾地交织在一起的。正如海德格尔在描述世界"世界图像时代"的特征时说："一切界限、藩篱瓦解了，信息脱离了具体的语境，进入全球，成为'浮动的符号'，形成一个无他者的世界、同质化的世界、拉平一切的世界，在场与缺场彼此纠缠，远方与附近相互交织，本地的生活可能是全球的生活，全球的生活影响着本地的生活。"[②] 图像符号就是在场性与虚拟性的有机结合，它在这两个矛盾性特征所形成的张力中展现出独特的魅力。

二 定格的空间

单幅的画面只能表现时间发展的某一瞬间，而不能表现事件发展的全部过程。所以，绘画中所表现的内容就是固定下来的某一空

[①] 孟建：《图像时代：视觉文化传播的理论诠释》，复旦大学出版社2005年版，第51—54页。

[②] ［德］海德格尔：《形而上学导论》，载《海德格尔选集》（上），孙周兴编译，上海三联书店1996年版，第501页。

间的情景。绘画的定格性就是在画面中表现事情发展过程中的具有代表性的一点，对此，莱辛说：

> 既然在永远变化的自然中，艺术家只能选用某一顷刻，特别是画家还只能从某一角度来运用这一顷刻；既然艺术家的作品之所以被创造出来，并不是让人一看了事，还要让人玩索，而且长期地反复玩索；那么，我们就可以有把握地说，选择上述某一顷刻以及观察它的某一个角度，就要看它能否产生最大效果了。最能产生效果的只能是可以让想象自由活动的那一顷刻了。①

按照这一原则，画家在表现美狄亚因为被丈夫抛弃，产生怨恨而杀死亲生女儿这一题材时，不是选择她杀死女儿那一残忍而血腥的顷刻，而是选择她在母爱和仇恨之间痛苦而艰难地挣扎的这一时刻，这一时刻是极富孕育性的时刻，从而获得极佳的艺术效果。这样的道理同样也可以解释拉奥孔在雕刻里不哀号，但是在诗歌里却哀号的原因。因为哀号是痛苦情感的极端和顶点，如果将哀号的"顷刻"表现在雕刻艺术里面，就使观者失去了想象的空间而丧失应用的魅力。所以，雕刻家要选取哀号之前的叹息这一顷刻来表现，并将这一形象定格在艺术作品中。

正因为只能表现事物发展过程中的某一顷刻，所以图像符号主要展现事物的空间排列特征和美感。图像属于造型艺术，它必须在空间内布局。莱辛接着论述：

---

① [德] 莱辛：《拉奥孔》，朱光潜译，人民出版社1979年版，第18页。

诗人既然只能把物体美的各因素先后承续地展出,所以它就完全不去为了美而去描写物体美。他感觉到,这些因素,如果按先后次第去安排出来,就不可能产生它们在按并列关系去安排出来时所能产生的效果;在把它们历数出来之后,我们纵使专心致志的回顾,也无法获得一个和谐的形象;要想体会某某样的嘴某某样的鼻子和某某样的眼睛联在一起,会产生什么样的一种效果,这实在是人类想象力办不到的事,除非我们回想到在自然或艺术作品中曾经见过这些部分的类似的组合。[①]

他在这段话中表明了一种态度:只有绘画才能表现物体美。他得出这样的结论源于他认为只有物体的各部分同时展现才能体现出事物的美。虽然他的这种观点不完全正确,但是也从一个侧面强调了绘画的空间美的魅力。因为不同符号形式表现美的方式不一样,但是都能展现出不同风格的美,不能因此而否认美的表现和存在。在诗歌中同样也可以展现出事物的美,这种美是一种空间展示的美。

莱辛在论述《伊利亚特》中的射箭图画时,他将图画与语言表现的局限性相比较,极度赞赏图像的空间性,他认为许多画家的题材对于诗人来说不能完美表现的原因在于:"问题的症结一定就在这里。尽管这两种题材同是可以眼见的,同样可以用于真正的图画,它们之中毕竟有一个本质的差别:前者(潘达洛斯射箭)是一套可以眼见的动作,其中各部分是顺着时间的次序,一个接着一个发生的;后者(众神饮宴会议)却是一个可以眼见的静态,其中各部分是在空间中并列展开的。绘画由于所用的符号或摹仿媒介只能在空

[①] [德]莱辛:《拉奥孔》,朱光潜译,人民出版社1979年版,第111页。

间中配合，就必然要完全抛开时间，所以持续的动作，正因为它是持续的，就不能成为绘画的题材。绘画只能满足于在空间中并列的动作或是单纯的物体，这些物体可以用姿态去暗示某一种动作。诗却不然……"①

他认为，只有绘画才能展现物体美，因为它能同时将众多元素呈现在同一空间内，而诗不具备这样的特性，因为诗是时间艺术，只能展现不和谐的事物片段，也就无所谓物体美。而诗人展现的和谐的物体美，正是物体具象化的生动体现。

具体来说，图像的空间包含画幅空间、画面空间和想象空间这三个基本层次。其中画幅空间是在二维空间的具体物质展现；画面空间是在画幅空间的基础上加上了透视关系，形成的三维画面的深度感；想象空间既建立在画幅空间和画面空间的基础之上，又具备广阔的自由空间。图像的空间性通过以上三个层次展现出物象空间的多维性，加强图像的艺术表现力。

空间性特征的另一种表现是"去语境化"。怀特海认为：去语境化（从生活之流中切断）带来意义的漂浮。是啊，照片"不同于记忆"，因为有关事件的记忆不同于数字、地名之类的机械记忆，它仍是连续性的、语境化的；而照片脱离了生活之流，它只是一种断裂的、去语境化的存在。作为时间艺术的文学，它是在时间的延续中缓缓展开故事情节，而图像符号只是在时间流中选取了某一个点或者断面。在这个点或者断面之处，充分组合画面内容。事件发生过程中的某一最富于孕育性的那一顷刻定格在画面上，也就切断了与前后相关时间段的关联。

---

① ［德］莱辛：《拉奥孔》，朱光潜译，人民出版社1979年版，第81—82页。

绘画的"去语境化"所导致的前后关联的切断,可以通过以下手段来克服:首先是利用"最富于孕育性的那一顷刻"的特殊性来激发观者的想象和联想,将事件发展的前因后果补充出来,从而弥补缝隙,获得对事件的完整印象。当然,这种形式留给想象的空间特别大,观者再创造的余地也就比较大。其次是利用连环画的形式来铺述故事。这种方式从事件的发展过程中选取若干个点,从而建立一种间断的语境。这种状况限定了事件发展进程中的主要情节,也就基本限定了事件发展的主要方向,因此,观者再创造的自由度要小得多。

以上所述主要关涉语言符号和图像符号最本质、最明显的差异,或者说是"图像转向"之前的语言和图像的最显著的特征。这些最本质的差异构成了这两种符号之间的某种"不可通约性"(库恩和费耶阿本德语),但是,这些特征既是各自的优势所在,也蕴藏着一些危机。所以,身居图像化时代的语言和图像本身发生了显著变化,特别是图像由静止状态逐渐转向以动态图像为主。语言和图像在激烈的博弈中激发了各自的一些新特征形成了各自的新质。

美国著名学者马克·波斯特在其专著《信息方式:后结构主义与社会语境》中也阐释了电视语言与印刷语言之间的差异,他说:

> 电视语言/实践同化了文化的多种功能,其程度比面对面交谈或印刷文字来得更深刻,而它的话语效果也是为了从不同于言语或印刷文字的角度建构主体。言语通过加强人们之间的纽带,把主体建构为一个群体的成员。印刷文字则把主体建构为理性的自主自我,构建成文化的可靠阐释者,他们在彼此隔绝

的情形下能在线性象征符号之中找到合乎逻辑的联系。媒体语言代替了说话人群体,并从根本上瓦解了理性自我所必须的话语的自指性。媒体语言,由于是无语境、独白式、自指性的,便诱使接受者对自我构建过程抱游戏态度,在话语方式不同的会话中,不断地重塑自己。①

他所说的电视语言和印刷语言分别是图像符号和语言符号的重要类型之一。从功能上来说,两者都具有建构主体的文化功能,但是在建构方式和特征方面体现了明显的差异:前者是理性的自主自我的建构方式,而且体现了可靠性;而后者则是无语境、独白式的、游戏的建构方式。其中"无语境"同样强调了电视语言的空间性特征,但是显得不那么准确了,因为电视在连贯的图像流中已经实现了时间的连贯而赋予自身时间性的特征。波斯特的论述其实还是传统的图文特征的比较,但是在对于图像功能的肯定方面是值得肯定的。他的话可以作为本部分的一个小结,同时也可以激发对图像功能和作用的重新思考。

第三节 图文的部分"祛魅"

在图像化时代,语言和图像因为双方某些区别性特征的相互介入而产生变化,使得图文特征出现了互补的趋势,但是并没有对各自的本质性特征产生削弱的作用。如语言的抽象性表达中也揉入了图像的具象化的特质。所以,语言和图像所产生的新的变化只是对各自特征

---

① [美]马克·波斯特:《信息方式:后结构主义与社会语境》,范静晔译,商务印书馆2000年版,第65—66页。

的部分"祛魅"。"部分"之意在于：对于语言和图像来说，它们具备自身的标志性特征，如语言的抽象性、图像的具象性。在某种程度上，这些特征都具有某种权威性的魅力。但是，随着图像化时代的到来，由于某些外在或者内在的因素，这种权威性也受到挑战，它们不再是不可替代、不可改变的特征。语言和图像的特征出现了交叉甚至合流的趋势，如语言由于图像性因素的融入而成为抽象与具象的综合体，这就破除了具象性和图像的必然性或者唯一性联系。但是，这样的变化并不能改变语言抽象性的本质特征，我们也不能说语言的性质就完全改变了，而只能说"部分"改变。进一步说，这种变化并没有改变对方的本质性存在，但是其威力也非同小可。

"祛魅"本来是历史哲学和宗教哲学中的重要术语，指的是世界从宗教神秘主义的控制之下逐渐走向理性和科学。马克斯·韦伯在其名为《以学术为业》的一篇演讲中认为理智化过程与人们知识掌握情况之间并不一定存在正比关系，但是，"只要人们想知道，他任何时候都可以知道；从原则上来说，再也没有什么神秘莫测、无法计算的力量在起作用，人们可以通过计算掌握一切。而这就意味着为世界除魅。人们不必再像相信这种神秘力量存在的野蛮人那样，为了控制或祈求神灵而求助于魔法。计算和技术在发挥着这样的功效，而这比任何其他事情更明确地意味着理智化。"[1] 他对于"除魅"（Entzauberung）的论述主要在于科学的进步提高了人们的认识能力，从而加深对了人们对客观世界的认识，也就揭开了客观世界神秘的面纱。在科技不发达的时代，人们对于一些自然现象不能科学解释，便在想象中赋予其神秘色彩。如打雷闪电等自然现象是雷

---

[1] ［德］马克斯·韦伯：《学术与政治》，冯克利译，生活·读书·新知三联书店1998年版，第29页。

公电母所为。"除魅"还可翻译成"祛魅",这是目前学术界普遍接受和使用范围较广的一种说法。这一术语后来逐渐引申为对于某种权威或者经典的解构、祛神秘化。

杨小彦在一篇文章中也谈及图像的祛魅化,他认为随着观看的兴盛,逐渐导致视觉全球化的形成,而视觉全球化和图像祛魅化是同一个问题的两个侧面。他从建构观察主体的角度出发,认为很少有人了解"写实"风格与观察历史的相互关系,"更没有人注意到,所谓理性观察的知识体系,在建构观察主体方面起到了何等重要的作用,其最重要的结果,就是对图像世界'魔术花园'的彻底颠覆,把视觉成像从花园中迁移出来,使之成为一种操作简易的程序,而为大众所掌握。这就是图像的去魅化。"[①] 所以,图像的祛魅化从摄影术的发明就逐渐开始了。到了后来,图像迅速增长,逐渐形成视觉全球化的局面,从而也实现了大众与图像的亲近。这的确是"祛魅"的主要表现,但是,他只是从图像逐渐变得容易操作来论述,并没有涉及语言。以上的说法表明:语言的"祛魅"是客观存在的。

语言符号和图像符号的"祛魅"是同一问题的两个方面。语言和抽象、图像和具象的两相结合已经形成了普遍性的认识,并且在实践方面已经出现了有力的实证资料。随着图像化时代的到来和人们认识能力的增强,语言和图像中貌似水火不容的基本特性出现了互补的趋势。但是,他们各自的本性并没有发生改变,只是实现了部分"祛魅"。本节主要论述图像化时代的语言和图像各自在区别性特征之上添加的新质,进而探讨这种变化对图文关系产生的影响。

---

① 杨小彦:《视觉的全球化与图像的去魅化——观察主体的建构及其历史性变化》,《文艺研究》2009 年第 3 期。

一　语言符号的新质

伴随着"图像转向"的发生，语言的特征也发生了深刻的、质的转变。"图像语境"下的语言文字出现了与"工具论"时代截然不同的新特征。

从发生学的角度来讲，语言符号是人们为了传递信息而创造的一套符号系统，因此具有强烈的工具性特征。但是随着语言的发展和社会的进步，语言符号和人类的关系越来越复杂，其作用也越来越广泛。刘安海等学者认为："先于个人存在又使人不能不接受的语言，并不是简单的词语堆积，也不是透明的、无意义的符号和对各种各样事物的指称代码；语言是一种文化，一种传统；是一个民族的历史和文化的积淀，是前人经验和心理的储蓄。"[①] 所以，"获得某一种语言就意味着接受某一套概念和价值。在成长中的儿童缓慢而痛苦地适应社会成规的同时，他的祖先积累了数千年而逐渐形成的所有思想、理想和成见也都铭刻在他的脑子里了。"[②] 他们认为，语言在历史发展过程中也被打上文化传统的印迹，这些印迹会影响人们对语言的接受和使用。语言已经不再是一个单纯的工具，而变成了一个容器，一个可以历史积淀的容器。他们的"文化传统积淀说"已经点明了研究视域和视角的变化，这必将使语言符号衍生出新的特征。对此，由刘安海、孙文宪主编的《文学理论》教材对此进行了较为详细的论述：

[①] 刘安海、孙文宪主编：《文学理论》，华中师范大学出版社2007年版，第42页。
[②] ［英］L. R. 帕默尔：《语言学概论》，李荣、王菊泉等译，商务印书馆1983年版，第148页。

但是，随着现代语言研究的深化，人们越来越感到有必要重新认识和估价语言在文学活动中的地位。因为人们发现，虽然从发生学的意义上说，语言是人类出于交流需要才创造出来的一套符号系统，目的无非是将其作为传达思想感情的工具，然而语言一旦形成之后，它与人类的关系却越来越复杂，远非如此简单了。首先，对任何个体而言，语言具有先在性，语言先于个人而存在。这种关系意味着我们在使用语言之前，必须学习语言，接受语言给予我们的一切。可是，这也是我们要说的第二点，先于个人存在又使人不能不接受的语言，并不是简单的词语堆积，也不是透明的、无意义的符号和对各种各样事物的指称代码；语言是一种文化，一种传统；是一个民族的历史和文化的积淀，是前人经验和心理的储蓄。[①]

语言本身就是一种文化、一种传统，我们接受一种语言，就需要接受与之相关的文化。所以，语言并不仅仅是一种传达人们思想和交流感情的工具，而是蕴含着不能摆脱的历史文化积淀。这些积淀会对接受语言者产生重要的影响，所以，语言本身利用这些积淀对接受者产生建构作用，构我们的思想、建构我们的文化等。鉴于此，德国著名哲学家、文学评论家赫尔德认为："语言不仅是思维的工具，而且是思维的形式和内容。"[②] 他认为语言本身是思考的内容，他的话揭示了语言的新特征：语言既是交流的工具和手段，也是建构的主体。这种观点改变了传统的工具论的观点，具有革命性的开

[①] 刘安海、孙文宪主编：《文学理论》，华中师范大学出版社2007年版，第41—42页。

[②] 裴文：《索绪尔：本真状态及其张力》，商务印书馆2003年版，第25页。

创意义。

图像化时代的语言朝着两个截然相反的方向发展：一是抽象化特征进一步强化；二是朝着相反的具象化方向发展，这两个方面共同构成了语言符号的新质。

（一）强化的抽象性

图像化时代在时间上刚好与后现代文化的兴起大致契合，后现代的一些命题和讨论也影响到语言符号，这刚好从形而上思考的层面强化了语言符号的抽象性特征。语言抽象表意功能的增强主要与如下几个命题相关：语言与存在、语言与意义以及语言与权力等。

首先是语言与存在关系的探讨。英美语言哲学探讨了语言与世界的关系，他们的研究打破了传统语言观的系统封闭性。语言哲学的根本目的是通过语言了解思想、了解人的存在甚至了解世界。英美语言哲学认为语言建构了世界、建构了人类本身。它强调语言分析，同时认为语言决定世界，我们可以表述的就属于我们的世界，不能表述的则不进入我们的世界范围之内。其中以维特根斯坦为代表，他认为全部哲学问题就是语言所产生的问题，所以哲学的研究目标不是形而上的终极问题，而就是研究语言，或者说语言批判。

海德格尔解释学探讨了语言与存在的关系，他的语言观的一个关键词是"存在"，他明确提出了"语言是存在之家"的著名论断。他认为语言和存在几乎是等同的，语言是此在（Dasein）的本真居所。他的著作《存在与时间》就是对"工具论"语言观的有力批判。他认为语言是人的存在方式，是存在的自然流露。在他后期的理论著作《在通向语言的途中》一书中，他从《词语》这首诗中选取一句"词语破碎处，无物可存在"来进一步论证了语

言和存在的关系:

> 我们曾大胆地把它改写为:词语缺失处,无物存在。这里,"物"是在传统的宽泛意义上被理解的,意指无论以何种方式存在的一切东西。这样来看,就连神也是一物。惟有这样物才存在。所以,我们必须强调说:词语也即名称缺失处,无物存在。惟词语才使物获得存在。①

在这段话中,他认为:"词语"甚至可以和"物"同质存在。没有词语,就没有存在。这样,他就赋予语言很高的地位。语言和人的存在也是等同的:"人说话。我们在清醒时说话,在睡梦中说话。我们总是在说话。哪怕我们根本不吐一字,而只是倾听和阅读,这时候,我们也总是在说话。甚至,我们既没有专心倾听也没有阅读,而只是做着某项活计,或者只是悠然闲息,这当儿,我们也总是在说话。我们总是不断地以某种方式说话。我们说话,因为说话是我们的天性。说话首先并非源出于某种特殊的欲望。人们认为,人天生就有语言。人们坚信,与植物与动物相区别,人乃是会说话的生命体。这话不光是指,人在具有其他能力的同时也还有说话的能力。这话的意思是说,惟语言才使人能够成为那样一个作为人而存在的生命体。"② 他认为语言符号的表达方式之一——说话和人的生活息息相关,甚至是人之所以为人的本质性存在,因为只有语言才能和人的存在真实地在一起。

---

① [德]海德格尔:《在通向语言的途中》,孙周兴译,商务印书馆2008年版,第152页。

② 同上书,第1页。

说话的能力将人和动物区别开来,这个观点并不新鲜。但是,除此之外,语言还具有什么特殊功能呢?语言的地位为何如此凸显呢?接下来,海德格尔通过分析斯蒂芬·格奥尔格的诗歌《词语》指出:

> 词语缺失出,无物存在。我们或许还可以走得更远些,把这个陈述句表达为:只有在合适的词语从而就是主管的词语命名某物为存在着的某物,并且因而把当下存在者确立为这样一个存在者的地方,某物才存在(ist)。这同时也意味着只有在合适的词语说话之处才有(es gibt)存在吗?词语从何处获得它的这种资格呢?诗人对此无所表示。但最后一行诗的内容却包含着这样一个陈述:任何存在者的存在寓居于词语之中。所以才有下述命题——语言是存在之家。①

所以,语言从工具上升到与存在并置,这是其地位的重大提升,也是其抽象表意性进一步增强的表现。因为在海德格尔的哲学中,"存在"本身就是一个含蕴丰富而又说不清道不明的术语。语言和存在的联姻,无疑会加强语言的抽象表意特质。但是,语言与存在相联系,其意义究竟何在?这还是一个值得探讨和研究的问题。语言作为一种符号,特别是一种表意符号,首先是起到传递信息的作用,其次是建构的作用。而且这种建构作用究竟有多大,也是值得探讨的问题。试问这样一个问题,不具备掌握语言符号能力的人是否也能获取意义?答案是肯定的。所以,语言只是人类存在的重要类型

---

① [德]海德格尔:《在通向语言的途中》,孙周兴译,商务印书馆2008年版,第154页。

和方式之一,而不足以和存在本身直接等同。

其次是语言与意义的关系研究。语言可以表达意义,这是值得肯定的,但是表达的精确度如何,一直是有争议的。人们对语言和意义的关系问题一直保持着极高的热情,如中国古代"言意之辨"中的"言不尽意",就是强调语言不能穷尽地表达意义,从而强调了语言功能的限制。结构主义语言学也认为能指和所指之间存在一一对应的关系,由此,意义也是相对明确的,虽然意义的获得具有很大程度的任意性,因为语言符号的能指和所指之间并没有必然的联系。在此基础上,语言符号和意义之间的关系是相对固定的,也是有章可循的。虽然很多学者对结构主义的批判和质疑很多,但是我们仅仅从语言和意义的相对确定性方面加以考察,以索绪尔为代表的结构主义者的理论建构还是具有一定意义的,因为他们肯定了语言符号在表达意义方面的积极性。但是,语言和意义的关系问题到了后现代主义结构主义大师德里达那里,一切都变得不确定了。

后现代文化学者德里达的解构主义学说阐释了语言与意义的问题。他创造了一个词语"异延",他对"异延"的描述是这样的:

> 异延是意指运动得以可能的东西,只要每一据说"被呈现"的要素——出现在在场的舞台上——与自身之外的其他要素有关联,但又保留着过去要素的标记,而且已经被它与未来要素的关系标记所淹没。[1]

他认为意义此时此地的固定性在场被其过去和未来的要素包围,

---

[1] [法]雅克·德里达:《声音与现象》,杜小真译,商务印书馆1999年版,第102页。

但是，在这种历史连续性的限制和包围中，意义撒播了。德里达针对结构主义语言学文本意义的确定性，提出语言没有确定意义的观点，意义存在于永远的阐释过程之中。麦茨还认为在电影中也存在着"异延"行为，"随着叙事的推进，我们不断提出行动、系列、意义、抛弃某个东西又创造另一个东西的可能性。我们也有可能'获得'某个较不重要的、稍纵即逝的意义，同时又在延宕其他的意义，以至于导致了现实和可能之间的相互作用。"[①] 这种"异延"还是建立在语言符号的叙事性描述基础之上的。

但是，意义的不确定性和语言的多义性是完全不同的研究维度。语言符号的多义性尚可以阐释，但是不确定性则是说不清、道不明的，是只可意会、不可言传的意义。语言意义的不确定性消解了结构主义语言学所强调的结构生成意义的限制性，使意义变得不可捉摸。

德里达通过不断"延异"、不断演化的语言之流来对抗"逻各斯"语音中心主义的权威，从而使得语言符号中的书写符号抛开语音符号的权威性而获得了解放。解构主义对于语言意义的不确定性的探讨，赋予语言符号无法接近的、极为丰富的内部蕴含，其思想性也就变得更加丰富。从更深厚的思想意蕴方面来说，语言表达思想的抽象性也得到进一步强化。虽然我们不是特别赞同这种对意义的绝对不可接近性，但是无限发掘语言的抽象表达能力也是显而易见的。

最后是语言与权力的对接。福柯将话语和知识、权力结合在一起。他认为话语是每一个机构控制和发号施令的媒介。话语决定什

[①] 吴琼编：《凝视的快感——电影文本的精神分析》，中国人民大学出版社 2005 年版，第 105 页。

么是可能说的，什么是评判真实的标准，谁被允许有权威说话。

阿尔都塞把话语和意识形态联系起来，认为我们都是被话语中意识形态召唤的主体，召唤我们成为社会结构中的一员。詹姆逊更是将文学和政治无意识连在一起，认为文学是一种社会象征行为，其间蕴含了政治意识形态。他认为正是因为意识形态，才把个体询唤为主体。

总之，在图像化时代，语言符号因为摆脱了工具论的限制而进入更广阔的文化领域，或者说被赋予了鲜明的后现代文化特色。语言符号和权力、意识形态、存在等词汇联系在一起，包含了诸多诸如此类的主体，其表达的功能进一步扩大。语言在更大的后现代语境下的图像化时代获得了日趋强烈的思想性特质，这是对语言符号固有特质的进一步发展。在图像化时代，图像的抽象性特征得到进一步增强。

（二）具象化的延伸

在后现代语境中，语言符号的抽象性特征进一步加强。与此同时，语言符号还朝着相反的具象化方向发展。这是截然不同的两极，但是又是客观存在的现象。语言符号分别朝着两个相反方向发展，正说明了它极强的适应性。

语言符号的具象化主要体现在语言符号的形式方面。从形式上来说，语言符号的能指出现了图像化的趋势。在图像化时代，鉴于图像的具体生动、易于接受等特征，语言符号逐渐关注大众的接受兴趣和口味。特别是在网络交流的语境之下，各种图像化的网络语言符号频繁出现，并且被接受的速度很快，接受的群体也很广泛。另外，具象化延伸的主要表现是从语言符号转换为图像符号的趋势加强。如文学作品的影视化趋势愈演愈烈，很多文学作品被改编成影视艺术作品，部分文学经典甚至被不同时代的不同导演"图说"了很多次。而且，这种"图说"形式还蔓延到广泛的语言符号领域，如"图说"新闻、"图说"体育、"图说"天下等。

语言符号具象化的原因一方面在于外部的推动力，另一方面在于内部的逻辑性关联。外部的推动力主要来自图像盛行所产生的优势丧失所产生的紧迫感，而图像符号的具象化特征也确实展现了巨大的魅力，由此导致语言自觉不自觉地向着图像的某些特征靠拢甚至模仿。内部的逻辑关联性主要是从语言符号自身的特质来说，它具备向具象化延伸的内在精神关联——精神的图像。语言符号经过接受者的思维加工而形成头脑中的图像，这个图像经过接受者丰富想象力的加工，成为语言符号内在的图像性特质，也使得语言符号具备了具象化的内在推动力。

语言的具象化延伸使得它在严肃的、一本正经的抽象性特征之外呈现了另外一副面孔，这副面孔是亲切形象的、易于接受的。所以，外在和内在的双重推动力使得语言符号也展现了抽象与具象互补和互文的多维性特征。

所以，在图像化时代，语言符号的新质是它受到图像的影响而添加的具象化、形象化等新质，这种变迁使得语言符号呈现出抽象性和具象性互补的态势。因为这一点，语言符号也展现了空间性的特征，从而实现了时间与空间的融合。在图像化时代，语言符号产生的最大变化是由被动的传递信息、建构意义的工具，变为意义建构的主体。这样的变化实际上使语言符号的发展更能适应图像化时代，更能发挥语言符号的主动建构性特征，从而在与极度视觉化的图像的竞争中获得前行的实力和资本。

二　图像符号的新质

在图像语境下，图像符号多以动态的图像形式出现，而且因为影视艺术本身的技术性维度，以及后现代社会的消费特征等对图像所产生的巨大影响，图像艺术增添了不同层面的新维度和新特征——时间维度、技术维度、商品维度、大众维度以及抽象维度，成为兼具多重维度的复合体。这些维度拓展了图像的艺术表现空间，也吸引了更多的受众。本节主要将图像时代的图像艺术置于与传统图像艺术相比照的语境下进行研究探索。因为图像发生的变化比较大，所以相对来说，论述得较为详细。图像的新质主要表现在以下五个层面：时间维度与空间维度交错呈现、艺术维度与技术维度完美融合、商品化维度、大众化维度以及深度地观看。

（一）时间维度与空间维度交错呈现

众所周知，传统的绘画和雕塑是典型的空间艺术，它只能表现事物一瞬间的情态，而无法展示事物连续发展的状态和过程。莱辛在《拉奥孔》一书中对绘画的时间性特征进行了明确而详尽的描述：

> 绘画由于所用的符号或摹仿媒介只能在空间中配合，就必然要完全抛开时间，所以持续的动作，正因为它是持续的，就不能成为绘画的题材。绘画只能满足于在空间中并列的动作或是单纯的物体，这些物体可以用姿态去暗示某一动作。诗却不然……①

---

① ［德］莱辛：《拉奥孔》，朱光潜译，人民文学出版社 1979 年版，第 83 页。

他认为，绘画的表现是抛开时间的，它只是擅长于空间配合。所以，图像只能选择"最富于孕育性的那一顷刻"①来展现事件发展的某一瞬间，而不是全部。所以，表现时间的延续性一直是以绘画和雕塑为代表的传统图像类型试图解决的一个问题。

随着时代的发展，摄影作品的创作使人们再现事物的时间普遍缩短。但是，摄影只是改变了模仿事物的方式，画面定格的依然是一瞬间的场景，所以它仍然是空间艺术。而在摄影基础上发展起来的电影用每秒24画格展现了时间发展的连续性，利用"视觉暂留"原理实现了图像的流动。它在时间的延续中展现事件发生、发展、高潮以及结尾的全过程。在电影以及其后出现的电视里，影像将时间和空间完美融合，使观众沉浸在银（荧）幕所展现的世界里。在这样的图像流中，我们可以感受到时间的流逝和空间的转换。在影视作品放映的时候，形象接踵而至，这也就构成了时间的连续性。法国电影叙事学家弗朗索瓦·若斯特说："历时性和共时性在电影中紧密结合，行动的同时性表现是电影艺术家特别钟爱的一种方式，正是它使影片特别引人注目。"② 历时性特征就是图像的新质，影视艺术利用连续的影像流营造了连续时间的假象，从而超越了绘画在时间表现上的天然缺陷。共时性特征是图像空间维度的进一步扩张，影视艺术利用蒙太奇方式将不同空间的场景组接到一起，扩大了空间表现的领域。

图像的空间性特征就是其深度感的重要体现。德国著名电影理论家于果·明斯特伯格认为深度感具有重要作用，他说："深

---

① ［德］莱辛：《拉奥孔》，朱光潜译，人民文学出版社1979年版，第85页。
② ［法］安德烈·戈德罗：《什么是电影叙事学》，刘云舟译，商务印书馆2005年版，第154页。

度效果是这样的不可否认，以致有些人认为它是银幕印象中的主要力量。"① 这种深度感导致电影画面前景的人物大、景物大，而后景则充满了小人或者小的景物。同时，他还将深度感和观众的心理作用以及事物的运动联系在一起："我们肯定看到深度，但却又不能接受它。阻碍我们相信与干扰我们眼前的人物和景色阐释为真正立体的因素太多了。它们肯定不单纯是画面。人物可以朝我们而来，也可离我们而去。河水流进远处的山谷。然而，人物移动的距离并不是我们真实空间中的距离，像戏剧中所显示的那样，并且人物本身也不是血肉之躯。这是一种独特的内心经验，它正是影戏感知的特点，我们获得显示及其全部真正的三维；然而它又保持了那一闪而过的既没有深度又不丰满的平面暗示，这既不同于一幅纯粹的图画，又不同于纯粹的舞台演出，它把我们的思想带进一种奇特的复杂状态。"② 图像内的物体运动又加强了空间感，从而扩大了图像的表现力，增强了虚拟的真实性的表达。

图像的时间维度使图像在表现的深度和广度上都空前扩大，日益贴近日常生活本应具有的完整的表达（生活本来就具有时间和空间这两个维度），因此使观众被影像流所感染甚至同化，吸引了更多观众，这也为图像的另外一个新特征—大众化奠定了基础。

（二）艺术维度与技术维度完美融合

传统图像艺术强调作品的艺术性，主要表达创作者的审美旨趣，并使观众产生审美上的愉悦。如雕塑艺术《拉奥孔》展现了拉奥孔和他的儿子们在灾难降临时对生的渴望，也促使观众产生一种悲剧

---

① 吴小丽、林少雄主编：《影视理论文献导读》（电影分册），上海大学出版社2005年版，第4页。
② 同上书，第5页。

性心理体验。罗中立的油画《父亲》塑造了一个朴实、贫穷的父亲形象，也激起了我们内心深处对父亲的万千情愫。总之，传统图像注重艺术性，对科学技术则是疏远的。但是，到了"图像转向"语境下，图像艺术却呈现出艺术性与技术性相融合的奇特景观。甚至可以说，没有技术的支撑，就没有影视艺术的产生。无论是摄影机的发明和制作，还是各种摄录技术的改进，特别是计算机技术的发明，更是使影视艺术如虎添翼、高歌猛进地向前发展。

技术因素的渗入影响了图像创作的全过程。从创作方面来讲，传统图像艺术基本是手工创作，需要长时间的磨砺。如一幅绘画作品的出炉需要经过众多复杂的工序。但是电脑绘画则相对简单得多，只需要一台电脑，利用键盘和鼠标就能完成。同时，由于生产周期大大缩短，生产产量也大大增加。从传播方面来讲，传统绘画的存贮需要占据大量的空间，且受到存贮时间的限制，年代久远无疑会损害画质甚至对作品产生毁灭性影响。而现代科学技术用一张小小的存储器就可容纳海量的图像资料。从接受方面来讲，传统图像的接收受到时空限制，作品和接受者必须在同一时空内。但是在现代互联网传播和复制技术的条件下，图像的接受已经超越了时空限制，可以自由地、多渠道接受。可以说，现代科学技术的发展给我们的生活带来了翻天覆地的变化，也给图像从生产、传播到接受的全过程插上了腾飞的翅膀。

现代影视艺术的兴起、发展和兴盛是以影视摄录机的发明以及相应的技术进步为支撑的。可以说，技术性是其固有特性。现代影视作品的许多场景更是利用电脑三维技术创造出来的虚拟场景。正如金元浦教授所说："当代科技的发展引起当代社会主导传媒形式的变化。从世界范围来看，现代科技的发展，尤其是信息技术、传播技术、自动化技术和激光技术等高科技广泛运用于各类文化艺术活动之中，给当代文化艺术的存在方式带来了革命性的影响，在文化领域掀起了新科技革命的旋风，已经导致新兴文化形态的崛起和传统文化形态的更新。"① 金元浦教授强调了视觉文化的技术性基础，这也正说明了视觉文化的基本表意因子——图像的技术性维度，也是图像的"技术性观视"的前提和依据。

图像的技术维度是"图像语境"下图像的重要特征之一，但并不意味着艺术性的削减，而是实现了技术性和艺术性的完美融合。或者说，影视艺术是建立在技术性的基础上，但又超越了技术性，在更高层面上实现了艺术性的张扬，从而增强了艺术魅力。

（三）商品化维度：消费社会的烙印

1970年，鲍德里亚著述完成对当前资本主义社会进行无情批判的《消费社会》一书，使得"消费社会"一词大为流行。他认为当代社会已经从生产社会进入了消费社会。消费不仅是当代社会的根本特征，而且是经济生活的主导性逻辑。他在文章开篇即称："今天，在我们周围，存在着一种由不断增长的物、服务和物质财富所构成的惊人的消费和丰盛现象。它构成了人类自然环境中的一种根本变化。恰当地说，富裕的人们不再像过去那样受到人的包围，而是受到物的包围。"② 他所说的"受到物的包围"的"物"即是商品。随着消费社会的到来，几乎一切物品皆被打上了消费性的烙印。商品（包括艺术品）都具有价值和使用价值，必须遵循市场规律。

商品性是影视艺术与生俱来的属性。现在公认的电影的生日是

---

① 金元浦：《当代艺术创新是一个复合工程》，《文艺研究》2003年第2期。
② ［法］波德里亚：《消费社会》，刘成富、全志钢译，南京大学出版社2000年版，第1页。

1895年12月28日，其实在此之前，电影就已经诞生了，但是没有将电影史上第一部电影创作出来的时间作为电影的生日，而是将电影开始售票进行播映的那一天作为电影的生日，电影商业性的重要地位由此可见一斑。这是它的本性，是不可抹杀的。后来，这种商品性体现得越来越明显，票房或收视率成为影视艺术重要衡量指标，甚至是其存在的生命线。

在消费社会的背景下，艺术品也成为商品。虽然很多艺术家还是认为艺术性和审美性是艺术作品的本质特征，他们对其商品性也是比较抗拒的。但是，无论是绘画，还是影视作品，商品性都成了它们构成的重要元素。无论是在创作、传播还是在接受过程中，商业性都是不可回避的考虑因素。纯粹的阳春白雪式的艺术作品只能独享束之高阁的凄苦命运，不会走入大众的视野。无论是长期居于精英艺术地位的绘画和雕塑艺术，还是建立在技术进步之上的影视艺术，都不可避免地打上了商品的烙印。

图像的商品化维度主要体现在如下方面：首先是图像本身成为商品。在当代社会，人们在电影院消费电影，在家庭里消费电视剧。电影的票房价值、电视剧的收视率成为衡量这些产品是否成功的重要标准。同时，即使是传统的作为图形的图像形式，也根据其质量高下被标榜以不同价格。人们进行创作已不是为了单纯的审美需要，还有经济层面的考虑。其次是从符号学层面来讲，图像符号本身也成为商品。作为图形的图画，如商标（即品牌）也具有了商品价值。同一材质的商品因为被贴上不同的商标，身价可能悬殊，其价格的差异就是商标这种图像符号所带来的。这也说明，图像符号本身具有了价值。从一个侧面讲，图像的商品化也正体现了艺术的价值。约翰·伯格在论述达·芬奇的作品《圣母子与圣安妮和施洗者圣约翰》的近况时说："现今，这幅画孤零零地挂在一间小礼拜堂的房间内，并用防弹玻璃保护着。这幅画获得了一种新的感染力。这倒并非出自它表现的内容，也并非由于它的意义，而是因为它的市场价值。"① 他的话语鲜明地展现了当代许多绘画作品的商品化倾向。

而商品化倾向也为平庸之作和杰作划分出了界限，真正的艺术品是与商品化有很大距离的。所以，约翰·伯格在论述这一点时说道："平庸的作品在17世纪后大增，它的制作多少有点嘲讽的味道：那就是说，对画家而言，名义上的作品价值，并不像完成任务或出售作品那样有意义。平庸之作或粗野的产物，而是市场需求比艺术要求更为迫切的结果。油画时期正值公开艺术市场的兴起。正是从艺术与市场的矛盾中，才能解释杰出与平庸作品之间存在的对比。"② 他的观点，实际上透露出了对于艺术作品市场化的排斥。

总而言之，在消费社会和市场经济的时代背景下，任何事物都被打上了时代烙印，商品化也成了图像符号的重要维度。

（四）大众化维度：祛精英化

大众化是与精英化相对而言的，它强调艺术作品的创作者、传播者和接受者已经不再仅仅局限于少数的精英阶层，而是向下倾斜，走入大多数的民众生活之中。精英艺术强调纯粹的审美感受，追求彼岸的"乌托邦"似的理想世界。精英化的这种追求导致艺术与现实生活的隔离以及与普通民众的疏远，艺术也只是少数人能享受的奢侈品。但是，到了图像化时代，大众几乎可以随时从自身的感性认识出发去感知艺术、欣赏艺术，甚至创造艺术作品。大众化是对

---

① ［英］约翰·伯格：《观看之道》，戴行钺译，广西师范大学出版社2007年版，第4页。
② 同上书，第93页。

精英化的挑战，大众化的过程是"灵韵"消散、弥撒人间的过程。对此，本雅明在《机械复制时代的艺术作品》中具有详细而深刻的阐释。他认为技术进步所产生的机械复制时代使艺术作品可以批量生产，由此带来的结果是"灵韵"的消失。实际上，"灵韵"的消失也是现代图像创作者和接受者与图像艺术心理距离的拉近。我们可以这样理解："灵韵"的消失更多地指因为复制所带来的纯粹艺术性的消失和商业价值的凸显。

大众化维度使现代图像失去了高高在上、普通人不可企及的神秘光环，也打破了传统图像"物以稀为贵"的态势，并消解了艺术的精英化品质。大众化的主要表现之一是创作群体扩大。生活中的素材可以随时用照相机、录像机拍下来，经过剪辑生成作品。而摄录器材的使用相对于绘画、雕塑技法的掌握要容易得多，也就使得更多人趋近于影视艺术的创作。表现之二是消费群体也在扩大。创作群体的扩大致使可供消费的资源增加，吸引了更多的观众。同时人们消费图像的渠道日益增多，特别是网络上一对多、多对多的传播形式使得图像资源可以在瞬间传遍世界的每个角落，形成众人狂欢的场面。创作主体和接受主体既包含艺术家，也包含普通民众。实际上，电影和电视比绘画和雕塑更亲近人们的生活。

大众化维度使得图像艺术和日常生活、人民大众等词汇联系在一起。大众化维度并不表明艺术水平低下，也不是低俗抑或是粗俗的代名词。

（五）深度地观看

有人认为：因为图像最突出的特征是诉诸人的感官，所以对图像的认知就是感性的，而且是平面的、肤浅的，所以，图像与抽象思维也是绝缘的。图像是具象化的，不具备抽象思维的能力，所以，有人将图像艺术归入大众文化或者是通俗文化的范畴之内。很多人将图像艺术和浅显易懂画上等号。观看也是和浮光掠影、走马观花联系在一起的。

观看究竟需不需要思考和深度？当代英国著名艺术评论家约翰·伯格在《另一种述的方式》中曾讲述了他所做过的一个实验：他将一幅同样的照片交给不同职业、不同年龄和性别的人，让他们根据自己的理解观看照片，但是观看的结果却大相径庭。由此，他从中得出结论：在观看的过程中，观看者将他自己的思想意识、审美情趣等等众多主观因素投射到照片上面，照片就是一个平台，甭管摄影师拍照时所强调的重点是什么，观看者都会从自己的角度、按自己的喜好来欣赏照片。所以，照片只是一个契机，为观者的观看提供了一种解读的可能或者依据。也就是说，在观看过程中，并不是只需要简单地、被动地接受，而是要主动地、积极地参与和思考，这就赋予了观看某种深度。他的实验对观看是否需要思考和深度这个问题给出了肯定的回答。

其实，在图像的发展史上，特别是电影出现以后，一直存在着一种声音，就是强调图像或者观看的内涵和深度。匈牙利电影理论家巴拉兹·贝拉主张通过欣赏电影来提高人类的智力，这也反映了人在观赏影视艺术之时，并不是浮光掠影地纯粹感官的刺激，而是有思想意识参与的。"视觉"作为《西方文论关键词》之一被这样描述："视觉不仅是人类进化过程中获得的生物本能，也参与着文化建构。"[1] 视觉和语言一样，也具备了文化建构的功能。

20 世纪美籍德国艺术理论家鲁道夫·阿恩海姆在《艺术与视知

---

[1] 赵一凡、张中载、李德恩：《西方文论关键词》，外语教学与研究出版社 2006 年版，第 349 页。

觉》中论及视觉形象时说:"所有这些实验都证明了,视觉形象永远不是对于感性材料的机械复制,而是对现实的一种创造性把握,它把握到的形象是含有丰富的想象性、创造性、敏锐性的美的形象。"①所以,图像不是对现实的机械复制,图像艺术和语言艺术一样,和生活建立着模仿与超越的辩证关系。因此,感观的图像也就具有了深度的理解性。

按照索绪尔的观点,符号分为能指和所指两大部分。能指是符号本身,而所指是符号所蕴含的意义。著名符号学家皮尔士认为符号由三部分组成:一是符号所采纳的形式;二是由符号组成的感觉和意义;三是符号所指的事物。由索绪尔和皮尔士的观点可以推断出,只要是符号都有能指和所指,其中所指就是深层意蕴的体现。鉴于此,于德山认为图像能够超越低级的感觉层次,而达到深刻认识的高度。他说:"它不再是仅有的低级的感觉功能的图像,而是包含着深刻的视觉思维和视觉整体的人类认识方式,视觉图像也是作为整体的人类语言的一部分,体现了发展着的人类语言的最新成果。"② 图像的具象化也是仅仅停留在形式上,在内涵上具有不同质的特征。

法国哲学家让·鲍德里亚"超现实"理论和"内爆"理论也是对图像抽象性特征的研究。他在前期注重研究消费社会理论,从20世纪70年代起,开始研究媒介、符号、拟像、超现实等。他认为:媒介、符号等构成后现代社会的真实,组成一个超现实的世界。以前,媒介、符号只是表征。在后现代社会里面,媒介、符号和真实

---

① [美]鲁道夫·阿恩海姆:《艺术与视知觉》,腾守尧、朱疆源译,四川人民出版社1998年版,第5页。
② 于德山:《中国图像叙述传播》,山东文艺出版社2008年版,第8页。

之间的位置互换：媒介和符号成为真实，而现实反倒成为表征。后来，他又用"内爆"理论来模糊了表征和现实之间的界限，认为两者之间绝对的界限已经消失，由两极并为了一极。按照他的理论，图像符号和客观存在物之间的界限消失，只是表明两者完全融为一体，真实世界还是存在的。我们可以换一种思路来考量，真实世界还是存在的，只不过是各自的名称发生了变化而已。所以，图像反倒成为我们了解真实的最重要的手段和途径。图像身上凝聚着人们对社会的理解和思考，这也是图像抽象性的重要体现。

图像抽象性的获得不是仅仅通过肉眼，影视艺术中的图像以其不同于肉眼的图像眼来获得对感官的超越。肉眼毕竟有其自身的局限性，克服这些局限的条件就是凭借机器之眼的"图像眼"。"图像眼"是在苏联电影理论家齐加·维尔托夫的基础上发展而来的。他在1924年完成的著作《电影眼睛》中认为我们可以通过不断完善摄影机的功能来弥补肉眼的缺陷，他说："电影眼睛深入到表面上混乱的生活之中，从生活本身去寻找给定主题的答案，在与给定主题相关的千万个现象中找到合力。通过摄影机捕捉和辑入生活中最典型、最有用的东西，把从生活中攫得的电影片段组成一个有意味的、有节奏的视觉顺序，一个有意味的视觉段落，从而体现'我见'的实质。"[①]

"图像眼"借用技术的支撑，延伸了人类的感观功能，由此深入到图像内部，发掘到"可见"的实质。图像的接受方式是观看。观看，本来觉得是一种本能的、自然的行为，但是现在随着视觉文化或者是图像文化的兴盛，观看也成了一种具备多重维度的文化行为。

[①] 吴小丽、林少雄主编：《影视理论文献导读》（电影分册），上海大学出版社2005年版，第115页。

贡布里希认为，观看是对图式的透射，是指视网膜将接收到的视觉信息传导到大脑皮层以后，经过大脑皮层的处理，促使我们形成了感知事物的认识方式。从历史产生方面来看，观看行为是先于言语行为的。所以，这种本能的行为也具备长久的演变过程，不会仅仅停留在浅层次的直观感受。

图像的接受方式除了"观看"，还有"凝视"（gaze），它是图像特有的观赏方式，它是"图像化时代"视觉中心主义的产物，又被称为"注视"、"盯视"等。在电影院中，观众都是默默地盯着银幕观看，凝视的主体是观众，客体是图像，观众和图像之间的关系是一种主客关系。所以，不论是观看还是凝视，都已经强调了看、视和对象以及对象和所指之间的复杂关系。

帕特里克·富瑞在考察凝视的种种含义的时候认为："凝视现在已经不再是知觉的一个术语，而是包括了主体性、文化、意识形态、性、种族以及阐释等诸多问题。"[①] 他进一步论述："凝视这一概念所关照的，既是看的行为，也是被看的行为；既是知觉，也是解释；既是眼前呈现的事物，也是事物在光学的物理世界和人的主观世界中的呈现和消逝。"[②] 他的观点说明了图像和语言一样，都是抽象思想的载体，图像也可以和主体性、文化、意识形态等词汇联系在一起，共同构筑起后现代主义文化的大厦。

所以，不管是从图像的构成方式，还是它的接受方式，都说明了图像符号也能表达想象等抽象的概念。克里斯蒂安·麦茨是电影符号学的重要研究人物，他的电影符号学研究可以分为两个主要的

[①] 吴琼编：《凝视的快感——电影文本的精神分析》，中国人民大学出版社2005年版，第62页。

[②] 同上书，第64页。

阶段：其一是结构符号学，主要进行电影语言的符码研究，认为影像也是一种具有约定性的符码系统，为此提出了八大组合段分类体系。同时，他还认为每一部影片都是一个本文系统，具有相应的社会意义和各种意义；其二是主体符号学阶段，他用精神分析学说分析观众和电影之间的种种关系。这一阶段的代表性著作是1974年完成的《想象的能指：精神分析与电影》。王志敏在麦茨的《想象的能指：精神分析与电影》一书中文版《序》中对此有详细的阐释，"想象的能指"指的是"电影是一种想象的（即虚构的）技术；而且，电影能指本身就是想象的。也就是说，电影是表现想象的手段，同时，这种手段本身就是想象的"。[①] 他的研究深刻地说明了图像艺术和文学艺术一样，也可以和精神分析学说等抽象的学术理论联系在一起。

所以，图像通过一些手段获得了超越纯粹的再现的境况，其中重要的是电影手法。麦茨说："电影手法把可能只是一个现实的视觉代替物的东西变成了话语。电影和电影术在其历史性的成熟过程中，从一种纯类比性、连续性活动照相的意指活动中逐渐形成了某些真正符号学的成分，这些成分在简单视觉复制的有待探讨的领域中仍然是零零碎碎的。"[②] 那么，电影文本也成了话语，也是图像深度观看的最好的诠释。

所以，观看等同于肤浅的观点是缺乏理论支撑和现实根据的。曹意强针对这一点分析了产生这种错误认识的原因："正是其表面的直观性和深层的复杂性，导致人们有意或无意地否定其独立的文献

[①] [法] 克里斯蒂安·麦茨：《想象的能指：精神分析与电影》，王志敏译，中国广播电视出版社2006年版，第4页。

[②] [法] 克里斯蒂安·麦茨：《电影符号学中的几个问题（1967）》，载《电影与方法：符号学文选》，生活·读书·新知三联书店2002年版，第18页。

价值，至多将之充当文字叙述的配角，造成历史研究重文字而轻图像的普遍现象，由此使许多视觉艺术本应展示的重要的历史侧面沉寂世海。"① 所以，我们同样不能因为图像表面的具象化特征而否认了它原本具有的深层的复杂性。曹意强还认为可以将图像也作为一种符号文本，他在《艺术史的视野—图像研究的理论、方法和意义》中论述了视觉文本的接受特征：

> 符号学理论使用以语言为基础的术语论述解释过程，认为语言是交流的典型范式。在符号学中，"文本"是符号的集合，而符号则依据某种媒介或交流形式惯例、规则加以建构与解释。小说是一种文本，诗歌是另一种文本。既然如此，为何不能把一件艺术作品也当作文本呢？何尝不能把依据统摄视觉语言的规则来系统的解释艺术作品之过程理解成"读解/阅读"呢？新艺术史家就此将"读解/阅读"发展为解释视觉图像的符号学方法，然而，其本意并非是强调文本重于图像，而在于更充分地关注图像的视觉本性。②

这段话将语言符号和图像符号作为"文本"而并置，强调视觉文本和阅读文本一样，也蕴含着丰富的内涵，进而为两者的比较奠定了理论基础，并特别强调了图像文本的视觉性特征。

那么，图像和语言相比，哪一种符号表达抽象思维的能力更强呢？巴拉兹·贝拉作为电影理论家，不排除从自身的立场出发，他

---

① 曹意强：《可见之不可见性——论图像证史中的有效性和误区》，《新美术》2004年第6期。
② 曹意强、麦克尔·波德罗等：《艺术史的视野——图像研究的理论、方法和意义》，中国美术学院出版社2007年版，第412页。

甚至认为图像符号比语言符号更能表达抽象的思想。为此,他在《可见的人类》一文中说:

> 每天晚上有成千上万的人坐在电影院里,不需要看许多文字说明,纯粹通过视觉来体验事件、性格、感情、情绪,甚至思想。因为文字不足以说明画面的精神内容,它只是还很不完美的艺术形式的一种过渡性工具。人类早就学会了手势、动作和面部表情这一丰富多彩的语言。这并不是一种代替说话的符号语(就像聋哑人所用的那种语言),而是一种可见的直接表达肉体内部的心灵的工具。于是人又重新变得可见了。①

他从人类文明发展史上的"可见"早于"可说"出发,认为"可见"的发展比"可说"完备。相对来说,语言符号是一种比较晚近发展起来的符号。所以,视觉符号比语言符号更能表达人的精神的心灵。但是,他同样不否认语言符号表达抽象思想的能力,也不是想回到纯粹用"可视"表达的时代。他接着说:"但是,请不要误会我是想退回去用手势和动作来代替语言文字,因为这两者事实上谁也不能代替谁。我们知道,要是没有理性和概念的文化以及随之而来的科学发展,社会就不会有进步,从而人类也就不会有进步。现代社会的联系网是用语言和文字编织而成的,如果没有这两者,一切组织和计划都将成为不可能。"②

图像也可以表现复杂的感情。它表达感情的手段是多样化的,

---

① 吴小丽、林少雄主编:《影视理论文献导读》(电影分册),上海大学出版社2005年版,第29—30页。
② 同上书,第31页。

比如说特写、舞台布景、灯光、色彩等。最有效、最具视觉冲击力的手段是特写镜头的运用，而特写镜头主要与人物动作有关。特写就像一个放大镜，将人物感情清晰呈现出来。于果·明斯特伯格认为："描绘情感必定是电影的中心目的。在戏剧里可以讲些富有智慧的妙语，我们可以兴趣盎然地倾听着对话，哪怕这些对话仅仅是知识性的而带感情色彩，而我们在银幕上看到的演员却只能用他正在干的事情来抓住我们的注意力，他们通过那些控制着他们感觉和情感的动作使我们掌握含义和统一。对我们来说，电影中的人物更甚于戏剧中人物之处，在于他们首先是情感体验的主体。他们的愉快和痛苦，希望和恐惧；他们的爱情和憎恨，感激和妒忌；以及他们的同情和恶念都赋予一出戏以含义和价值。……毫无疑问，一种情感如果不能用话语来表达，就失去了一种有力的因素，然而手势、动作和面部表情是和强烈情感的精神作用这样紧密地组织在一起，以至于每个细微变化都会找到特定的表达方式，单就面部而论，嘴部四周的张力、眼神。额头的摆动，甚至鼻孔的动作和下巴的状态都会带来无数细微的感情色彩的变化。这里特写又可以有力地加深印象了。"[1]

在图像时代，作为艺术符号的语言和图像都处于"文本"的环境中，这是艺术观念的变化。对于什么是文本？"'文本'（text）的原意是指一部文学作品书写或印刷的形式，即文学作品的物理印刷品或制成品。但是在具体的运用中，现代批评家们使用的文本概念已不限于文学的或书写的文本了，而是泛指一切具有释意可能的符号链，不管是否由语言组成。因此，一段舞蹈、一个表情、一种仪

---

[1] 吴小丽、林少雄主编：《影视理论文献导读》（电影分册），上海大学出版社2005年版，第16—17页。

式、一座建筑、一个广告、一首诗或一篇小说，都可以视为文本。这种广义的泛文本，几乎囊括了各种有待于接受主体从中读出某种意义的符号对象。"① 所以，图像作品也是一种文本形式，它也是蕴含着意义的符号形式。也就是说，图像在表层的具象化的符号形式之下，也成为承载意义的符号载体。

同时，图像也通过一定的方式促进观众进行思考。电影理论家安德烈·巴赞特别重视景深镜头，因为他认为景深镜头可以促使观众更积极地思考，甚至参与到场面调度中去。他认为景深镜头的作用主要有以下几点："第一，景深镜头使观众与画面的关系比他们与现实的关系更为贴切。因此，可以说，无论画面本身内容如何，画面的结构就更具真实性；第二，所以，景深镜头要求观众更积极地思考，甚至要求他们积极地参与场面调度。倘若采用分解性蒙太奇，观众只需跟着导演走，他们的注意力随着导演的注意力而转译，导演替观众选择必看的内容，观众个人的选择余地微乎其微。画面的含义部分地取决于导演的注意点和意图……"② 既然电影能够促使观众进行思考，也就使得电影（图像）与肤浅的、纯粹感观的视觉享受划清了界限。

在电影与现实关系上，两位理论家的研究较具代表性。这两位分别是安德烈·巴赞和齐格弗里德·克拉考尔。巴赞是电影现实主义理论体系的奠基者，他在《摄影影像的本体论》一文中认为，影像和被摄物体是同一的，摄影影像的本体就是要再现被摄物体之原貌的本性。因此，他认为电影的真实性和客观现实也是同一的，而

---

① 刘安海、孙文宪主编：《文学理论》，华中师范大学出版社2007年版，第90页。
② 吴小丽、林少雄主编：《影视理论文献导读》（电影分册），上海大学出版社2005年版，第176页。

摄影与绘画的最大不同之处在于影像在本质上的客观性，而绘画只能尽可能地追求形似，带有画家强烈的主观选择性，而影像则不同，他说："外部世界的影像第一次按照严格的决定论自动生成，不用人加以干预，参与创造。摄影师的个性只是在选择拍摄对象、确定拍摄角度和对现象的解释中表现出来；这种个性在最终的作品中无论表露得多么明显，它与画家表现在绘画中的个性也不能相提并论。"[①] 克拉考尔在《电影的本性——物质现实的复原》一书中明确提出："我这本书跟这方面绝大多数其他著作不同的地方，在于它是一种实体的美学，而不是一种形式的美学。它关心的是内容。它的理论基础是：电影按其本质来说是照相的一次外延，因而也跟照相手段一样，跟我们周围世界有一种显而易见的近亲性。当影片纪录和揭示物质现实时，它才成为名副其实的影片。因为这种现实包括许多瞬息即逝的现象，要不是电影摄影机具有高强的捕捉能力，我们是很难觉察到它们的。"[②] 他巴赞和克拉考尔都认为影像能够表现真实，所以，影像（图像）也是真实的再现。当然，影像的真实性也是有一定限度的，任何艺术都是真实性和虚构性的有机统一。

图像符号又是真实与非真实的矛盾统一体。斯洛文尼亚著名文化学家斯拉沃热·齐泽克在《菲勒克为何出现？》一文中认为"此处涉及了后现代主义之中图像根本的含混性，它既是一种使主体和真实界保持距离，防治真实界入侵他/她的护栏，又是强加于主体并引出真实界秽物的'超现实主义'。如今，人们常说我们处于后现代景观社会的历史阶段，图像本身代替了现实，而个人被摄入这种社会

[①] 吴小丽、林少雄主编：《影视理论文献导读》（电影分册），上海大学出版社2005年版，第287页。

[②] 同上书，第183页。

现实之中，愈发失掉能动者的身份，称为景观的看客。然而，这种'去现实化'却反转为对现实的某种'超敏性'，把现实看作易受伤的东西，即使我们与现实在极微观的层面接触，这种接触也天然地具有痛苦之维——似乎主体已化约为一种纯粹的接受型观看，因为他意识到对我们的世界的冒犯，哪怕最温和的冒犯，都会划破这个世界，使之重伤。"① 他的观点认为图像化使主体和真实隔有一定距离，但也在主体身上引出了真实。图像将真实和非真实之间的界限打破，这也是图像的"去现实化"的特征。

三 图文新质与图文关系

从总体上来说，在图像化时代之前的漫长年代，语言和图像之间的关系尽管复杂，但是通过仔细梳理和研究，还是能够发现具有一条明确的发展主线，即在整个文化史中，语言一直处于优势甚至主导地位，而图像始终处于从属地位。图像围绕在语言的周围，或上或下、或左或右，甚至时隐时现。这种态势在不同时代可能具有强弱之分，但是总体上文强图弱的局势保持不变。同时，由于传统哲学"主客二分"思想的影响，图文关系主要为对比关系。学者们大多强调语言和图像的对比关系，强调两者之间在表现力、审美特征、表达方式等方面的差异。如莱辛的《拉奥孔》又名《论画与诗的界限》就明确显示了对比的意图和取向，他认为画和诗分属空间艺术和时间艺术，两者在构思、表达以及形象塑造等众多方面都存在差异，所以两者具备各自的表现领域。钱钟书的《读〈拉奥孔〉》将诗歌的表现力及领域进一步扩大，而画的表现力及领域则相应地

---

① 吴琼编：《凝视的快感——电影文本的精神分析》，中国人民大学出版社2005年版，第143页。

缩小了，从而强调了两者的界限和差异。这两者分别是西方和中国文艺理论中对诗和画进行比较研究的代表性成果。他们的观点影响了一代又一代的学者，虽然也存在质疑声，但是我们还是基本接受了他们的思想。

任何理论的提出都有自身独特的时代语境和适用范围，当时过境迁之时，其应用范围、准确度等肯定会产生相应变化。

变化的缘起是语言和图像各自的特征发生了显著的变化，而且更重要的原因在于这些区别性特征又出现了互文和互补的局面（前文已经论述了这些变化，此处不再赘述），这就促使图文关系也逐渐出现了互补趋势。图文新质的出现是图文关系发生变化的主要原因，可以说，它为和谐的图文关系奠定了良好基础。所以，随着图像化时代的到来，语言符号和图像符号之间泾渭分明的界限变得不再那么清晰，他们之间已经出现了明显的互补趋势，语言符号长期以来因为主导地位所形成的惯性思维被颠覆。

图文新质的变化对图文关系的影响首先表现在对于图文关系的研究主体的影响。影响之一是态度的转变。我们要以一种宽容的、辩证的态度对待语言和图像各自的优点和缺点，而不要先入为主地站在语言或者图像的立场、戴着有色眼镜去贬低对方，从而抬高自己。站在中间立场、保持无所偏倚的态度是客观性研究的保证。影响之二在于与态度相对应的研究方法和视角的转变。对于图文关系的研究，我们的研究视角已经不再仅仅局限在两者的对比研究上，而要在此基础上进一步深化。也就是说，我们要以对比研究为基础，进一步深化到图文的转换研究。本书基本循着这样的研究视角，在比较研究的基础上进行语言符号和图像符号的转换研究。图文新质的变化直接影响到图文关系的研究重心发生转移。当语言和图像各自的特性出现了互补，这必然使得其差异性并不是主要的或者唯一的研究对象。

所以，图文之辨的目的不在于强调两者的差异性，而在于明确二者的差异以找到结合点。所以，传统观点所认为的两者之间水火不容的情势已发生改变，与之相适应的理论探索也应该继续进行下去。因为，比较研究的最主要目的不是找出差异，而在于将研究之后的结果为我所用，以此作为进一步研究的手段或者途径。

总之，语言的标志性特征是缺席的形象和联结的语言流，而图像的标志性特征是缺席的在场和定格的空间，这些特征成为公认的特征，在某种程度上具有了权威性，因此，也就形成语言和图像各自的魅力场域。但是，随着图像化时代的到来，这些看似永不相交的特征也出现了互补的趋势，使得时间和空间、抽象和具象、经营化和大众化等综合性特征在某一符号类型上同时出现。图文新质的出现又引起图文关系的变化，这将为第三章——图文关系的论述奠定基础。我们应该以一种宽容的、辩证的态度来对待图、文各自的优点和缺点，而不是先入为主地站在某一方的立场上，戴着有色眼镜去贬低对方，从而抬高自己。站在中间立场、保持无所偏倚的态度是客观性研究的保证。

第三章 场域理论与图文关系

语言符号和图像符号都是人类生活中的重要组成部分，它们对人与人之间的交流，以及文化的发展和传承都起到了重要作用。从历史发展的实际情况来看，语言符号一直占据主导地位，而图像符号处于从属地位。但是，随着时间的流逝，语言符号和图像符号在出现互补性特征的前提下引起图文关系的变化。

具体来说，随着图像的急剧增长，它和语言之间的关系也悄然发生变化，致使图像化时代的图文关系发生相应改变。两者之间主要体现出一种互文和谐而又充满竞争张力的复杂关系。这种新型的关系刚好可以运用著名社会学家布迪厄的场域理论来印证：图文之间是既"勾结"又"竞争"的关系。本章在图文之辨的基础之上，通过简要梳理历史上有关图文关系的主要论题，研究图像化时代图文关系的主导趋势。本章主要阐明语言和图像具备各自的符号场域，这些不同的场域既有交叉和重合的部分，也有互不相交的部分。在图像化时代，图像和语言之间重合的部分有逐渐扩大的局势，这种变化也促使图文关系从差异性关系转换为互补、互文关系。但是，图文互补不是图与文的简单叠加，而是超越了图与文各自本身的意义，实现了信息量的扩大、审美性的增强等目标。图像化时代的图与文打破了以语言为主导的局势，以一种平等的姿态站在一起，各自在艺术领域具有独特场域而又相互影响，共同在人类文明发展过程中起着重要作用。

第一节 历史回顾：图文关系的主要论题

一 "书画同体"

"书画同体"是我国艺术学中一个影响深远的基本理论，它由我国唐代著名画家、绘画理论家张彦远在《历代名画记》提出，他在这部著作的开篇第一卷——"叙画之源流"中这样论述道：

> 庖牺氏发于荥河中，典籍图画萌矣；轩辕氏得于温洛中，史皇苍颉状焉。奎有芒角，下主辞章；颉有四目，仰观垂象。因俪鸟龟之迹，遂定书字之形，造化不能藏其秘，故天雨粟；灵怪不能遁其形，故鬼夜哭。是时也。书画同体而未分，象制肇创而犹略。[①]

这段话的大意是：伏羲看见了黄河龙马所背负的宝图，遂产生了创造典籍图画的想法；皇帝在洛水中得到龟甲上的文字，便叫史官仓颉将它画下来。文曲星因为有光芒四射的棱角所以能观照人间的文章之事；仓颉因为有四只眼睛，所以能仰观天际四方的星相。他还按照鸟、龟等动物的足迹的形状等特征确定了文字的形状。从

---

① 张彦远：《历代名画记》卷一，浙江人民美术出版社2011年版，第1页。

此，自然不能隐藏自己的秘密，所以降下了谷雨；神灵鬼怪也不能隐藏它们的形迹，所以只能在夜半哭泣。此时，书和画还是按照同一形态结合在一起的，并没有分开，也因为处于草创期，所以显得比较简单。

从图文关系的角度来看，张彦远在这段话中所阐释的含义主要有两层：事物的形状和功能有紧密的联系，所以书和画在创始之初尽量趋向描摹事物的原貌以凸显其功能；书和画最初的功能和产生的背景是相同的，并且在形态表现上是同体而未分的。所以，他认为"书画同体而未分"，"是故知书画异名而同体也"。[1] 张彦远论述中的"书"并不是书法，而是语言文字；"画"则是绘画。这两者是在象形基础上的同体。

张彦远认为书画"同体"的主要原因是："因俪鸟龟之迹，遂定书之形"，即按照鸟和龟的足迹形成语言符号的形态，即书、画都来自对外在物象的描摹。张彦远的观点从发生学的角度强调了语言符号和图像符号与外在社会现实的再现关系。"书画同体"中的"书"为书法艺术，而"画"为绘画艺术。它们分别为带有浓厚艺术气息的语言符号和图像符号的主要代表类型，所以也是我国古代图文关系的经典阐释。"书画同体"指的是在书、画起源的阶段两者是不分彼此、融为一体的。只是到了后来，书和画才逐渐分开，并形成各自的体系。

书与画的这种紧密关系其实早已存在。在古代，书画艺术的发展都是齐头并进的。汉代的蔡邕主张将书、画、文三者结合在一起，从而获得相辅相成、相得益彰的效果。书法家王羲之在书法艺术方

---

[1] 张彦远：《历代名画记》，浙江人民美术出版社2011年版，第2页。

面取得了辉煌成就，他其实也擅长绘画，两方面都有较高造诣。书与画在相互融合中共同发展。

到了宋代的苏东坡，在图文关系方面提出了"诗画一律"的主张，他在《书鄢陵王主簿所画折枝二首》之一中如是说：论画以形似，见与儿童邻。赋诗必此诗，定非知诗人。诗画本一律，天工与清新。① 他所提出来的"诗画一律"意指诗和画都通过具体物象来营造意境、彰显韵外之致，因此它们具有相同的属性。他的观点已经超越了简单的形似而达到形神兼备的效果。这是对"书画同源"理论的进一步发展：书画同源不仅体现在历史起点上，而且体现在艺术追求上所要达到的境界。

"书画同源"观点进一步发展了"书画同体"的思想。乃至近现代，我国著名画家黄宾虹还说过："书画同源，欲明画法，先究书法，画法重气韵生动，书法亦然。"② 他认为在"书画同源"基础上的书法和绘画技法都讲究"气韵生动"。

徐复观在其著作《中国艺术精神》艺术里面专门论及"书（字）与画的关系问题"，他从仰韶彩陶到殷代青铜器的抽象纹饰与原始文字的象形性的比较为基点来驳斥"书画同源"的观点：

> 由最早的彩陶花纹来看，这完全是属于装饰意味的系统；它的演变，是随被装饰物的目的，及关于此种目的的时代文化气氛而推动。所以，它本身没有象形不象形的问题……由甲骨文的文字来看，这完全是属于帮助并代替记忆的实用系统；所以一开始便不能不追求人们所要记忆的事物之形。等到约定俗

---

① 苏轼：《苏轼全集》，上海古籍出版社 2000 年版，第 351 页。
② 黄宾虹：《宾虹书简》，上海美术出版社 1988 年版，第 49 页。

成之后，便慢慢从事物之形中解放出来，以追求实用时的便利。文字的演变，完全由便于实用的这一要求所决定。所以文字与绘画的发展，都是在两种精神状态及两种目的中进行。①

按照徐复观的看法，绘画属于装饰意味的系统，而文字属于实用系统，所以两者是独立发展的。但是分属两个系统并不阻碍两者在起源上具备某些相似之处。其实，据史实考证，在原始器物上也存在大量的状物摹形的文字和绘画作品。从起源上来说，认为绘画和书法都是对外在事物的描绘的观点是具有一定道理的。徐复观从两者的功能否定两者的起源，稍显牵强。但是他认为到了秦汉以后，因为阴阳五行及神仙方士的影响，书、画逐渐朝写意的方向发展，这时的书、画却在艺术性上产生关联。确实，在历史发展过程中，书、画的这种在同源性上的相似点表现得越来越微弱。"书"逐渐向抽象的方向发展，"图"继续保持其具象化的风格，所以两者发展到现在，风格迥异。

再回过头来看张彦远的论述，他在论述"书画同体"的同时，又说"无以传其意，故有书。无以见其形，故有画"，他将"意"和"书"、"形"和"画"联系起来，实际上已经涉及书、画之别。他在《历代名画记》中还进一步论述到："记传所以叙其事，不能载其容；赋颂有以咏其美，不能备其象，图画之制，所以兼之也。"②他认为史书可以记录事件但是不能记载人的容颜；诗词歌赋具备吟咏美的功能，但是也具备表现图像的能力，而绘图作画则可以兼具两者之长。张彦远的观点提出了"书画同源"，但是从根本上来说，

---

① 徐复观：《中国艺术精神》，春风文艺出版社1987年版，第125—126页。
② 张彦远：《历代名画记》，浙江人民美术出版社2011年版，第3页。

他还是更看重绘画的功能和效力。他还特别引用曹植的话来佐证：

> 曹植有言曰："观画者，见三皇武帝莫不仰戴；见三季异主，莫不悲惋；见篡臣贼嗣莫不切齿；见高节妙士莫不忘食；见忠臣死难，莫不抗节；见放臣逐子，莫不叹息；见淫夫妒妇，莫不侧目；见令妃顺后，莫不嘉贵。是知存乎鉴戒者，图画也。"①

所以，随着时代的发展，书法和绘画经历了"同体"的瓦解，并最终成为两类不同类型的艺术样式。在"书画同体"这一论题中，书强调语言书写功能的视觉性；画更是强调色彩、线条、构图、明暗等视觉语言。其实书法同时具备文字和绘画的某些特征，所以，它既可观看，又可阅读；既可观赏，也可表意。所以，从这个意义上来说，"书画同体"其实也涉及图文关系，即书和画在观看、观赏方面是相通的。书法艺术融合了图像和语言的某些重要的元素，最主要的是观看性和观赏性。所以说，"书画同体"具备"观看"与"观赏"方面的同源性。

具体来说，"书画同体"的具体表现不仅仅体现在形式方面，如书和画所用的工具材料都是一样的：笔、墨、纸、砚，运笔创作等方面也有很大相似之处，而且更为重要的是两者在气韵等方面有贯通之处。针对这一点，岳书法在一篇文章中认为，"书画同体"可以分为三层：第一层体现在工具材料上的一致；第二层为笔墨技法方面的一致；第三层为文化精神上的一致。在这三层论述的

---

① 张彦远：《历代名画记》，浙江人民美术出版社2011年版，第3页。

基础上，他认为"书画一体"的最高境界是书中有画，画中有书，书画一体。①

所以，无论是"书画同体"，还是"书画一律"，抑或是"书画同源"，这些论题虽然不能说它们完全是探讨图文关系，不能和本书的图文关系完全对应，但是至少可以说，它们是我国文化源流中探讨图文关系的雏形，其中的一些观点可以为我们研讨图文关系提供某些思路或灵感。这些以"书画同体"为核心的相关论题都包含了图文关系的影子，所以对于图文关系研究无疑具有重要启示意义。而且，"书画同体"还显示了我国文化源流中"天人合一"等和谐融合的传统思想的影响，这是与以西方图文关系研究"尊诗贬画"为核心思想的精神旨趣是大相径庭的。下面将探讨"尊诗贬画"的观点。

二 尊诗贬画

在西方文艺理论中，由于受不同文化背景的影响，其图文关系不是"同体"、"同源"或者"一律"这样一团和气的局面，而是存在着某种对立关系，如"尊诗贬画"的思想，这是西方传统图文关系的重要表现。18世纪德国著名文艺理论家莱辛在其代表作《拉奥孔》中划定的诗与画的界限，表达了鲜明的"尊诗贬画"的思想。他在《拉奥孔》"前言"中就明确提出"画和诗无论是从摹仿的对象来看，还是从摹仿的方式来看，却都有区别"②。而这些区别是："绘画由于所用的符号或摹仿媒介只能在空间中配合，就必须要完全

---

① 参见岳书法《从书画同源到书画同体》，《中国矿业大学学报》2004年第2期。
② [德]莱辛：《拉奥孔》，朱光潜译，人民文学出版社1979年版，"前言"第2—3页。

抛开时间，所以持续的动作，正因为它是持续的，就不能成为绘画的题材。绘画只能满足于在空间中并列的动作或是单纯的物体，这些物体可以用姿态去暗示某一动作，诗却不然……"①，所以，"全部和部分在时间中先后承续的事物一般叫做'动作'（或译为'情节'）。因此，动作是诗所特有的题材。"② 总结莱辛的观点，他认为诗画之间最主要的区别是前者是时间艺术，擅长表现动作和情节；而后者是空间艺术，善于表现"最富于孕育性的那一顷刻"。这个观点成为这部著作的核心思想，并贯穿于整部著作。莱辛还明确提出："诗和画的主要优点，还在于诗人让我们历览从头到尾的一系列画面，而画家根据诗人去作画，只能画出其中最后的一个画面。"③ 这就是时间艺术（诗）和空间艺术（画）的重要区别：时间艺术在时间的流动中，从头到尾地表现事物、表达情感；空间艺术则不能呈现时间的流动，只能表现出事物发展过程中某一时间点所在的空间。

在此基础上，他认为，绘画只能表现"最富于孕育性的那一顷刻"，所以不能充分自由地表达事物的美，而这正是绘画艺术的局限性所在。诗歌却不受上述限制，在时间的流动中，它可以随心所欲地描写事物发展的每一个情节，并自始至终、完整地表现出来，所以，诗歌更富于表现力，这正是诗歌的优点。所以，他在反驳斯彭司认为诗画互相类似、携手并行的观点时，这样说道：

> 斯彭司不曾想到，诗是一门范围较广的艺术，有一些美是由诗随呼随来的而却不是画所能达到的；诗往往有很好的理由

---

① ［德］莱辛：《拉奥孔》，朱光潜译，人民文学出版社1979年版，第83页。
② 同上书，第84页。
③ 同上书，第76页。

把非图画性的美看得比图画性的美更重要。所以每逢他在古代诗人和艺术家之间发现到顶细微的分歧时，他就陷入困境，想出一些最离奇的脱身术。①

斯彭司是18世纪英国牛津大学教授，在诗学研究方面颇有造诣。他认为诗与画各自具有优点，能够携手前进，彼此看齐。莱辛的观点就与此不同。在这一段话中，莱辛"尊诗贬画"的倾向已经明显流露出来了，他认为诗歌的表现范围和表现力都比绘画强。所以，雕刻家在表现爱神维纳斯时，只能表现其温柔、娴熟、羞涩的一面，因为这最能代表"爱"这一抽象概念。但是诗人在描写维纳斯时，既能表现其爱的一面，也能表现其恨的一面。她既是一位爱的女神，也是一位发怒的、具备仇恨心理的女神。所以，在人物形象塑造方面，绘画只能表现人物的一般性格，而诗歌除了表现人物的一般性格之外，还能表现出其他性格，塑造出生动的、丰满的人物形象，这就是我们通常所说的扁平人物和圆形人物的差别。所以，莱辛认为诗歌从塑造人物形象、构思和表达方面都是高于绘画的，所以，他将从事相关方面创作的艺术家也分出了高下："生活高出图画多么远，诗人在这里也就高出画家多么远。"②

所以，他认为诗歌比绘画的表现力强，诗歌要高于绘画。当然，莱辛的观点在他所处的时代是具有一定道理的。莱辛是德国著名戏剧理论家，他的学术活动在18世纪，这时图像艺术主要以绘画和雕塑为主，他的观点对于绘画和雕塑也是适用的。但是，他没有想到，在一个世纪以后，也就是在19世纪末期，电影艺术的出现打破了这

---

① ［德］莱辛：《拉奥孔》，朱光潜译，人民文学出版社1979年版，第50页。
② 同上书，第76页。

种局面，电影以每秒 24 画格的速度将每一个"顷刻"连续展映，在展现空间的同时也展现了时间。如果说莱辛的理论适合某种单纯的、典型的艺术类型，那么当它面对电影这种时空综合艺术的时候就显得不那么灵验了，因为电影通过流动的影像也能表现空间的造型和时间的流动。所以，现代意义上的图文之间的界限也不再那么明显了。

在莱辛以后的时代，他的观点一直被作为一个里程碑式的理论来对待，许多文学家都将之奉为经典。当然，随着时间的推移，他的理论也需要根据新的情况重新修订。莱辛的观点主要存在以下问题：他站在诗歌本位主义立场来比较诗与画，以诗歌为中心，与画进行比较，不自觉地拿诗歌的长处、优点与绘画的短处、缺点相比较。他所提到的表达抽象概念（如"爱"）、叙事能力等都是诗歌的强项，而刚好这些方面又是绘画的弱项。以己之长与彼之短相比较，自然会得出己高于彼的结论。若按照此逻辑，如果站在绘画本位主义的立场，用绘画的具象性、空间性与诗歌特性相比，无疑会得出相反的结论：绘画高于诗歌。这是《拉奥孔》在产生时代就存在的问题。问题之二是这种纯粹的时空二元对立的划分也不能适应时代的发展，不能解决新出现的问题和现象。也就是说理论的适用度发生变化，他的观点不能解释后来所出现的某些新的语言符号现象或者图像符号现象。所以，新的状况的出现促使我们重新思考语言符号和图像符号之间的关系。

钱钟书的观点也透露出"尊诗贬画"的倾向。他在《读〈拉奥孔〉》一文中认为莱辛的某些观点也存在有失偏颇、不尽周到之处。他认为，诗画之间不能相通之处，即"诗歌的画"不能转换为"物质的画"除了莱辛所提到的时间和空间的差别，诗歌中"带有显明表情的内心状态"、"分合错综的复杂关系"、气氛性的景色等都是很难画出的。诗歌善于描写运动的场面和抽象的物体，甚至在描写静止的简单的物体时，也比绘画的表现力要强。诗歌可以表现颜色的虚实，诗歌擅长表现比喻等修辞手法，诗歌可以表现"似是而非、似非而是"的情景。甚至他还认为莱辛所归属于绘画的"最富于孕育性的那一顷刻"也可以在文学艺术中体现，如章回小说中"回末起波"的手法。钱钟书的论述在莱辛所划分的诗与画在时、空方面坐而划之的态势下，又为诗歌夺取了一些领地。如此，绘画的表现领域进一步缩小，而诗歌的表现领域进一步扩大。所以，钱钟书在这篇文章的末尾时总结"诗歌的表现面比莱辛所想的可能更宽阔几分"[1]。当然他不是否定绘画，他也明确提出"绘画、雕塑自有文学艺术无法比拟的独特效果"[2]。他的论述主要集中在文学的独特效果，但是对于绘画的独特效果究竟何如并没有展开论述，这就为本书的写作留下了广阔的空间。随着图像的逐渐兴盛，我们从影视艺术中已经看到了其同样宽阔的表现空间，这留待后面讨论。而且，在钱钟书的《中国诗与中国画》一文中，他主要论述了中国旧诗和旧画在风格、艺术境界等方面的比较，他也认为诗和画在性能和领域上存在很大差异，也具有同为艺术这个大范畴的共同点，但是在理论上并没有加以论述。所以，对于语言符号和图像符号之间的比较，在理论上尚存在建构的必要。

文艺复兴时期达·芬奇的《画论》比较了绘画和诗歌，但是将绘画作为最有价值的艺术，而诗歌是无法企及的。人文主义大师薄伽丘等人为之争论，目的在于提高诗歌的地位。无论是尊诗贬画，

---

[1] 钱钟书：《七缀集》，生活·读书·新知三联书店2003年版，第57页。
[2] 同上书，第40页。

还是尊画贬诗,这都与个人的立场和观点紧密相关,所以开始了图文之间长期的争论。古典时期,黑格尔将诗和画都归为象征型艺术之列,使得两者之间的关系有些缓和。

三 言、象、意之辨

中国古代文学理论中的言、象、意等术语的内涵,也从某个侧面揭示了图文关系。本书仅从它们与图文关系的联系入手,谈及相关内容。它们虽然不是完全对应的,但是对图文关系的研究具有重要意义。

"言"最基本的含义是语言。语言是交流思想,承载意义的工具和媒介。语言能否准确地表达意义,是古人十分关心的一个问题,他们都希望达到一种言语能够准确全面地表达意义的理想境界。言和意之间的关系主要有两种:言尽意和言不尽意。前者主要是以孔子为代表的儒家学派的观点,他们认为"辞达",言辞能够表达意义;后者主要是以老庄为代表的道家学派的观点,他们认为"道为天下母",是万物的本源,但是道又是看不见也听不见的无状之状、无物之象,所以,言语不能准确表达意义。我们只能通过"悟"才能去领会道,领会意义,即"悟道"。在"悟道"的过程中,我们可以通过"立象以尽意"来解决言意之间的矛盾。

"象"在甲骨文中原本指一种动物——大象,它是一个象形字。到了《周易》,"象"的内涵进一步丰富,它既指六十四卦的卦形,也指卦形所指涉的事物。所以,它是一种具象和抽象相结合的符号。具体来说,它包含两层基本含义:一是自然形貌,二是指模拟自然形貌的象征符号。《周易》中如是说:"古者包牺氏之王天下也,仰则观象于天,俯则观法于地,观鸟兽之文与地之宜,近取诸身,远取诸物,于是始作八卦。"① 这段论述说明了一个观点:"象"这种象征性的符号也来源于自然物象。而"意"主要指意义、内涵和意蕴,更准确地说,它指向某种终极意义。而终极意义是无形无象的,甚至是无法企及的彼岸。所以,"言"要准确表达出"意"并不是一件容易的事情。因为要用有形去表达无形,显然心有余而力不足。所以,前人在"言"和"意"之间设立了一个沟通的桥梁——象。象的双重性质是"言"和"意"都不具备的。

"象"在"言"、"意"之间起中介和纽带作用。王弼有言:"夫象者,出意者也;言者,明象者也。尽意莫若象,尽象莫若言。言生于象,故可寻言以观象;象生于意,故可寻象以观意。意以象尽,象以言著。故言者,所以明象,得象而忘言;象者,所以存意,得意而忘象……故立象以尽意,而象可忘也;重画以尽情,而画可忘也。"② 他认为"象"可以"尽意",而言也可以"尽象"。"言"、"象"、"意"之间的逻辑关系是言生于象,而象生于意。由此,象的作用可见一斑。因为"言不尽意",所以,"立象以尽意",使"象"来表达言外之意。而"象"能够尽意的重要原因在于它既有实指,也有虚指,正好将言和意联系起来。

言、象是否尽意的问题可以辨别出两者的优长。这个论题的争论十分复杂,也十分激烈,主要有"言不尽意"和"言能尽意"这两种相互对立的观点。《易传·系辞》中说:

> 子曰:"书不尽言,言不尽意"。然则圣人之意,其不可见乎?子曰:"圣人立象以尽意,设卦以尽情伪,系辞焉以尽其

---

① 黄寿棋、张善文:《周易译注》,上海古籍出版社1989年版,第28页。
② 王弼:《明象》,载楼宇烈编《王弼集校释》卷2,中华书局1980年版,第609页。

言。""夫象,圣人有以见天下之赜,而拟诸形容,象其物宜,是故谓之象,仰则观象于天,俯则观法于地,观鸟兽之文与地之宜,近取诸身,远取诸物,于是始作八卦,以通神明之德,以类万物之情。"①

其中,"书不尽言,言不尽意",所以"圣人立象以尽意","言"不能穷尽意义,意犹未尽,所以只能借助"象"来表达,这实际上是表明了"象"比"言"的蕴含更加深广,也能表达出某种终极意义。因此,"言"和"象"实际都能指向意义,区别在于两者与意义的重合度的问题。"言"与"可说性"有关,而"象"与"可视性"、空间性有关,"意"则与思维性、抽象性有关。无论是"言不尽意","立象以尽意"可以看出,虽然"言"和"象"具有共同的目标——尽意,但是它们具有某种对立性,在功能上是有差异的。

"言"、"象"、"意"对我国古代的诗歌和绘画创作产生了巨大影响,成为两者所力求达到的境界。绘画和诗歌具有不同的艺术语言形式,其形态差异是明显的,但是都注重意境营造,以便使作品达到极具画面感而有又含蕴丰富的境界。这个境界所塑造的形象又被称为"意象",这就是图文关系的生发点。从"言"、"象"、"意"的相互关系中,绘画和诗歌都得到创作的灵感,这也使得图文关系既有差异也有互补的状态成为可能。

"言"、"象"、"意"对图文关系研究的最大启示在于促使思维方式的转换。"言"和"意"之间通过"象"来沟通,不管"象"

---

① 黄寿棋、张善文:《周易译注》,上海古籍出版社1989年版,第28页。

是否能尽意,总是建构了一种可能。所以,在面对图文之间对比关系的种种观点时,我们可以换一种思路来看待两者之间的关系,即图文关系在差异中能够体现互补性。

综上所述,"书画同体","尊诗贬画","言"、"象"、"意"之辨等论题从不同方面涉及图文关系。通过以上梳理,我们可以发现,不同的时代、不同的学者的观点都不尽相同。或者从起源方面来论述、或者从孰优孰劣方面来论述,貌似书画之间就是一种水火不相容的关系。即使在"言意之辨"中具有"象"这个沟通桥梁,其对比关系也是明显的。但是,在新的时代,随着图像化时代的到来,两者之间的关系由差异、对比走向互补、互文。互补关系的出现除了现实原因,其萌芽也可以追溯到中西方文化源流中,特别是中国文化源流中,如"言"、"象"、"意"之辨中。也就是说,在图文关系发展史上,对立关系是主流,但是隐藏着一些图文互补的潜在因素。一旦这些潜在因素被激活,图文之间的关系也就发生了根本的改变:从对立关系发展到互补关系。

第二节 场域理论视阈下的图文关系

正因为图像和语言之间存在明显的差异,所以长期以来学者一直将这两者作为区别性的关系来看待。即使到了图像化时代,也存在非此即彼的观点。在图像化时代之前,从整个文化领域来看,语言符号一直占据着图文关系的主导地位,而图像处于从属和辅助地位。在图像化时代,图文之间呈现出多元的复杂关系。图像符号不仅逐渐从纯粹的从属地位中摆脱出来,而且图文之间的区别性关系也在逐渐隐退并呈现出新的发展态势。本节将两者都看成一种符号类型，在符号场域中探讨两者关系。

一 场域理论及符号场域

本节引入皮埃尔·布迪厄（Pierre Bourdieu）的场域理论研究图文关系。他用场域概念来理解社会和世界的相互关系，用他的场域理论来阐释图文关系，也是十分贴切的。

皮埃尔·布迪厄是与福柯、德里达、利奥塔等齐名的法国当代学者，他的主要研究领域在社会学，他提出的"场域理论"构成了其理论体系的关键词汇。后来，他的场域理论已经超越了社会学的范畴，进入了其他学科，被其他学科所借用。因为他的场域理论在研究不同质但又关系密切的个体方面具有重要的理论意义和实践意义。

在物理学中，"场域"（field）原本指事物之间能量的形成、转化等活动所依存的客观物质环境。在这个场域内，事物有其特有的逻辑规则和运行准则。超过这个场域，事物的运行准则和逻辑规律将发生变化，其性质、功能等也发生相应变化，甚至可能发生质的变化。所以，场域可以说是事物性质得以展现及运行规则产生效力的场所。

后来，"场域"一词进入社会学领域，成为布迪厄社会学理论的核心词汇，并贯穿于其理论的各个层面。这个概念的内涵和外延都很丰富。他提出的"场域理论"进一步丰富了"场域"的内涵和外延。他将这个概念重新定义："一个场域可以被定义为在各种位置之间存在的客观关系的一个网络（network），或一个构型（configuration）。……在高度分化的社会里，社会世界是由大量具有相对自主性的社会小世界构成的，这些社会小世界就是具有自身逻辑和必然性的客观关系的空间,而这些小世界自身特有的逻辑和必然性也不可化约成支配其他场域运作的那些逻辑和必然性。"① 他的"场域理论"主要运用于社会学领域,并广泛涉及其他学科,如艺术场域、经济场域以及宗教场域等。他用"场域"来理解社会和世界,认为场域是由不同的社会要素构成的,而这些社会要素也只有在这个网络中占据一定位置才能发挥作用。场域就相当于一个引力场,贯穿着各种关系并形成网络。场域的本质就是关系,所以,他说:"根据场域概念进行思考就是从关系的角度进行思考"②。他同时指出,场域具有不同的类别和形式,每个场域都有各自不同的结构和特征。所以,他又说:"一个场域的动力学原则,就在于它的结构形式,同时还特别根源于场域中相互面对的各种特殊力量之间的距离、鸿沟和不对称关系。"③ 由此可见,场域运转的动力来源于其结构形式及内部各元素的互动。

布迪厄进一步用场域来分析文学艺术,他认为文学因为自身的生产机制形成了"文学场",这个"文学场"就是一个"文学小宇宙",它不可避免地受到政治场和经济场的影响。因为政治上的当权派总是希望通过对文学或者文学艺术家的控制来提升自己的文化品位,而文学或文学艺术家也不可避免地受到政治和经济的或明显或潜在的影响。所以,从这方面来说,文学场体现出某种附属性,这被布迪厄称为"结构的附属",他说:

这就涉及一种真正的结构从属性,它依照不同作家在场中所

---

① [法]皮埃尔·布迪厄、[美]华康德:《实践与反思——反思社会学导引》,李猛、李康译,中央编译出版社1998年版,第133—134页。
② 同上书,第133页。
③ 同上书,第139页。

处的地位不同程度地施加到他们头上,并且通过两种主要的调节手段确立起来:一方面上是市场,它的制裁和限制要么通过销售量、票房收入等直接作用于文学活动,要么通过报纸、出版、插图及文学产业的一切形式提供新值为直接作用于文学活动;另一方面是持久的关系,这种关系建立在生活方式及价值体系相似的基础上,它尤其通过沙龙至少将一部分作家与上流社会的某些部分联系起来,并有助于指导国家对艺术的资助。①

文学属于上层建筑,属于意识形态,被经济基础所决定,所以文学从属于经济基础。他所说的两种"调节手段"分别对应"市场"和"国家",即经济和政治的影响,因而导致经济场和政治场对文学的渗透甚至控制。但是,文学场并不仅仅是被动地受到外围场域的影响,也有自身独特的场域性质,它们之间不仅仅只有从属关系。也就是说,文学场除了和经济场、政治场的融合关系之外,还具有某种对立、矛盾关系。所以,在后来的论述中,布迪厄进一步论述了文学场域的独立自主性:

> 要达到经常且稳妥地克服当权者的限制和直接或间接的压力,不能依靠琢磨不定的性情或自愿的道德选择,只能依靠一个社会环境本身的必要性,这个社会环境的基本法则就是相对于经济和政治权力的独立;换句话说,只有当构成某种文学或艺术指令的特定法则,既建立在从社会范围加以控制的环境的客观结构中,又建立在寓于这个环境的人的精神结构中,这个

---

① [法]皮埃尔·布迪厄:《艺术的法则——文学场的生成和结构》,刘晖译,中央编译出版社2001年版,第63—64页。

环境中的人从这方面来看，倾向于自然而然地接受处于它的功能的内在逻辑的指令。

只有在一个达到高度自主的文学和艺术场中，一心想在艺术界不同凡俗的人，特别是企图占据统治地位的人，才执意要显示出他们相对外部的、政治的或经济的权力的独立性，法国19世纪下半叶（特别是在左拉与德雷福斯案件之后）的情况就是如此。于是，只有对权力和荣誉、甚至表面看来最权威的法兰西学院以至诺贝尔文学奖采取漠然态度，与当权者及其价值观保持距离，才能立刻得到理解，甚至尊敬，并因此得到汇报。结果这个做法越来越被推而广之，作为合法行为的实践箴言确立起来。[1]

皮埃尔明确指出，文学场内部各因素的独立性是彰显其艺术特质的主要原因。文学场除开要受到文学之外因素的影响，也具备自身的内在逻辑，它具有高度自主性。如果一味地响应和屈服于经济场和政治场，就不能获得自身独特的审美价值，而真正成为经济场、政治场的附庸。所以，在文学领域取得最高奖项的诺贝尔奖得主往往是与经济和政治漠然相处的文学家。文学场的真正自主就是以自身场域内的标准来评价自己，强调要摆脱外在因素的控制而真正实现自由，而不是以政治或者经济的标准来衡量。文学场域中的各组成要素越自由，其魅力就越凸显。在文学场域内，文学家需要制定自身的运行规则。文学家处于文学场内，组成某种团体，同时在社会轨迹上也特别接近。

---

[1] [法]皮埃尔·布迪厄：《艺术的法则——文学场的生成和结构》，刘晖译，中央编译出版社2001年版，第75—76页。

本章将场域理论的精髓引进我们的符号学研究范畴中来。虽然在布迪厄"文学场"的相关论述中,主要涉及文学场和权力场之间千丝万缕的联系。文学场既受到权力场的影响,也具有独立自主性。符号系统也存在符号场,不同的符号之间既会产生相互影响,也会有自身无法替代的特质。他所认为的文学场"是一个依据进入者在场中占据位置(举极端一点的例子,也就是成功剧作家和先锋派诗人的位置)以不同的方式对他们发生作用的场,同时也是一个充满竞争的战斗的场,战斗是为了保存或改变这场的力量"①。也有相关学者也提出过"符号场"的概念,如徐翔曾从符号主义文化观出发,明确提到了"符号场"的概念。他认为"符号场"是"指诸符号及其相互联系、相互作用构成的整体。相互联系是指各符号可以从其他符号得到界定和说明。这里的符号侧重于其所指、意义,把符号场看作意义场也无妨,它是具有特定形态与特定生长机制的精神世界"②。他从文化学的角度出发,认为符号是文化的载体,符号场即是文化场。本书的研究角度和他的角度迥异,主要抓住"场域理论"的核心词汇"关系",阐述符号系统这个大场域内的主要子场域——语言符号场域和图像符号场域的关系,并说明图像化时代的图文关系。

符号本来是一个内涵和外延十分丰富的概念。人类生活中充斥着各种各样的符号,对于符号的界定也不一而足。美国符号学家莫里斯的叙述简明扼要,他认为符号是在某些方面或某种能力上相对于某物某人而代表某物的东西。整个符号系统是一个大的场域,其

---

① [法]皮埃尔·布迪厄:《艺术的法则——文学场的生成和结构》,刘晖译,中央编译出版社2001年版,第279—280页。
② 徐翔:《符号场与文化的再生长》,《学术论坛》2008年第1期。

间各种类型的符号交错呈现。按照不同的标准，我们可以将符号分为文字符号和非文字符号，其中，图像符号又是非文字符号的主要类型，由此形成了相应的语言符号场域和图像符号场域。这些子场域既具有大场域的某些共有的特点，也具有自身独特的差异性。

二 游戏关系："勾结"与"竞争"

符号场域是一个由各种不同类型的符号构成的系统。系统性和整体性是符号场域的重要特征。在符号场域之内，不同的符号场域之间具有十分复杂的关系。"关系"本来是场域理论的一个核心问题，也是其精髓所在。没有"关系"，场域也就不存在。布迪厄曾用"游戏"（jeu）来类比"场域"，一个场域就相当于一个游戏，他说：

> 事实上，我们可以将一个场域小心地比作一种游戏（jeu），尽管场域与游戏有许多不同……卷入游戏的游戏者彼此敌对，有时甚至残酷无情，但只有在他们都对游戏及其胜负关键深信不疑、达成共识时，这一切才有可能发生；他们公认这些问题是毋庸置疑的。游戏者都同意游戏是值得参加的，是划得来的；这种同意的基础并非一份"契约"，而就是他们参加游戏的事实本身。游戏者之间的这种"勾结关系"正是他们竞争的基础。……[1]

这样的类比是对场域内部各要素，即子场域的关系的生动形象的描绘。所以，语言符号场域和图像符号场域之间也存在"游戏"

---

[1] ［法］皮埃尔·布迪厄、［美］华康德：《实践与反思——反思社会学导引》，李猛、李康译，中央编译出版社1998年版，第135页。

关系——既"竞争"又"勾结"的关系。此处的"勾结"没有任何贬义色彩。它们之间的区域及其相互关系可以用图3.1表示：

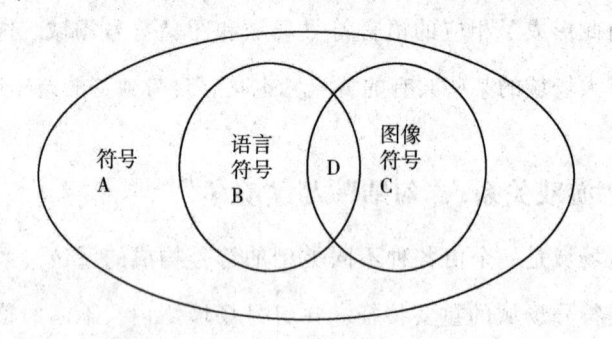

图3.1 图文关系简明示意图

如图3.1所示，符号场域（A区域）是一个较大场域，包含了语言符号和图像符号这两个较小场域。语言符号和图像符号这两个场域之间存在重合区域，也存在没有交集、互不相干的区域。互不干涉的区域（B或C区域）是只能用语言符号表现的领域，或者是只能用图像符号表现的领域。而相交重合的区域（D区域）指的是既可以用语言符号表达，也可以用图像符号表达的区域，这是两者的"勾结"区域。竞争关系则是两者的不同之处，即B和C区域。而具体到交叉、重合的区域与不相交区域的比例问题，则根据不同情况有不同变化。这正如钱钟书先生所说："诗和画既然同是艺术，应该有共同性；它们并非同一门艺术，又应该各具特殊性。它们的性能和领域的异同，是美学上重要理论问题。"[①] 他认为诗和画之间的共同性和特殊性，刚好可以说明语言符号和图像符号之间的场域关系：两者之间因为共同性和特殊性的存在，使得各自具有共同区域，也具有特殊区域。所以，两者之间既存在融合区域，也存在特

---

① 钱钟书：《七缀集》，生活·读书·新知三联书店2003年版，第7页。

征迥异的区域。

双方因为不同特征而形成了界限,从而将两者区分开来。对于场域的界限问题,布迪厄说:"我们可以把场域设想为一个空间,在这个空间里,场域的效果得以发挥,并且,由于这种效果的存在,对任何与这个空间有所关联的对象,都不能仅凭所研究对象的内在性质予以解释。场域的界限位于场域效果停止作用的地方。"[①] 场域之内存在着某种凝聚力,它使各种要素集结在一起。如凝聚力消失,则各要素离散,场域性质也就发生改变。在各自区域之外,则是场域凝聚力不及之地,也是两者的"竞争"之地,是竞争关系发挥作用的地方。区域重合的地方,则是两者的"勾结"之地,也是"勾结"关系发挥作用的地方。

"勾结"关系,即同质性的部分,是两者作为符号的共性,都是代表某物的某物,主要由对象和解释项构成。"竞争"关系,则是两者各自的特征,呈现自身的组织方式、呈现方式和逻辑规则。或者说是各自的质的规定性。在文学场中,还体现出一种自反性。他说:"文化生产场朝更大自主性的发展因此伴随着面向自反性更大的运动,自反性引导每个'体裁'按照固有的原则、固有的前提转向对自身的批评:艺术品,自我揭露的虚构,包括某种对自身的嘲讽。"[②] 布迪厄的"自反性"指的是艺术品在某种程度上存在对自我特性的解构,虽然他接着论述了文学场的历史维度,没有详细论述场域的自反性,但是这种自反性是任何场域都存在。不同符号具备自身的特性,这是其之所以成为此符号的依据,但

[①] [法]皮埃尔·布迪厄、[美]华康德:《实践与反思——反思社会学导引》,李猛、李康译,中央编译出版社1998年版,第142页。

[②] [法]皮埃尔·布迪厄:《艺术的法则——文学场的生成和结构》,刘晖译,中央编译出版社2001年版,第288页。

是正因为"竞争"关系的存在，使得"自反性"成为"竞争"关系的突破口，同时，自反性也是建立在"勾结"关系基础之上的。具体来说，"勾结"关系所构成的交集使符号具备两相比较的基础，同时"竞争"关系使两者具备寻求发展的动机。正因为"竞争"关系所形成的是相反的特质，比如抽象和具象、时间和空间，所以各自的自反性反倒使两者实现了融合：抽象的自反性刚好与具象融合，时间的自反性刚好与空间融合。自反性赋予了场域的开放性特质，也使场域具备了继续发展的可能。因为自反性具备反思的特质，使符号能够不断克服自身的缺陷，进一步向新的方向发展。

布迪厄认为：每一个子场域都具有自身的逻辑、规则和常规。这些逻辑、规则和常规构成了场域的质的规定性，即场域的本质性特征。语言符号和图像符号都具有各自的特征，这些特征中的某些因素也许不是该场域所独有的，在其他符号场域也存在。但是，这些特征相互作用、共同呈现的综合体就构成了独一无二的符号场域。所以，一个符号场域的质的规定性是众多特征共同起作用的结果，任何单一的元素都无法达到这种效果。

所以，不同符号类型所形成的场域之间是具备质的规定性的，这就是各自不能相互代替的特性，也是各自存在的依据。本书第二章在论述"图文之辨"时所涉及的各自的特性，就是图文之间的质的规定性。需要说明的是，"勾结"关系之"勾结"丝毫不带贬义感情色彩。

三 "场域理论"下的图文关系

在图像化时代，语言和图像在各自鲜明的区别性特征的基础之上，出现了特征的互补和互文，从而使得它们各自的固有特征也出现了互补的趋势。所以，这种部分"祛魅"就是新时代图文关系的基本表现。但是，在场域理论的视角下，图文"祛魅"的部分就是各自特性的互补部分。因此，图文之间在"祛魅"的基础上主要形成了互文和互补的关系。

在图像化时代之前，从整个文化领域来看，语言符号一直占据着图文关系的主导地位，成为交流和传播信息的主要载体，而图像处于从属地位。到了图像化时代，图文关系呈现出多元的复杂关系。以语言符号为载体的主要艺术形式是文学，而以图像符号为载体的艺术就是图像艺术。图像和文学之间既具有互文关系、超越关系，又具有悖离关系。

罗兰·巴特认为图像和文字的关系主要有两种："基础"（anchorage）关系和信息"传递"（relay）关系。在"基础"关系中，图像依赖文字，在"传递"关系中，图像和文字互相补充。

对巴特以及后续的研究，Nöth 做了粗略的归纳，并将图像与文字的关系概括为五种类型[①]：

1. 图解关系（Illustration）：图文关系以图像依附它所要图解的文字为突出特征。

2. 图像范例关系（Pictorial exemplification）：即示例关系，如书本中的配图和相应的文字说明就是这种关系。

3. 标注关系（Labeling）：文字标注图像。

4. 相互决定关系（Mutual determination）：文字和图像相互阐释。

5. 矛盾关系（Contradiction）：文字与图像相互矛盾。

---

① Nöth, Winfried, *Handbook of Semiotics*, Bloomington/Indianapolis: Indiana University Press, 1990, pp. 454 – 455.

在巴特所论述的五种关系中，其中第一种关系——图解关系是传统图文关系的形式，即语言文字依附于图像；在第二种关系——图像示范关系中，图像也是起到辅助说明语言文字的作用；在第三种关系到第五种关系，语言文字和图像的关系则发生了改变：不是图像图解语言文字，而是语言文字标示图像，甚至语言和图像之间相互决定。如果说巴特所说的前两种关系是图像化时代之前图文关系的主体，那么，后三种关系则是图像化时代图文关系的主要类型。所以，他的观点具有一定的代表性和典型意义，也具有一定的辩证精神。在此基础上，我们对此作进一步阐释。在图像化时代，图文之间的关系主要有如下几种：

（一）互文关系

法国批评家克里斯蒂娃提出的"互文"概念是当代西方文论的重要语汇，它不仅是文学理论研究的重要范畴，也越出了文学理论的领域，进入了其他学科领域。在文艺学领域，互文性要求打破单个文本的封闭结构，强调文本间的相互渗透和对话，它主要指两个或者两个以上文本之间的相互关系。克里斯蒂娃从巴赫金的多声部对话理论中受到启示，提出了这个概念。但是文本之间的互文并不是文本之间的联结，而是彼此之间能够提供存在性空间。所以，互文性并不是"仅仅把文本甲与文本乙简单联系起来。与之相反，它把多种文本当作一个互联网。它们也不像传统渊源研究那样，只把文本乙看成文本甲直接影响的结果，而是把互文性当作文本得以产生的话语空间"[①]。这段话说明了"互文"不是简单的不同文本的联结，而是具备自身的生产机制。而互文性

---

① 赵一凡、张中载、李德恩：《西方文论关键词》，外语教学与研究出版社 2006 年版，第 213 页。

所具备的双向作用是结构和解构，这是两个完全相反的过程，是"立"和"破"的过程。这个作用是充满张力的，结构是互文的联系点，而解构是不同文本的差异性所在。互文理论在文学理论中主要用于互文性文本解读策略，但是，众多学术精神是具备相通性的，互文性同样可以用于阐释图文之间的相互关系，尤其是图像化时代的图文关系。

"互文"理论诠释了图文之间的相互关系。时间和空间是我们社会生活的重要维度，缺一不可；形象思维和抽象思维也各有千秋、难分伯仲。那么在时间表达、抽象思维上具有优势的语言符号和在空间表达、形象思维上具有优势的图像符号之间在图像化时代的互文关系也是顺理成章的。

米歇尔在《图像理论·序》中鲜明指出："形象和语言之间的差异不仅仅是形式问题：它们实际与下列差异相关：（言说的）自我与（被视的）他者之间的差异；讲述与展示之间的差异；'道听途说'与'亲眼目睹'之间的差异；词语（听到的、引用的、刻写的）与客体或者行动（看见的、描画的、描写的）之间的差距；传感渠道、再现的传统和经验模式之间的差异。"[①] 他的概括高度总结了语言和图像之间的差异：图像是他者、是展示的、是"亲眼目睹"的、是客体或者行动、经验模式，而语言是自我的、讲述的、道听途说的、词语的、再现的传统。

具体来说，互文关系分为表现形态的互补和研究方法的互补。从表现形态上来说，语言符号和图像符号具有讲述与展示、可说与可见的区别。讲述是语言符号的基本特征，它在线性时间流上向听

---

① ［美］W. J. T. 米歇尔：《图像理论》，陈永国、胡文征译，北京大学出版社 2006 年版，第 5 页。

众娓娓动听地讲述故事、表达情感。观众则通过阅读语言文字体会其间的故事情节、内在感情和审美情思等。展示是图像符号的基本特征，图像通过在二维空间内的透视原理展示了多维空间，这就是图像空间性特征的体现。影视艺术的图像流已经克服了单幅图像的"去语境化"生存状态，将时间性维度引入空间艺术领域，形成讲述与展示的结合态势。

对此，法国电影叙事学家弗朗索瓦·若斯特说："历时性和共时性在电影中紧密结合，行动的同时性表现是电影艺术家特别钟爱的一种方式，正是它使影片特别引人注目。"① 讲述和展示带来的效果就是可说和可见的，产生的效果具有"道听途说"和"身临其境"的区别。语言所描述的信息和形象在读者阅读的时候是不在场、缺席的状态，所以读者因为和信息源在时空方面的隔膜只能产生一种道听途说的感觉。而图像则不同，图像的形象清晰地呈现在观者面前，其可见性使观者产生了身临其境、真实可信的感觉。尽管这种形象只是真实事物的摹本，但是相对于抽象的语言符号来说，已经是确确实实的"在场"了。

从研究方法上来讲，语言符号和图像符号也为彼此提供方法论。语言学的能指与所指、内涵与外延等广泛运用于对图像文本的解读、研究和分析。著名电影符号学家麦茨说过："语言学方法（接换测定法、分解法、所指和能指的严格区分、实质和形式间的严格区分、相关性和非相关性间的严格区分等等），为电影符号学提供了经常的和宝贵的帮助，使其建立起自己的分析单元来，虽然这些分析单元还只是近似的，却会逐渐地（希望通过许多学者的努力之后）被加

---

① [法] 安德烈·戈德罗、弗朗索瓦·若斯特：《什么是电影叙事学》，刘云舟译，商务印书馆2005年版，第154页。

以精确化。"①，反过来，图像艺术亦如此，它的很多术语，如画面感、蒙太奇等也被用于文学艺术中。

图像符号和语言符号的互文呈现出跨符号性质，这种跨符号性质是相对于单符号性质而言的。当一种艺术形式只用了一种符号的时候，就是单符号艺术。而在同一文本中出现了几种艺术符号形式，这个文本就具有了跨符号性质。譬如图像符号与语言符号的互补，就形成了"绣像小说"、漫画、画册等。

但是"可见"和"可说"还有一个不同的过程。"可见"首先是外部的、感官的接受，还有一个由外向内的过程，即从外部感受到内部的思考。而"可说"经历了一个相反的过程，是由内在的思考向外在的感官反映转移的。语言符号只是思想的外部表现形式。文学作品在创作过程中，作者充分调动了自己的抽象思维能力和形象思维能力，以语言符号为载体构建了一个美轮美奂的艺术世界。读者在阅读的时候，也必须首先通过语言符号启动思维能力才能够理解其间真意和韵味。

所以，对于语言和图像的接受过程来说，还强调理解和接受的互文性。在图像化时代，语言符号已经不仅仅单纯是语言符号，其中也蕴含着图像性因素，所以，理解语言与图像有关，甚至可以说图像性本身就是语言中的重要组成部分。反之，对于图像的理解也是如此，图像的理解也离不来文学性因素的参与。

从符号功能方面来说，两者也是互文关系。传统语言符号和图像符号都主要诉诸视觉感官，是一种视觉艺术。所以，两者单纯地给接受者以视觉刺激。但是如今，不管是语言还是图像，两者已经

---

① ［法］克里斯蒂安·麦茨：《电影符号学中的几个问题》（1967），载《电影与方法：符号学文选》，生活·读书·新知三联书店 2002 年版，第 20 页。

将视觉和听觉结合起来,从而使视觉审美和听觉审美结合起来。特别是图像符号,完全是一门视听综合艺术,所以,也就实现了视觉审美和听觉审美的综合。所以,从符号功能方面来说,图文之间实现了互文。

(二)超越关系

超越关系是在互文关系基础之上的进一步深化。语言符号和图像符号之间并不是简单的组合关系,而是在相互结合关系中、借助一些必要的物质手段实现了对自身特性的超越,从而达到在互文基础之上的更高的和谐状态。

1. 语言的超越

语言本来是一种时间艺术,它又是一种抽象艺术,它的能指和所指之间并没有必然联系,而是通过任意性原则结合在一起。这是语言符号最主要的特征。而语言符号的短处则是空间表达和具象性方面。在图像时代,语言的超越主要是尽量弥补这些缺陷,从而实现自身的超越。

语言的超越首要表现在文学的图像化趋势,这使得抽象的说教也添加了具象的形象生动,在经受思辨的洗礼的同时也能得到直观视觉的冲击和愉悦。这个趋势不仅使文学文本本身直接添加了图像,而且文学还通过改编为图像而获得新的魅力。面对图像性因素的融入,文学表现了强大的包容性,文学也因此获得了视觉、听觉等方面的综合享受。语言实现超越的基础是影视技术、计算机、网络等技术。通过这些手段,语言实现与高科技的结合,由此出现了电视文学、网络文学甚至手机文学等新的文学样式。

从场域的角度出发,语言的超越就是语言越出了自身的场域,而进入新的场域,但是与此同时,语言自身的特性得到坚持,更得到提升。或者说，语言的场域吸纳了图像场域的某些特性，扩大了语言的表现力，也增强了语言的场域容量，从而实现了语言审美和功能等两个基本方面的超越。

2. 图像的超越

图像的超越主要体现在"图像的文学化"方面。与"文学图像化"相对，"图像文学化"则是一个与"文学图像化"相反的过程。"图像文学化"的具体表现是：图像所指的文学化、图像创作中运思过程的文学化以及图像文本的文学化。

图像所指的文学化指图像文本的所指或者说深层意蕴包含着丰富的文学性因素，包括对叙事性的强调、文学修辞的运用等。有些图像文本甚至直接取材于文学作品。在当今时代，文学和影视的联姻是重要表现。很多图像艺术作品都对相应的文学作品有很强的依赖性。

相对而言，图像的抽象性、时间性是其短处，但是这种情况正在逐渐改观。其实，在潘诺夫斯基那里，图像就是理解文化史的重要工具。在图像化时代，图像也成为具有深度感和立体感的艺术符号。为此，于德山曾经这样描述图像："它不再是仅有的低级的感觉功能的图像，而是包含着深刻的视觉思维和视觉整体的人类认识方式，视觉图像也是作为整体的人类语言的一部分，体现了发展着的人类语言的最新成果。"① 也就是说，图像的直观性，丝毫不能减轻我们读解的难度。他是具象性和抽象性的结合，所以，曹意强充分肯定图像在图解历史过程中的作用："正是其表面的直观性和深层的复杂性，导致人们有意或无意地否定其独立的文献价值，至多将之

---

① 于德山：《中国图像叙述传播》，山东文艺出版社2008年版，第8页。

充当文字叙述的配角，造成历史研究重文字而轻图像的普遍现象，由此使许多视觉艺术本应展示的重要的历史侧面沉寂世海。"[1] 在图像化时代，图像的作用得到前所未有的重视，它的优势也凸显出来，从而使得语言符号和图像符号在各自的超越实践中实现了共同的提升。

有人认为图像的形象性等同于肤浅性和庸俗化。如徐魏认为："随着图像时代的到来，曾经一度占据文化中心地位的理性思维逐渐让渡于感性直觉，视觉感性代替了符号理性，感观娱乐刺激和欲望满足替代了理性启蒙和人文思考。语言文字作为抽象的意义符号，其所指和能指是分离的，这就决定了其概念化的特点，也必然导致理性思辨的旨归。所以，西方长期以来的'逻格斯'中心主义的实质即在于强调语言文字、抽象思维的决定性地位，笛卡儿所谓的'我思故我在'恰恰传达的是这样一种思想，可见，印刷文化代表的就是沉思默想式的阅读文化。而视觉文化则以视像的具体性代替了语言的抽象性，所指和能指截然两分的格局被打破了。人类从依赖于抽象的大脑到重新依赖于自己的视觉和听觉器官，人类又变得可视了。"[2] 他认为，语言符号具有抽象性特征，需要理性思维的方式；而图像符号因为诉诸直觉和感官，所以停留在感性欲望满足的层面。其实，形象性并不等于肤浅性，这是一个显而易见的道理。形象性只是图像符号的外在表现特征，并不能因为这个特征而忽视了其内涵的深刻性，形象同样也可以说明深刻的思想。以下所探讨的马格利特的绘画作品就是例证。

---

[1] 曹意强：《可见之不可见性——论图像证史中的有效性和误区》，《新美术》2004年第2期。

[2] 徐魏：《图像时代文学创作的危机与选择》，《社会科学》2011年第9期。

（三）悖离关系

比利时超现实主义艺术家雷奈·马格利特对此有深入的研究。他在1929创作了作品《形象的背叛》（又名《这不是一支烟斗》），如图3.2所示。

图3.2　《形象的背叛》雷奈·马格利特（1929）

从表面看来，这幅作品可谓相当简单，其主体部分是一支硕大的烟斗，这是图像传递出来的直观信息，但是在这个烟斗的下面却用语言符号标明"这不是一支烟斗"。图像明明是一支烟斗的形象，但是语言却明确表示相反的信息。按照图像符号和现实之间的关系，图像符号是一种具象的再现。但是语言符号却否定了图像的再现，从而使接受者产生了深深的疑惑：为什么会产生这种矛盾？我们应该相信语言符号，还是图像符号？这幅作品表达了什么深层蕴含？等等。他的画作显示出浓厚的超现实主义气息，也显示出浓厚的哲学意味和形而上的思考，其内蕴带给人们太多的惊奇。

在他早期的另一幅作品《梦的钥匙》中，也同样表达了对语言符号和图像符号之间关系的思考，如图3.3所示。

图 3.3 《梦的钥匙》雷奈·马格利特（1930）

  这幅作品由四部分组成，整个画幅被平均分成四个区域：左上部分图像显示是一匹马，但是下面却用语言符号"the door"（门）标注；右上图像显示是一口钟下面却用语言符号"the wind"（风）标注；左下部分图像显示是一个罐子，但是下面却用语言符号"the bird"（鸟）标注；右下部分图像显示是一个罐子，但是下面却用语言符号"the valise"（手提箱）标注。这幅作品是系列作品之一，是沿着《形象的背叛》的路子走下去的。《形象的背叛》引起了人们的困惑，它使得人们的思考进一步深入。马格利特的作品引起人们极大的兴趣，虽然在作品发表初期受到了很多质疑。但是，他的作品促使人们重新审视可见与可说、图像和语言之间的复杂关系。

如果将图 3.3 中的语言符号和图像符号分开理解，其含蕴十分明确，但是将它们并置则产生了截然不同的效果。在这两种信息传达中，我们将信任谁？或者说，哪一种表达更为准确？我们可以这样理解：如果我们信任语言的表达，那么我们就确认图像不是烟斗的实物，而只是代表烟斗的符号。如果我们信任图像的表达，那么，语言符号的表达则是不准确的。但是，在隐隐之中，我们好像更倾向于前者：图像明明是烟斗，但是这只是一种"缺席的在场"，体现了图像的不在场性。这是作品的基础含义。但是，作品主要的着眼点还在于图像和语言之间的复杂关系。

马格利特的作品传递了这样一种哲学思考：形象与表达的断裂与背离、图像和语言之间的不和谐。也正因为强烈的哲学意味，马格利特的作品在创作初期并没有得到认可，直到 20 世纪 60 年代，才逐渐得到认同甚至赞赏。

在他的作品中，至少包含这样的含义：语言和图像之间并不是简单的互为阐释、互相说明的关系，还存在彼此的破坏和消解。在破坏和消解的过程中，两者建立了悖离的关系。这种悖离的深层原因实际上是由语言符号对图像符号的强势解构引起的，实际上也反映了语言的主导地位和范式。但是这幅作品也从另外一个方面揭示了两者之间的相互解构。语言在解构图像，图像也在解构语言，这同时揭露了两者本身的不真实性。他的作品的巨大魅力就来自语言和图像之间的悖离关系。

悖离性和互文性之间并不是对立的，悖离性是互文性的另一种表现，它从完全相反的方面佐证了两者之间的关系。悖离性所反映的图文关系，正好说明了图文各自场域的存在。"马格利特式"的悖离是在哲学层面对语言和图像之间关系的思考,悖离强调两者之间的不协调和不交融的层面,而这正是图文关系中的"竞争"部分。在这一部分,两者显示出各自的差异。

所以,在场域理论的视野下,图像化时代的图文互文、超越以及悖离关系都是"勾结"和"竞争"关系的具体体现。互文关系强调了图文之间的相互渗透和交融,既有功能渗透,也有审美交融。超越关系在功能和审美方面也是交融的,只不过各自的场域在进一步扩大,甚至深入对方场域。悖离是图文场域内的不相交的差异部分,强调各自的场域特质。在场域理论之下,"勾结"关系是两者的相通之处,它是图文比较的基础,这意味两者具有相同之处,才有比较的可能。同时,"竞争"表示两者具有不同的场域特性,这才有比较的必要。

总之,在"场域理论"下的图文关系既有"勾结",也有"竞争",我们没必要夸大其"竞争"关系从而造成非此即彼的声势,因为两者之间同样也存在"勾结"关系。同样,我们也没有必要强调两者之间的"勾结"关系,因为图文毕竟属于不同的符号类型,其差异也是客观存在的。过多地强调"竞争"关系,则出现了诸如"文学终结"、"文学边缘说"等言论,目前学术界出现的这些认识,其主要原因是没有正确认识同一场域内不同类型之间的"竞争"与"勾结"之间的关系,尤其是夸大了"竞争"关系,忽视了"勾结"关系。

这种既"勾结"又"竞争"的关系在图像化时代表现得特别明显,但是在历史发展过程中,也存在一些文、图互补的萌芽。在西方,中世纪神学的禁欲主义导致对感官活动的限制和压抑,"销毁偶像运动"使图像艺术受到打击。"销毁偶像运动"发生在西方 16 世纪，持续了一百多年的时间。基督教一直是被统治者所利用，借以维护自己的统治。他们反对文艺的主要理由有两个：其一是文艺不能反映真实；其二是文艺是感官享受，满足的是肉体的需要。

但是，即使在如此恶劣的社会关系之下，此时也出现了一种图文关系的新形式——插图书籍。它们在文字四周装饰以图像，或者将文本的首字母设计成图像。在中国明清以来，出现了绣像小说。这种小说形式是在一般的通俗小说中插入大量的图像，如在小说开头附上主要人物形象，或者画出每回故事的主要内容，等等。因为这些图像主要用线条来勾勒，绘制精美，所以被称为"绣像"。这些图像和语言描述结合在一起，构成了这种新的图文小说形式。

而无论是古希腊诗人西摩尼德斯所说的"画是一种无声的诗，诗是一种无声的画"，还是中国苏轼的"味摩诘之诗，诗中有画；观摩诘之画，画中有诗"等说法，都显示了两者之间紧密的关系。所以，在图像化时代之前，图文之间其实也存在一条若隐若现的文、图结合的线索，这条线索为当代的文、图互文奠定了一定的基础。

总之，在图像化时代，语言符号和图像符号既具有各自区别性的部分，又有彼此交叉的部分，从而形成图文之间既"勾结"又"竞争"的互补关系。同时，由于图文新质的出现，图文之间场域的重合部分越来越大，这就为图文互换创造了条件。

第四章　图文互换：超符号美学

　　图文之间既"勾结"又"竞争"的游戏关系，为图文互换奠定了学理上的基础。因为只有存在"勾结"之处，即共同点，转换才存在支点；而只有存在"竞争"，即相异点，才产生转换的需求。也就是说，语言和图像作为不同的艺术符号类型，它们之间的差异是明显的，给读者和观众带来的审美感受也是不一样的。所以，美国学者西格尔在谈到影视改编的问题时也认为要首先找到两种不同符号之间的差别，他说："改编就意味着改变，意味着要求重新思考、重新构思和充分理解戏剧性和文学性之间的本质性区别的。"[①] 所以，第二章的"图文之辨"以及第三章的"图文关系"分别探讨了图文之间的差异和互补，这就为本章的图文互换奠定了基础。

　　图文互换的基本思路是按照一定的原则，将语言符号或图像符号转换为图像符号或语言符号，从而使得相同的题材利用不同的艺术形式，展现不一样的魅力。在转换的过程中，既要考虑现有的符

---

① [美] L. 西格尔：《影视艺术改编教程》，苏汶译，《世界电影》1996 年第 1 期。

号类型特征,又要超越它的场域限制,才能转换为另一种符号类型。图文转换在文和图这两种符号之间实现转换,从一种符号形式变换成另一种符号形式,进入另外的场域,从而实现超符号的美学境界。具体来说,超符号美学境界就是在语言符号和图像符号的相互转换过程中,既遵循了忠实性原则又实现了创新与重构的超越了符号限制的美学境界。

具体来说,图文互换具备技术性的维度,因为无论是从语言符号到图像符号,还是从图像符号到语言符号,都离不开技术的支撑。特别是从语言符号到图像符号的转换,如果没有摄影、摄像器材及相应技术,转换就无法实现。从某种意义上说,在图文互换的符号生产过程中,技术甚至起了决定的作用。本书不主要探讨图文互换的技术实现,而将关注点聚焦到图文互换的学理探讨。本章主要探讨图文互换的基点、图文互换的思维过程、图文互换的三种表征、图文互换的基本原则以及图文互换的局限。具体来说,本章主要回答图文转换的以下问题:一种艺术符号向另一种艺术符号的转换是否具有可行性?也就是说,能够产生相互转换的前提条件是什么?转换的过程如何实现?转换的表现和结果如何?对于这些问题的系统研究是本章需要解决的基本问题。研究这些转换的目的是阐释不同载体的艺术之间的转换,从而为传统艺术的现代转型提供一些可资借鉴的意见。

第一节 图文互换的基点

一 图文互换的"出位之思"

"出位之思"源出德国美学术语 Andersstreben,指的是一种媒介超越其自身的表现性而进入另一种媒介表现状态的美学①。也就是说，符号也是一种媒介，虽然它不仅仅是一种媒介。图文转换从一种符号到另一种符号的过程，也是超越一种符号特性而进入另外一种符号特性的探求过程。

不同的符号体系因为自身的特性而形成自己的场域，在场域之内，它在众多方面具有先天的优势，其运用也是得心应手的。但是，符号总是具有想要到另一种符号领域中去寻求施展魅力的机会，虽然受到了不同符号的场域限制，但是这丝毫也不能阻挡其向另外符号世界延伸的努力。所以，"出位之思"首先是承认界限和差异的，其次也强调共同性，这是与我们对图文关系的探讨的总体观点一致的。当然，对于本书来说，"出位之思"的最后一步是"出位"如何实现的问题，即转换如何实现的问题。图文互换需要具备超越异质符号的思维过程，从而达到超符号的美学境界。

"出位之思"之"位"指的是"本位"。具体来说，"位"指位置，每一种媒介或者符号都在符号领域内具有自己独特的位置。这个位置是由符号本身的组成材料、固有特性以及表现能力等来决定的。这些因素形成一定的范围，在这个范围之内，此种媒介或者符号具有先天的表达优势，但是越出了这个范围，其表达则要受到一定限制。所以，每一种符号或媒介都有属于自己的位置。进而，"本位"则是与"他位"相对，后者指其他符号的独有位置。但是这个"他位"对于其他符号则又是"本位"。所以，在此意义上，"本位"不是一个位置点，而是一个区域，具备一定的范围，它是符号自身所形成的"场域"。"出位"则是从符号独有的位置溢出，超越了自

---

① 叶维廉：《中国诗学》，生活·读书·新知三联书店1992年版，第146页。

身所辖的固有区域，从而也越出了不同场域之间的质的规定性，并形成新的特性。

要论及"出位之思"的话，还是不可能绕过莱辛的《拉奥孔》。莱辛的时空艺术的划分以及诗和画之间的界限，强调各自具有自身的表现特征以及表现区域（前文已做论述）。莱辛的观点主要针对"出位之思"中不同符号之间的差异，而对于共同之处，他谈得比较少，因为他撰文的意图就是要辨明差异，从而驳斥将两者混为一谈的观点和思想。

钱钟书也存在"出位之思"的思考和运作，他主要探讨了诗和画之间的界限，也探讨了它们各自欲跳出自身的艺术领域而进入另一种艺术领域的企图。在《中国诗与中国画》这篇文章中，他从文艺批评的角度评述了中外文艺理论史上不同学者对于诗和画的关系研究。他从"南宗"和"北宗"对中国诗画的影响出发认为"在'正宗'、'正统'这一点上，中国旧'诗、画'不是'一律'的"[1]，因为诗和画有不同的评价标准，这是诗和画重要的区别之一："论画时重视王世贞所谓'虚'以及相联系的风格，而论诗时却重视'实'以及相联系的风格"[2]。他在《读〈拉奥孔〉》这篇文章中指出"诗中有画而又非画所能表达"[3]，所以，诗歌比绘画的表现力强得多。虽然，钱钟书是在莱辛强调书画界限的基础上进一步深入，重视两者之间的差异，但是相同点仍然是比较的基础，因为"诗中有画"也是两者的关联之处。

莱辛和钱钟书的观点都将诗画比较的关注点放在两者之间的差

---

[1] 钱钟书：《七缀集》，生活·读书·新知三联书店2003年版，第17页。
[2] 同上书，第23页。
[3] 同上书，第37页。

异上,这实际上为"出位之思"的第一步——找出差异奠定了基础。所以,我们可以说,"出位之思"在莱辛、钱钟书等人的论述中已经开始萌芽。

后来,叶维廉在《中国诗学》这部著作中专门以《出位之思:媒体及超媒体的美学》为题探讨了不同媒体之间相互转换的问题。他认为"出位"经历了一个先跃出、再跃入的过程。在这个过程中,"'出位之思'者,都无非是想从有限的惟一的某种文本/媒体的桎梏中跳出来,而向无限挺进,获得一种文本/媒体之'外'的'东西',或文本/媒体之'外'的'境'"①。虽然叶维廉是从不同媒体的表现性能方面来论及诗与画的转换问题,但是这只是换了一种说法而已,其实还是关于不同符号类型之间的探讨。所以,在图文这两种不同符号类型之间实行转换的过程中,不仅要实现各自的基本转换,还要探讨是否能超越各自的界限,以达到新的、更高的境界。语言符号和图像符号之间的相互转换的内驱力是不同艺术符号类型之间的"互相认同的素质"。而对于如何实现媒介或者符号的转换,叶维廉并没有涉及。

叶维廉对于不同媒介符号的"出位之思"的理论建构,为图文互换的操作实践提供了指导性作用。自20世纪90年代以来,随着电视机、电脑等终端设备在普通家庭中的日渐普及,影视作品在数量上也逐渐增多,人们对影视作品的需求量逐渐增加,再加上文学和影视之间的"联姻"关系,使得文学和影视之间的相互转换逐渐兴盛。文学与影视之间的转换促成了"改编热"(文学作品改编为影视作品,或者影视作品改编为文学作品),引起了理论

---

① 傅明根:《出位之思:中西视阈下的诗画美学观》,《广西社会科学》2005年第6期。

界的关注。

　　学者们对文学作品的影视改编、或者影视作品的文学改编进行研究，取得了显著成果。目前学界对于图文互换的研究大多集中在从文到图的转换，或者更准确地说是关注文学的影视改编问题。如张宗伟的著作《中外文学名著的影视改编》在论及具体的改编策略时，主要从情节结构、时空处理以及视听造型三方面探讨了从文学到影视的转换。[①] 他认为，对于情节结构，其基本改编方法是删、增、改[②]；在时空处理方面，他认为文学和影视存在很大差别；在视听造型方面，他主要从视听造型的主要对象：人物、情节和环境这三方面进行阐述。从这些主要内容来看，他的著作主要涉及文学的影视改编的具体细节，为"出位之思"的转换论建构也做出了应有的贡献。毛凌滢的著作《从文字到影像：小说的电视剧改编研究》阐释了在从小说到电视剧的转变过程中，要经过叙事媒介和叙事方式的转变。她认为从小说文本到影像文本，主要是言、象、意艺术世界的转换与重构；从时间到空间，要经过多重叙事方式的转换。[③]

　　所以，图文互换"出位之思"的建构的三个基本组成部分别是差异论、互补论以及转换论。差别论主要涉及语言和图像之间的符号差异，辨明两者之间因为符号特性所带来的独特魅力。莱辛和钱钟书的论述主要是对差异论的建构，划分出了两者之间的界限，也划分出了各自的领域范围。但是他们的差异论已经不能完全适应当今的语言和图像。现代相通论主要论述语言和符号之间的相似之处，

[①] 参见张宗伟《中外文学名著的影视改编》，中国广播电视出版社2002年版。
[②] 同上书，第113页。
[③] 参见毛凌滢《从文字到影像：小说的电视剧改编研究》，四川大学出版社2009年版，第82—95页。

即各自符号场域的交叉之处。两者同为符号，具有符号体系的一些基本的特征，而且在图像化时代，语言符号和图像符号的新的特征打破了两者之间的界限，而出现了互补和融合的趋势。两者之间出现了越来越多的共同之处，这是我们需要去发掘和探索的特征。转换论主要论述图文互换的学理建构，探讨两者之间如何实现转换，即转换的基本策略，同时还涉及互换的基本原则和局限等相关问题。

"出位之思"的三大组成部分——差异论、互补论和转换论是紧密相连的，三者之间构成统一的整体。其中差异论和相通论是转换论的基础，其目的是为转换论做好铺垫。所以，转换论是"出位之思"的最终目标。但是，图文互换"出位之思"的理想目标不是实现转换，而在于转换实现的和谐度和美感度。也就是说，图文互换要在图文差异和相通之处的基础上，摆脱各自符号场域的限制，进而超越符号限制，实现既不同于语言又不同于图像的新的审美境界。

二 图文互换的均势互仿

艾布拉姆斯认为："在文学批评中，摹仿①一词有两种常见的不同用法：（一）说明文学或其他艺术形式的性质，（二）表示一部文学作品和它所仿照的另一作品之间的关系。"② 第一层含义是从艺术与现实的关系出发，认为文学等艺术类型和生活是一种如实再现的摹仿关系。而第二层含义指文学作品和其他作品之间的关系，其中

---

① 摹仿，有时又翻译成"模仿"，本文一律称为"摹仿"。
② [美] M. H. 艾布拉姆斯：《文学术语词典》（中英对照），吴松江等译，北京大学出版社2009年版，第247页。

"其他作品"既可以指文学作品,也可以指其他艺术类型。所以,就此而言,摹仿也可以指文学作品和图像作品之间的关系。与本书论题相关的是第二层含义,它指语言和图像之间的相互关系。需要指出的是,"摹仿"在此并不是指从亚里士多德以来强调的文学对现实生活的如实反映,而是跳脱文学与现实的关系范畴,进入图文关系的新范畴。

对于图文之间的转换过程和行为,赵宪章在《语图互仿的顺势和逆势——文学与图像关系新论》一文中用"模仿"一词来概括。他认为这种相互转换的过程并不是均等的,而是存在着一种非对称性的态势。他说:

> 事实说明,包括"诗画互仿"在内的整个"语图互仿"(语言作品和图像作品的相互模仿),在艺术效果方面普遍存在非对称性的模仿态势:图像艺术对于语言艺术的模仿是语图互仿的"顺势";反之,语言艺术对于图像艺术的模仿则是语图互仿的"逆势"。"势者,乘利而为制也。如机发矢直,涧曲湍回,自然之趣也。"对其展开深入的学理探讨,有益于从根本上阐释文学和图像之间的复杂关系。①

他认为从文到图的过程是一种"顺势",而由图到文的过程是一种"逆势"。在此基础上,他进一步探讨"顺势"和"逆势"之说的原因,分析出孰强孰弱:语言是实指,所以是一种强势符号;而图像是虚指符号,所以是一种相对弱势的符号。正因为图文之间具

---

① 赵宪章:《语图互仿的顺势和逆势——文学与图像关系新论》,《中国社会科学》2011年第3期。

有强势和弱势之分,所以两者的转换也呈现出一种"非对称性的模仿态势"。他指出:"就图像模仿语言的效果而言,也就必然表现为'顺势而为'的态势。反之则不然,语言艺术模仿图像艺术,由于模仿对象的虚拟性,也就很难达到它直接模仿'实在'的水平;更由于'虚拟'并非语言的优长,这类模仿当然也只能'逆势而上'了。"① 显然,作为弱势符号的图像模仿作为强势符号的文学是顺势之为,而文学模仿图像则是一种逆势之为。他并且从图文转换的实践过程中,图像模仿文学多出精品,而文学模仿图像少有精品的角度来论证这一观点。这确实有一定道理,图像摹仿文学产生了一些经典作品,如 1986 年上映,由杨洁执导的电视剧《西游记》根据同名小说改编而成,至今仍然被奉为经典;中国第五代导演的代表人物之一陈凯歌执导的《黄土地》改编自柯蓝的散文作品《空谷回声》。但是,赵宪章的观点隐隐透着一丝语言中心主义的味道,他还明确提到我们对语言应该产生的强烈的敬畏之情。为此,他在另外一篇文章《文学和图像关系研究中的若干问题》中说:"我国历有'敬天惜字'的传统,焚烧字纸居然成了一种礼仪,说明文字早已被赋予了非常神圣的意义,对于人类文明的发展具有里程碑的意义。"② 所以,语言文字的独特、神圣意义一直延续至今,他也没有摆脱这种影响。

赵宪章所做的"顺势"和"逆势"之分,是长期以来语言处于主导地位的体现。他的言下之意是:语言处于主导和强势的地位,有一种君临天下的感觉,它要实现从文到图的转换是轻而易举的;

---

① 赵宪章:《语图互仿的顺势和逆势——文学与图像关系新论》,《中国社会科学》2011 年第 3 期。
② 赵宪章:《文学和图像关系研究中的若干问题》,《江海学刊》2010 年第 1 期。

而图像一直处于弱势地位,力量弱小,身份卑微,所以,要实现从图到文的转换则是逆水行舟,难上加难。

龙迪勇从叙事的角度认为图像叙事和文字之间的相互模仿遵循这样的规律:

> 图像叙事与文字叙事间相互模仿的情况,既发生在内容层面,也发生在形式层面。所谓模仿中"顺势而为"的情况,也就是图像叙事模仿文字叙事的情况,多发生在内容层面,因为文字在再现世界或生活的时候,确实比图像要深要广得多;而模仿中"逆势而上"的情况,也就是文字叙事模仿图像叙事的情况,多发生在形式层面,因为图像的"双重性质"中那"造型"的一方面,虽然让图像在叙述事件、再现生活方面吃亏不小,但其结构或形式方面的长处却每每为那些具有创造力的天才作家所羡慕并模仿。[①]

他的主要观点是:从叙事的角度出发,文字的叙事性强,所以其内蕴也就比图像更丰富。在此基础上,他认为从文字符号转换成图像符号多发生在内容层面,而图像转换成文字,多发生在形式层面上。这种在转换过程中的内容和形式的划分,也是从符号各自的最显著的特征出发的,即文字的特征在于叙事的深度和广度,而图像的主要特征在于造型,这也是直接来源于图像的具体形象性。他的这种论述更多地关注到"图像转向"之前的文字和图像的特征,辩证地说明了两者的差异。

---

① 龙迪勇:《图像与文字的符号特性及其在叙事活动中的相互模仿》,《江西社会科学》2010年第11期。

在图像化时代，这种形势已经发生了改观：因为图像序列或者影像流的出现，图像符号的叙事能力和内容蕴含已经大大增强和扩大；图像的造型性特征也在向文字符号领域渗透。而且，在具体的转换过程中，也不存在内容和形式层面的绝对划分。因为在转换的过程中，内容和形式的转换都是同时进行的。

潘诺夫斯基写道：在一件艺术作品中，形式不能与内容分离，色彩、线条、光影、体积与平面的分布，不论在视觉上多么赏心悦目，都必须被理解为承载着多种含义。① 内容和形式相互交融，不可分离。龙迪勇对于内容层面和形式层面的划分只是为了论述的可理解性，只是这种划分是不能绝对执行的。我们在分析图文转换的过程中，也要进行这样的学理分析。

赵宪章和龙迪勇都认为：图像模仿文字是理所当然，是一种顺势而为，反之，则是一种逆势而为。他们的分析和研究多多少少还是带有一种"语言中心主义"思想的影子，仍然是带有文字的优越感和主导地位情绪，仍然把文字符号作为准确传递信息的优选符号。赵宪章在分析《形象的背叛》这幅作品中语言文字对图像的颠覆性和背叛性时，基于他认为语言是"崇实"的，而图像是"尚虚"的理念，他说：

这就是语言和图像两种不同性质的符号，在"崇实"和"尚虚"的对立中所进行的无休止的对话，对话的结果是语言符号的崇实性和图像符号的虚指性同时被不断地强化。因此，当我们看到马格利特将烟斗图像和"不是烟斗"的语言

---

① [美]潘诺夫斯基：《视觉艺术的含义》，傅志强译，辽宁人民出版社1987年版，第205页。

表述并置在同一个画面时,我们毫不犹豫地选择了相信语言符号的所指,而对虚拟的图像符号却进行了无休止的追问和质疑。①

"崇实"指的是文字符号表达信息的实在性,"尚虚"指的是图像符号表达信息的不确定性。的确,这是一种惯性,一种长期依赖文字符号所形成的思维定式:我们宁愿相信文字,也不愿意相信图像。所以,赵宪章所认为的图像模仿文字是"顺势而为",而图像模仿文字则是"逆势而为"也带有这种惯性思维。他得出的一个结论是:图像在语言国度里遭到了驱逐。他从文字符号和图像符号各自的特征和本质属性出发,阐释了新时代的图文关系。但是,对于具体如何转换的问题,他在这篇文章中并没有涉及。但是,我们都知道,文字符号表达和传递信息的能力并不如我们所想象的那样实在、那样准确,所以才有中国古代的"言意之辨"的论题,才有诉诸"立象以尽意"的策略。

但是,从纯粹符号的角度而非两者的功能和效果来看,并不存在他们所谓的"顺势"和"逆势"。如果从各自的场域来看的话,也确实存在这种现象。在符号自己的场域之内,其表情达意具有自己的优势,要在这一场域引入另一种符号形式来表达,也就存在某些转换障碍。从一种符号类型到另一种符号类型的转换,都是一种"逆势",即从文字到图像,或者从图像到文字都是一种"逆势",都有转换的障碍存在,这是直接用文字或者图像进行创作所不需要面对的。到了图像化时代,图像表达的权重越大越大,它也成为人

---

① 赵宪章:《语图互仿的顺势和逆势——文学与图像关系新论》,《中国社会科学》2011 年第 3 期。

们所需求的符号形式。只要需求存在，只要具有转换的动力，就无所谓"顺势"和"逆势"。时过境迁，从某个层面上来说，图像模仿文字倒成为一种"顺势"之为。当然，这和赵宪章的"顺势"之为不是在一个层面上的叙述。

赵宪章的观点是站在"语言中心主义"的立场，站在语言符号作为主人翁的优势地位的立场上所做出的"顺势"和"逆势"之分。如果站在图像符号的优势地位的立场上，或者两者作为符号的同等地位的立场上，是否又会得出与之相左的结论？单纯从符号层面来讲，这种互为反向的转换过程不存在顺势和逆势之分，两者之间是平等一致的关系。所以，图文互仿的过程就是一个均势的摹仿过程。而且，从语言和图像各自的特征来看，双方各有其优势：语言擅长虚指性表达，而图像擅长实指性表达。"实"和"虚"本身也没有褒贬之分，语言和图像都有各自擅长的领域，都有巨大的表现空间和表现潜能，特别是图像，其表现潜能还有待进一步挖掘，其发展空间也是巨大的。基于此，以一种发展的眼光来看待图文关系，两者是均等的。

图文互换强调的是图文之间的平等的关系，而改编则无此义。改编之"改"，还是强调原作的突出的主导性地位。而且改编主要指从文学（语言）到影视（图像）转换，而不涵盖从影视（图像）到文学（语言）。本书使用"转换"一词，而不使用"改编"，主要是为了突出在图文转换过程中两者之间的平等和均势关系。

三 异质同构与图文互换

（一）异质同构理论

美国文艺批评家格林伯格指出："每门艺术权限的特有而合适的

范围，这与该艺术特有的媒介特性相一致。"① 不同的艺术类型具有自身独有的表达范围和媒介特性，具体体现在艺术符号上。图像符号和文字符号具有异质性，但是也具有同质性。异质性是魅力所在，同质性正是转换的前提条件。图文转换的基础和前提是两者有实现转换的接触点，就像旋转的时候要有一个固定的轴心或者固定点。这就涉及不同摹本之间的异质同构问题。

同构本来是数学学科术语，指的是数学对象之间的一种关系，揭示这些对象的属性之间的关系。如果这些对象之间存在某些相同的映射，它们之间就存在同构关系。所以，存在同构关系的两个对象必然具备某些相同的属性。将数学的同构理论引入图文转换的过程，可以找到两者转换的基础，即找到两者之间相同的属性和特征。

由文字符号构成的文学作品和图形符号构成的图像艺术属于两个异质的符号系统。"异质"的部分本书在"图文之辨"的章节中已经做过阐述，这里重点阐释同构之处。陈晓琦等人认为：不同系统中的相同信息元素如果是互相对应的，则这两个系统就属于同构关系，他们如是说："一般意义上的同构，是简单地将一个系统的结构映射到另一个系统中，一个系统中的信息元素和某些信息元素组成的不同层次的子系统结构在另一个系统中都有相对应的信息代表和子系统结构代表。"② 那么文学艺术和图像艺术这两者之间的对应点是什么？非对应点是什么？这就是我们研究转换的时候需要考量的问题。两者之间是完全的同构关系，还是部分的同构，都是要研究的问题。

语言符号和图像符号是两种不同的符号类型，分属两种不同的表

---

① ［美］克莱门特·格林伯格：《现代主义绘画》，周宪译，《世界美术》1992年第3期。
② 陈晓琦、于德水、宋聚岭：《试论摄影艺术创作与欣赏信息传递的同构关系》，载《摄影艺术论文集》，中国摄影出版社1986年版，第32页。

意系统，各自具有自身不同的表意方式、传播方式和接受方式。在图像化时代，在媒介技术发展的基础之上，图像符号的接受群体和市场越来越大，两者之间的关系也越来越复杂。因此，从语言符号向图像符号的转换就有迫切的需要。与此同时，从图像符号到语言符号的转换也是存在的。因此，从现实和理论上都存在图文互换的前提和基础。

异质艺术符号转换的前提条件是两者要存在相通之处，即两者之间要有可以沟通的桥梁。乔治·布鲁斯东在谈及这一点时，以小说和电影为例来阐释。他说："小说和电影是两条相交的直线，在某一点重合，然后向不同的方向延伸。在交叉的那点上，小说和电影几乎没有区别，可是当两条线分开之后，它们不仅不能彼此转换，而且失去了一切的相似之点。"[①] 他所述的相交的、重合的点就是转换的生发点，两者没有区别的地方就是两者的共通之处。

(二) 同构点："精神的图像"

对于图像，米歇尔其著作 *Iconology, Image, Text, Ideology* 中绘制出了其家族谱系：

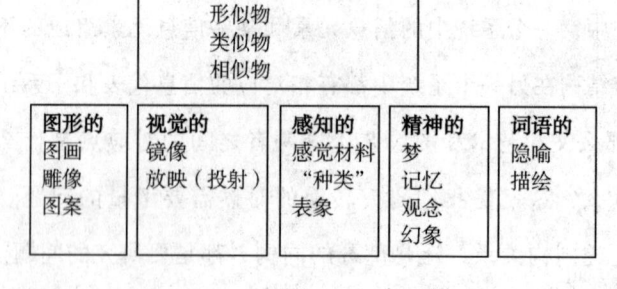

	像（图像、形象） 形似物 类似物 相似物			
图形的 图画 雕像 图案	视觉的 镜像 放映（投射）	感知的 感觉材料 "种类" 表象	精神的 梦 记忆 观念 幻象	词语的 隐喻 描绘

图 4.1 米歇尔的图像谱系[①]

---

① [美] 乔治·布鲁斯东：《从小说到电影》，高骏千译，中国电影出版社 1981 年版，第 69 页。

② 转引自肖伟胜《视觉文化与图像意识研究》，北京大学出版社 2011 年版，第 25 页。

在这个谱系中,"图形的"和"视觉的"图像分别指艺术史学科和物理学中的"像",我们可以将之归为一类,这就是本书所研究的"作为艺术符号的图像",也是具有可视的形貌,实实在在客观存在的"像"。"精神的"是从心理学的角度阐释"像",而"词语的"是在文学批评的领域内存在的。而"图形的"可归属于"形似物"的范畴,而文学作品中的形象是抽象存在的,在语言符号表层并不存在,可归属于"精神的"范畴。正因为如此,"图形的"和"精神的"都是"像(图像、形象)"这个集合的子集。

所以,图像和语言中都存在"像",在艺术作品中存在的是"精神的图像",因为艺术作品都离不开艺术想象的作用。所以,在艺术创作过程中,创作者都会在头脑中浮现出相应的画面,即"精神的图像"。"精神的图像"就是不同艺术的相通之处,不同艺术符号可以从这里找寻到转换的桥梁。

在文学艺术和图像艺术中,"精神的图像"的存在场域是语言(图像)符号字里行间和读者思维的结晶,它也是语言(图像)符号所构筑的世界触动了读者的内心情感世界,并结合读者自身的人生经验、审美情趣等个体因素,在读者头脑中形成的相关思维图像。"精神的图像"贯穿在思维过程中,在有形和无形之间徘徊穿梭,展现出无穷的魅力。如我们在阅读小说《红楼梦》时,作者用了"娇花照水"、"弱柳扶风"等词语来塑造林黛玉病态美的形象。这到底是一种怎样的美?我们可以在头脑中进行天马行空的想象,构建出种种图像,从而给我们留下巨大的想象空间。

语言的"精神的图像"不同于图像的"外视图像",他的思维基础是形象思维和抽象思维的综合。"精神的图像"之中的形象思维的作用主要体现于读者头脑中最终形成的形象,而抽象思维能力主要体现于对语言符号的阅读分析能力、对个人经验和审美能力的综合提炼等。正因为这种"图像"的形成过程以及最终的"作品"都是在读者内心展开的，除了读者本人之外，任何人无法去接近它、感受它。对读者个体来说，这种形象最终也没有形成可以感知的表征。所以，这种"精神的图像"的形成场所是内在的，其表征也是内在的，由此具有一种向内的凝聚力和向心力，因此有人也称为"内视图像"。

所以，"精神的图像"就是艺术创作者心中说不明白、道不清楚的情感综合体，是内心情感（意）和物象（象）的糅合，将这种综合体表现出来了才是读者接受的文本。

由此，作为"精神的图像"的重要特征的"内视"是一种伪"视"。之所以如此称谓，是因为"视"本来是一种由眼睛这个感官所产生的一种行为，所视之物也应该是有形有貌、具体可感、有迹可循的。但是实际上并非如此，它是无形无踪、无迹可寻的。这里的"视"只是一种比喻性的说法，是用思维和想象去"视"而不是以目"视"之。或者说，这是一种通感。我们在思维和想象中去感受非视觉所能享受得到的魅力。

所以，"精神的图像"的一个最大的特点就是其虚指性。它是无影无踪的，但是又是确确实实在我们头脑中存在的。而外在的图形则是一种"实"的图像。所以，"外图像"又被麦茨称为"实像"，如绘画、摄影作品和影视画面都是实像。

赵宪章总结了"精神的图像"和"外视图像"的主要差异："'文学是形象思维'是句老话，它所展示的也是一种'图像'，不过不同于传媒的图像罢了，后者是直观的、诉诸视觉的图像；前者是思维的、诉诸想象的图像。就此而言，'文学传媒化'无非是将思维的图像转换成视觉的图像,或者说是将'内图像'转换成'外图像'。"① 所以,"精神的图像"就是"内图像"。

在索绪尔的《普通语言学》中,符号都有能指和所指。符号的能指是符号的音响形象,符号的所指是概念。索绪尔认为:"语言符号连接的不是事物和名称,而是概念和音响形象。后者不是物质的声音,纯粹物理的东西,而是这声音的心理印迹,我们的感觉给我们证明的声音表象。它是属于感觉的,我们有时把它叫做'物质的',那只是在这个意义上说的,而且是跟联想的另一个要素,一般更抽象的概念相对立而言的。"② 语言符号联结的是概念和音响,而语言主要联结的是概念,即所指。而这个所指是与能指之间的联系是任意的,其含义也是抽象的。如果按照索绪尔的这种划分方法:概念和音响形象,那么从语言符号到图像符号的转换,主要是在符号所指层面的转换,而在符号的能指方面的转换则完全是异质的。在转换的过程中,我们要先确定和领会了语言符号的所指,再将这个所指用异质的图像符号表现出来。所以,可以这样说,从语言符号到图像符号的转换是由所指联系起来的一次转换过程,或者说,这是一次以符号的所指为轴心的转换过程。

创作者和接受者头脑中都存在着"精神的图像",但是这两者之间并不具有同一性。接受者因为自己的期待视野、知识先见、理解程度等不同因素的影响会赋予图像以新的内涵,从而形成各具个性、千姿百态的独立的"精神的图像",这就是我们常说的"一千个读者就有一千个哈姆雷特"。

---

① 赵宪章:《传媒时代的"语—图"互文研究》,《江西社会科学》2007 年第 9 期。
② [瑞士] 费尔迪南·德·索绪尔:《普通语言学教程》,高名凯译,商务印书馆 2008 年版,第 101 页。

作品中由创作者所创造的"精神的图像"的数量是众多的,所有的"精神的图像"构成作品意蕴层中的图像群。作品的意蕴是作品的所指,这是相对于作品的形式层而言的。"精神的图像群"就是读者所领悟到的作品所指,构成作品的意蕴层。

文学和图像中都存在"精神的图像",它超越了具体的、实在的符号类型而达到的新的境界,也就是叶维廉所谓的"出位之思"所达到的境界,这是一个纯粹审美的世界。他说:"文人画避过外在写实的一些细节而捕捉事物主要的气象、气韵。同样地,诗人避过'死义'的说明性,而引我们渡入事物原真的'境界'。两者都要求超越媒体的界限而指向所谓'诗境'、所谓'美感状态'的共同领域。"① 所以,"出位之思"就是走出、超越实在媒介的局限而进入一种所有符号类型都能达到的某种共通的审美的、诗意的境界。

在《中国诗学》中,叶维廉论述的主体是诗歌,在论及诗歌的"诗境"时,他认为:"诗境,一般正常语态所无法言传的诗境,经过诗人对文字独特的处理产生,仿佛读者在读诗时,他已经不觉察到语言本身,而如电光一闪,他被带送入由文字暗示的一个'世界'里。文字只是一种不可言传、复杂感受状态的'指标'。"② 在这里,文字符号只是作为"诗境"的载体而存在。接着,他又说道:"庞德和艾略特以来的诗人和批评家不断地对'文字外的诗境'发问,认为文字既有内在的意义,亦有外射的意义;一首理想的诗要能从文字的桎梏里解放、活泼泼地跃出来呈现在读者之前。"③ 同样,这样的道理也适用于绘画,在绘画中也存在"画境",这种"境"脱离

---

① 叶维廉:《中国诗学》,生活·读书·新知三联书店 1992 年版,第 161 页。
② 同上书,第 156 页。
③ 同上书,第 157 页。

了具体符号形式的束缚,是文和图的相通之处。

所以,文字和图像转换的同构点就是"精神的图像",它是超越了具体的但是异质的物质符号形式,所达到的新的境界。在这种新的境界里,语言和图像达到了一致和协调,在"精神的图像"世界里面实现转换。

(三)"精神的图像"与文学中的"意象"

当我们读到《诗经》中的"关关雎鸠,在河之洲,窈窕淑女,君子好逑。"以及"蒹葭苍苍,白露为霜,所谓伊人,在水一方。"等诗句时,我们就会在内心勾勒出与此相关的"淑女"、"伊人"图像;读者在阅读《红楼梦》等文学名著时,也好像在一座座人物画廊里面徜徉:聪敏灵秀、风流倜傥、出身不凡而又具备反叛性的贾宝玉;聪慧无比、貌美如花,但是也敏感多疑、体弱多病的林黛玉;外柔内刚、端庄稳重、为人世故的薛宝钗;八面玲珑、作风泼辣、精明强干、善于玩弄权术的王熙凤……我们还可以从《安徒生童话》中领会到冰清玉洁的白雪公主形象、心狠手辣的后母形象……

在文学作品中,"精神的图像"以意象为表征。在我国文论史上,"意象"是我国文艺学研究的核心范畴,最早出自刘勰的《文心雕龙》:"独照之匠,窥意象而运斤:此盖驭文之首术,谋篇之大端。夫神思方运,万涂竞萌;规矩虚位,刻镂无形。"[①] 他认为意象就是"神与物游"的结果,也就是外部事物和内在心智的融合。所以,文学作品就是一个个意象构成的意象流,特别是诗歌、散文更注重意象的营造。马致远的作品,被称为"秋思之祖"的《天净沙·秋

---

① 刘勰编:《文心雕龙》,世纪出版集团、上海古籍出版社2008年版,第53页。

思》直接是一系列意象的组合:"枯藤老树昏鸦,小桥流水人家,古道西风瘦马。夕阳西下,断肠人在天涯。"① 其中的"枯藤"、"老树"、"昏鸦"、"小桥"、"流水"、"人家"等意象群共同表达了秋思之情。

根据王国维的论述,他认为意境主要由两部分构成:"有造境,有写境,此理想与写实二派之所由分。然二者颇难分别。因大诗人所造之境,必合符自然,所写之境,必临近于理想故也。"② 不管是造境还是写境,都是外在物象和内在心境的结合,都有精神的图像的影子。

"意象"具备浓厚的中华民族特色,但是,在西方文化中,我们也可以找到和"意象"的内涵神似的词汇——"image"。"图像"一词最早用"image"表达,或者是"image in the mind"。在《英汉大辞典》中,"image"作为名词的完整释义是:1. 像;画像;肖像;塑像;偶像;2. 映像;影像;图像;镜像;3. 外形,外表;酷似的人(或物),翻版;4. (头脑中的)形象;概念;5. 典型,象征,化身;6. 生动的描绘;7. (修辞中的)比喻;8. (数)像点,像;9. (心)表象,意象;10. (古)幻觉;鬼怪,幽灵。③ 这些解释项基本包括了本书所要研究的核心词汇。在这些解释项中,我们可以发现"(头脑中的)形象;概念"和"(心)表象,意象"这两个解释项都直接与此处讨论的"精神的图像"和"意象"相关。在西方哲学《英汉对照辞典》中对"image"的释义有两个:一个表象(representation),另一个是表征外部客体的心的图画(mental pic-

---

① 任纳、卢前编:《元曲三百首》,广西民族出版社1996年版,第49页。
② 王国维:《人间词话》,滕咸惠译评,吉林文史出版社2004年版,第3页。
③ 陆谷孙主编:《英汉大辞典》,上海译文出版社2007年版,第943页。

ture)。其中"mental picture"的直译便是"精神的图像"。

字典、词典中的解释是大而化之,但也是具有普遍性的,这也确定了西方文化中的类似"意象"之概念的可信度。毫无疑问,在西方文化中存在着与中国传统审美范畴"意象"神秘相通的概念。

回溯西方文学批评史,"意象"或者"精神的图像"古已有之。亚里士多德从功能方面论及意象,他认为没有心灵图画(意象)的伴随,便不可能进行思维活动。他将意象和思维联系起来,突出了意象的内在主观性及其重要作用。德谟克里特也认为所有感官得到的关于物体的印象都叫意象。他认为意象所获取的方式则相对自由,包括人所有感官与外物联系产生的感受。他的论述包括两个基本的方面:客观物体和主观印象,这是必不可少的两个条件。其后的论述也多和这两个基本条件相联系。洛克和休谟认为观念(idea)和意象等同。一首诗本身也可以是多种意象描绘成的一个意象。英国学者斯珀金在《莎士比亚的意象及其意义》将文学中的意象和想象联系起来,认为意象是"用任何一种方法勾画出来的任何一个想象的画面或其他经验,它不仅可以通过诗人的某一感官,而且还可以通过他的头脑和情感为他所感知;诗人为了达到类比的目的,往往把它们用于最广义的明喻和隐喻形式"[①]。在他的论述中,意象生成的主要方式是明喻和隐喻。从他们的观点可以看出,"精神的图像"与主观、观念、情感等紧密相连。

到了18世纪,戴维·刘易斯在他的著作《诗的意象》中指出:意象是用"语言绘成的图画","一首诗本身也可以是多种意象描绘成的一个意象"。[②] 他的论述是对意象的最直接和简洁的描述。康德

[①] 王先霈:《文学批评术语词典》,上海文艺出版社1999年版,第202页。
[②] 同上书,第201页。

从自己的逻辑体系出发，认为意象完全是想象世界的产物。他在《判断力批判》中说："为了判断某一对象美或不美，我们不是把（它的）表象凭借悟性连系于客体以求得知识，而是凭借想象力（或者想像力和悟性相结合），连系于主体和它的快感。"① 他由此将审美意象直接命名为"合目的性的审美意象"，它具有"表象直接和愉快及不愉快结合着"的特点，并与主观心理结合，引起人的想象力与知解力的自由和谐运动。康德的论述有其固有的局限性，但是抛开其唯心主义的色彩，他也将意象引向了想象活动。

埃兹拉·庞德是美国19世纪著名诗人和诗歌理论家，他也是意象派的创始人，他在研究中国古典诗歌时创造了"意象主义"（imagism）一词，并将中西方意象理论和实践结合在一起来考察。他以中国诗歌为证，认为诗歌应该以意象塑造为主要目的，并且直接以雕塑和绘画的手法展现意象，突出了意象的图像性特征。他将意象界定为"在瞬间呈现出的一个理性和情感的复合体"②，这就超越了康德对意象的论述，并已经和中国意象论的核心思想逐渐靠近。他在批判康德理论的基础上将意象和理性联系在一起，他的意象已经超越了纯粹感性的世界，进入了理性的国度。他通过分析短诗《地铁站上》（人群中涌动着幻影般的面庞；湿漉漉的黑色树枝上花瓣朵朵）认为："组成意象两种（或两种以上）成分是客观现实的忠实反映，它们分别表现了两种不同的感性知觉。然而通过彼此交融，它们却能形成一种更高的，未受照相式的现实主义污染的，统摄一切的现实。"③ 也就是说，意象之间的组合不是简单的叠加，而是产

---

① [德] 康德：《判断力批判》，宗白华译，商务印书馆1996年版，第24页。
② 黄晋凯等主编：《象征主义意象派》，人民大学出版社1989年版，第78页。
③ [英] 罗吉·福勒主编：《现代西方文学批评术语词典》，袁德成译，四川人民出版社1987年版，第139页。

生 "1+1>2" 的效果。

此后,西方当代哲学家萨特从理论上确立了意象在艺术作品中的本体地位。萨特认为意象是"属于某种事物的意识"。他说:"意识在变成一种有意识的结构时,他便从意识的静止不动的内容过渡到与一种超验对象相联系的唯一的综合的意识状态。"[1] 也就是说,意识的产生是人类主观意识的产物,是意向性行为的结果。意象来自客观事物,但不同于客观事物,是超越客观事物的,是一种超验对象,也是一种综合的意识形态。

继庞德之后,苏珊·朗格对意象进行了总结,她并且把意象视为其理论体系的核心概念。她认为艺术作品本体"是一个意象,一个以真实而非想象中的材料——画布或纸张、颜料、木炭或墨水第一次创造出来的意象"[2]。但是,苏珊·朗格却将意象与"幻象"相联系,二者甚至可以等同。她说:"当它呈现出来纯粹诉诸人的视觉即作为纯粹的视觉形式而与实物没有实际的或局部的关联时,它就变成了意象。如果我们完全看作直观物,我们就从它的物质存在抽取了它的表象。以这种方式所观察到的东西,也即成了纯粹的直观物——一种形式,即一种意象。"[3] 她的论述,甚至回到了康德时代的纯粹想象的唯心时代。因此,她的意象概念在深度和广度上都尚有欠缺。如果仅仅如此,我们可能无须在探讨意象理论的时候提到她。但是,她所取得的一个巨大的进步是从符号学的角度,将意象与符号等同起来。她认为符号性是意象的重要性质,这是她的创新之处。符号性使得意象的感性特征变得模糊、短暂和残缺不全。

---

[1] 转引自叶朗《现代美学体系》,北京大学出版社1999年版,第108页。
[2] [美]苏珊·朗格:《情感与形式》,刘大基、傅志强等译,中国社会科学出版社1986年版,第56页。
[3] 同上书,第57页。

她从艺术是表现人类情感的符号出发，认为艺术意象是一种情感符号。它是一种非逻辑、非抽象的符号，具有表现情感的功能。她对"艺术符号"做过这样的界定："艺术品作为一个整体来说，就是情感的意象。对于这种意象，我们可以称之为艺术符号。"[①] 她实际上将意象和情感联系起来了，她认为意象中包含着巨大的情感内容，这是毋庸置疑的，如刘勰在《文心雕龙》里面所述的"登山则情满于山，观海则意溢于海"[②] 就认为在我们在从事艺术实践的活动过程中，必须全情投入。各类艺术都用独特的符号形式来形成独特的意象，从而完成传递观念、情感和审美享受的目的。

中西方"意象"理论的产生语境有很大不同：中国的意象多从诗歌谈起，与作为语言符号的重要载体的文学作品有很大联系，并与情感活动紧密相连；而西方的意象多与哲学研究联系在一起，产生于哲学思辨的过程之中。在具体的研究历程中，中西方对于意象的研究在庞德的意象论时具有合流的趋势，这使得作为"精神的图像"的意象在文学中具有了普遍性。文学作品中的意象已经埋下了向图像转换的有利条件。

综上所述，在西方文论史上，有关"意象"理论的研究众说纷纭，但是都脱离不了这两个基本方面：一是内视性（精神性）的——心灵、想象力、理性、情感、意识等，二是外视性的——视觉、感官等，他们的意象是内外皆有的一种图像。而我国的意象理论倾向于内在的、精神方面的情感，所以，这种"精神的图像"就是中西方文论的相通之处，两者之间转换具有相应的逻辑思维基础。

---

① ［美］苏珊·朗格：《艺术问题》，中国社会科学出版社1983年版，第130页。
② 刘勰编：《文心雕龙》，世纪出版集团、上海古籍出版社2008年版，第53页。

在已有理论研究的基础之上，我们进行图文转换的实践活动：将文学作品改编为影视作品。我们在欣赏影视作品的影像流的时候，也在欣赏连续的图像。影视作品中的图像是一种"外图像"，是独立于观者之外的。从文学作品到影视作品的转变，就是一个从"内视图像"到"外图像"的过程。20世纪80年代，陈凯歌执导的电影《黄土地》就是改编自柯蓝的散文《空谷回声》。散文中超凡脱俗的女性形象——翠巧被搬上了银幕，那片黄土地也在影像流中定格。在从内视图像到外图像的转换过程中，"图像"从内隐转为外显。

法国电影理论家让·米特里将影像分为三层：知觉层、叙事层和诗意层。① 其中知觉层主要指光影，强调技术性；叙事层主要承担叙事功能，强调表意能力；诗意层则主要传递知觉层和叙事层以外的意义，这是在前两者基础之上的

除了"精神的图像"之外，图像符号和语言符号相互转换的另一个基础是：在转换的过程中，二者在创作和接受过程中都将视觉转换为了触觉这一中间桥梁。语言符号和图像符号都是诉诸视觉器官的，只是图像的视觉性要强烈得多，所以我们称为视觉符号。在创作和接受过程中，都存在将视觉转换为触觉的直接或者间接的行为。正因为感觉的转换，形成了触觉这一交集，使图文转换具备了实际的可操作性。在文学作品中，如"手如柔荑，肤如凝脂"描写皮肤光滑得就像凝固的油脂那样，完全是将视觉的感受转换为了触觉，在文学中这是一种叫"通感"的修辞手法，又被称为"感觉挪移"。"颜色似乎会有温度，声音似乎会有形象，

---

① 参见［法］让·米特里《电影美学与心理学》，载杨远婴、李恒基主编《外国电影理论文选》，上海文艺出版社1995年版，第301页。

冷暖似乎会有重量，气味似乎会有体质"① 等就是对这种修辞手法的具体运用。

在图像符号中，在强调感官感受的前提下，更是存在着大量的通感现象。我们在读图的时刻，实际上是以目光来抚摸，来感受每一寸画布。对此，约翰·伯格在分析霍尔拜因 1533 年创作的作品《两大使》时，特别强调画面的质感，他说："这幅画画面上的每一平方英寸，尽管始终纯属于视觉对象，但却吸引着、要求着观赏者的触觉。视觉由裘皮移动到丝绸、金属、木材、丝绒、大理石、纸张、毛毡，目光所及者皆已在图画内部转译成为触觉性的语言。画中两人，各具风度，画中物品，也象征着种种思想，但在画中占主导的，则是在两人身旁的物品和两人身上的衣着。"②

所以，语言和图像作为异质符号的存在，其转换具有超越具体符号形式的"精神的图像"，并且主要通过视觉转换为触觉来实现。"精神的图像"是接受者在通过视觉接触语言符号或者图像符号时，通过复杂的思维活动，在头脑中形成的心理图像。

第二节　图文转换的思维过程

图文之间以客观现实为基点，以"精神的图像"为核心实现转换。异质艺术符号转换的基本步骤如下：首先是从一种符号到"精神的图像"，其次是从"精神的图像"到另外一种符号。当然，图文转换是一个复杂的思维过程，其中包含了众多复杂的步骤，这两项

---

① 钱钟书：《七缀集》，生活·读书·新知三联书店 2002 年版，第 64 页。
② [英] 约翰·伯格：《观看之道》，戴行钺译，广西师范大学出版社 2007 年版，第 95 页。

只是最基本的、最主要的步骤。按照这样的程序,我们进一步建构起图文转换的基本策略和手段。

一 从符号到"精神的图像"

"精神的图像"是在我们头脑中面对语言符号或者图像符号而形成的一个虚实相生的形象。"虚"是因为其"精神"性,我们看不见、摸不着,但是它又确确实实存在于我们的头脑中和思维中。无论是面对语言符号,还是图像符号,它们都是外在的符号形式。在形式之外,还有与之融为一体的内容。符号形式进入接受者的头脑中,就会形成相应的心理图像。心理图像与符号形式有关,也与接受者个体有关。所以,"精神的图像"是十分复杂的。相对而言,图像符号的"精神的图像"建立在具象化的图像形式基础上,两者重合度较高。但是,语言符号和"精神的图像"相去甚远。赵宪章认为,语言符号和图像符号存在着"统觉共享",他认为:

> 文学和图像关系的核心是语言和图像的关系,而语言和图像关系的核心就应当是"语象"和"图像"的关系。因为,语象和图像是文学和图像关系的"细胞",是二者可能实现"统觉共享"的主要基因;因此,只有在这样的层面,而不是在其他层面,更不是在"大而化之"的层面,才能最终发现语言艺术和图像艺术得以"共享"的内在规律。换言之,所谓文学和图像的"统觉共享",实则是语言文本和图像艺术之间"语象"和"物像"的相互唤起、相互联想和相互模仿。它们既是文学和其他艺术之间的"共同点",也是我们对文学和图像的关系进

行比较研究的平台和"工具"。①

他所说的"统觉",其灵感来自康德,特指知觉、想象和概念的统一体。他分析了鲁迅小说在色彩方面多采用偏重于黑白色调方面的词汇,从而形成了类似于版画的风格。这是小说色调方面的"语象",正好与版画图像实现了"统觉共享"。"统觉共享"还可以表现在其他方面,如笔法、构图等方面。他肯定了文学和图像的"统觉共享",认为它是两者之间的共同点。他的这种"共享"的"统觉"就是"精神的图像",因为无论是语言符号的"语象",还是"图像",两者都可以归属为"精神的图像"。

艺术符号通过我们的艺术想象会变成鲜活的"精神的图像",无论是面对抽象的语言符号,还是具象的图像符号。当符号被思维加工后,就会形成相应的精神画面。如读到《水浒传》中"武松打虎"的情节,我们头脑中也会形成画面:凶猛的老虎、豪气逼人的武松等组成的画面。当我们欣赏罗中立的油画《父亲》的时候,画面呈现的是"父亲"黝黑而布满皱纹的脸、干瘦的手端着半碗茶水,这时我们也会在自己的脑海中浮现出与"父亲"相关的众多画面;看到《拉奥孔》雕像,我们也会想到很多与此相关的画面,如这一"最富于孕育性的那一顷刻"之前或者之后的场景……

从语言符号到"精神的图像"的过程,需要经过较长时间的训练才能获得。因为遵循着任意性原则组合起来的字形和字义,其能指和所指的结合是人为的,所以,意义的接受需要经过强制性的训

---

① 赵宪章:《文学和图像关系研究中的若干问题》,《江海学刊》2010年第1期。

练。如"人"这个由一撇一捺组成的符号能指,其所指主要是指"有思想的动物,如人类、人物。"如果这个"人"字在赋予它意义之初和其他所指,如植物等联系起来也是完全可行的。

从符号到"精神的图像"的过程是一个从唯一到无限的过程。我们面对的文本是唯一的,但是经由读者的解读,却能形成千千万万个不同的,甚至是迥异的"精神的图像",所以才有"一千个读者就有一千个哈姆雷特"的说法。这是不难理解的。接受美学认为:每位读者具有自己的"成见",所以,文本的符号系统只是给予读者一定的暗示,读者可以将意蕴生发出去,阅读是一个动态的、开放的过程,所形成的意义也是无限的。在阅读的过程中,"读者将选择文本的某些成分,将其组织成前后一致的整体,排除一些东西,突出另一些东西,以一定方式使某些项目'具体化',从而努力从文本中找出一个连贯的意义;读者将努力把作品中的不同角度统一起来,或者不断地变换角度,从而建立一个整合起来的'幻象'(illusion)"①。这里所论述的"幻象"就是每个读者个体所建构的"精神的图像"。

从接受者总体来说,"精神的图像"是无限的,但是,对于接受者个体来说,在特定的时间段内又是唯一的。对于已然形成的符号文本来说,它有其独特的生成语境,其作者也有其独特的审美旨趣,所以,在转换的过程中,读者要尽量还原其独特性。

二 从"精神的图像"到异质符号

"精神的图像"是一种精神活动或者心理活动的产物,有的学

---

① [英]特雷·伊格尔顿:《二十世纪西方文学理论》,伍晓明译,北京大学出版社2007年版,第75页。

者称之为"内视形象"。因为,"它实际上并不提供任何物质性的视听愉悦感受——他提供的只有通过想象建立起来的心理形象,我们可以将它叫做内视形象。我们是在自己的内心世界来审视这些审美对象的。因此,文学为我们创造的是一个内视化的世界。这个世界看起来由语词符号组成,其实他只能由我们每一个读者在自己的内心深处创造出来。它像梦境,像幻觉,像我们内心深处的回忆与想象,是一个无法外现为物质性的视听世界的所在。"① 他认为文学的内视性是文学的特性,也是决定它不能被图像所取代的最重要的原因。我们直接接受到的是语言符号的抽象形式,但是在头脑中可以形成具象的画面。实际上,"内视形象"不仅仅存在于语言中,也存在于图像中,因为两者在接受者心里都会产生相应的意识反映。

"精神的图像"是在图文转换时,在构思活动中存在于意识活动中的产物。虽然从总体来说,不同的接受者有不同的"精神的图像",但是每一个接受者头脑中的"精神的图像"都是唯一的。

在图文转换的过程中,语言符号和图像符号都不能完全接近真实性的存在,而只能无限地趋近它,另一种符号的表达将无限多的可能性固定在某种符号的单一可能性之内。为此,克里斯多夫·德罗汉如是说:

> ……真实性是动态的、无限的,我们必须超越有限的影像和理念才能看到它。这就是符号介入的地方。符号是非常特殊的样式,不仅因为符号强迫我们走出我们的理解。这样一来,

---

① 彭亚非:《图像社会与文学的未来》,《文学评论》2003 年第 5 期。

符号就是显示本质关系无限性的唯一样式,这意味着它们必须同时接近引发它们的本质。因此,符号在本质的非物质领域与我们体验的物质世界之间起了桥梁作用,形成后续行为和思想的门槛,使本质"理念"成为我们感知到的存在的影响因子和理念的边界。①

克里斯多夫·德罗汉所说的符号的桥梁作用就是连接客观现实和精神世界,这是成立的。但是,在图文转换的过程中,我们得换一种思维,符号不是桥梁,而是目的。我们的目的是从一种符号转换为另一种符号,而此过程中的桥梁就是"精神的图像"。从他所说的本质、真实到异质符号,这需要超越原有的符号的思维限制,形成新的符号表达方式。因为不同的艺术符号具有不同的组成原则,也需要全新的艺术思维方式。

当然,这个转换过程和全新的创作又不一样,必然要受到原有的符号文本形式的影响。这就既需要透彻领会原作精神,也不拘泥于原作的外在形式,才能实现艺术符号形式和文本的转换。所以,在这个过程中,我们需要将两种符号的差异和相似之处进行细心揣摩,进而在比较的基础之上考虑转换的细节。

将图文转换划分为以上两步,只是为了便于阐释和理解。我们在具体的转行过程中并没有做此严格的划分,也有可能是交融在一起进行的。

具体而言,图文转换又可以分为从语言到图像的转换过程和从图像到语言的转换过程。首先,在从语言到图像的转换过程中,

---

① [美]克里斯多夫·德罗汉:《本质、影像和符号的哲学拼贴图》(下),单婷译,《国外社会科学文摘》2011年第10期。

大致来讲是一个从抽象到具体、从时间到空间的过程。语言的意象转换成图像的影像，前者具有内在性，后者具有外在性。所以，这也是一个由内及外的过程。其次，在从图像到语言的过程，则是一个从具体到抽象、从空间到时间、从外在影像到内在意象的过程。

第三节 图文互换的三种表征

著名语言学家索绪尔在语言学方面最大的贡献就是从符号的角度将语言分为能指和所指这两大部分。他说：

> 语言符号连结的不是事物和名称，而是概念和音响形象。后者不是物质的声音，纯粹物理的东西，而是这声音的心理印迹，我们的感觉给我们证明的声音表象。它是属于感觉的，我们有时把它叫做"物质的"，那只是在这个意义上说的，而且是跟联想的另一个要素，一般更抽象的概念相对立而言的。[1]

他认为符号所对应的不是事物，它是一个自足的系统，只与符号自身有关。符号对应的是由概念和音响形象构成的统一体，而"所指和能指分别代替概念和音响形象"[2]，所以，符号就是由能指和所指这两大部分构成的。简单来说，"所指"是概念，是内涵，是

---

[1] ［瑞士］费尔迪南·德·索绪尔：《普通语言学教程》，高名凯译，商务印书馆2008年版，第101页。
[2] 同上书，第102页。

意义;"能指"是音响形象,是形式表现。他用简单的图示(如图 4.2 所示)表明了能指和所指之间的关系:

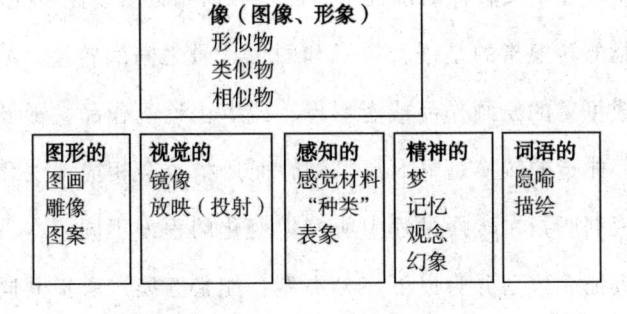

| 像(图像、形象) |
| 形似物 |
| 类似物 |
| 相似物 |

图形的	视觉的	感知的	精神的	词语的
图画	镜像	感觉材料	梦	隐喻
雕像	放映(投射)	"种类"	记忆	描绘
图案		表象	观念	
			幻象	

图 4.2　索绪尔的语言符号构成示意图①

其中,能指对应音响形象,所指对应概念。能指和所指、音响形象和概念组成了一个有机整体。每一个语言符号都形成自己独特的小场域,从而将自身和外部世界隔离开来,也形成内部的组织原则和逻辑规律。这个图例可以反映出这两层意思:首先,从符号场域与外部世界的关系来看,符号场域和外在事物之间具有鲜明的界限,它用圆圈和外在世界隔离开来,它与外部世界是绝缘的。其次,就符号内部而言,能指和所指构成了符号的自在自为的世界,意义就在这个符号世界中根据自身的规律和法则而生成。这种观点就是结构主义语言学的最主要的观点:语言符号系统自身能够产生意义,意义与外部世界无关。当然,语言系统的封闭性也是被质疑最多的地方。

仅从符号本身的组成来说,能指和所指的划分无疑具有重大的理论意义和现实意义。语言符号具有能指和所指,而且能指和所指

---

① [瑞士]费尔迪南·德·索绪尔:《普通语言学教程》,高名凯译,商务印书馆 2008 年版,第 101 页。

之间的关系是任意的、人为的，没有任何必然的联系。这是语言符号最大的特征。图像符号是符号系统中的重要组成部分，也有其能指和所指。在图文转换的过程中，能指和所指都要发生变化和转换。其中能指的转换指的是语言符号和图像符号之间的转换，如可说的语言变成可见的绘画作品或者影像，或者由绘画作品、影像作品改为语言。能指的转换是显而易见的，而所指也会相应地变化。具体来说，根据所指在转换过程中所发生变化的程度不同，本书将图文转换的表征大致划分为以下三种类型：能指互换，所指共同；能指互换，所指增损；能指互换，所指相异。

一　能指互换，所指共同

"能指互换，所指共同"是图文互换的第一种表现形态，指的是符号能指发生了质的变换，从一种符号形式转换成另一种符号形式，而原符号的所指基本上完全转移成新符号[①]的所指。也就是说，原符号的所指基本转移出去，与新的符号能指结合在一起，形成新的能指和所指的共同体。所以，从新符号的所指来说，它力争和原所指保持一致，不增不减。在这个过程中，能指完全实现了转换，而所指还基本保持不变。

能指的转换是异质符号之间的转换，需要掌握不同符号之间的特征，从而在差异和互补的基础上实现具体的转换过程。"所指共同"是通过所指转移来实现的。转移的过程尽量将原符号所指的主要组成部分移到新符号类型中。具体来说，从语言符号到图像符号

---

① "原符号"在本文中指的是被转换的符号类型，"新符号"指的是转换实现所形成的符号，如从语言符号到图像符号的转换过程中，语言符号是"原符号"，而图像符号是"新符号"。

的转换过程中，是由抽象的时间符号转换为具象的空间符号的过程。从时间到空间的转换，一般的程序是从语言的叙事流中截取一个或者若干关键的时间点，再将截取下来的时间点的情态在空间布局中铺开。与此相反，从空间到时间的转换，则将一个或者若干在空间内铺开的时间点串联起来，形成连续的、富有流动感的时间线。而从图像符号到时间语言符号的转换则是一个完全相反的过程。能指的具象和抽象之间的转换通过转换者思维中的"精神的图像"作为桥梁来实现，因为无论是抽象的语言符号，还是具象的图像符号，在接受者头脑中都会形成相应的思维或者心理图像，再将它用另一种符号的组织原则、生成规律等表现出来（"精神图像"的相关问题，在本书第四章第二节做过详细阐释）。

具体来说，所指的转换主要包括符号形象和符号叙事（抒情）的转换。语言符号中抽象的、但是渗透在字里行间的形象转换为图像符号中具体可见、栩栩如生的形象。同时，语言符号中的用心灵去感受的叙事线索或者情感线索转换成图像符号中的用视觉去摄取的叙事或情感线索。所以，图文互换的"所指共同"指的是将原符号的符号形象和符号叙事（抒情）悉数转换到新符号的能指中，并与新符号的能指紧密结合，形成新的能指和所指的综合体。

"能指互换，所指共同"特别表现在经典作品的转换上，甚至可以作为经典作品转换是否成功的重要标准。因为经典作品经过了时间洗礼，并经受了一代又一代观众的考验，已经在某种程度上具备了权威性和不可颠覆性。所以，在面对这些作品的符号转换时，一般要参透原文的能指和所指（特别是所指），才能得到接受者的认可。所以，转换者对文学名著或者绘画名作的转换态度是审慎的。对于名著或者名作的转换，转换者不仅需要具备严肃认真的态度，而且需要具备相应的艺术素养和艺术能力，并且掌握不同符号类型的规律和特征。这才具备转换的基本条件，因为转换效果的好坏还得看具体的符号文本的个性特征。在图文互换的发展史上，涌现了一批图文转换的范本。如 1994 年首播的电视连续剧《三国演义》改编自同名经典文学名著，获得了良好的社会反映和评价，并获得了第 15 届"飞天奖"长篇连续剧一等奖的殊荣。这部电视剧改编成功的主要原因是它将宏观把握和细节安排都处理得不错。电视剧《三国演义》在原著 70 多万字、120 回的基础上确定 84 集的长度，充分展开故事情节、交代历史背景，合理展现故事的矛盾冲突，比较准确地体现了专著的精神和风格。更重要的是，原作中的大多数人物形象、故事结构和叙事线索等在电视剧中都保留了，因此，该电视剧既传达了原作的精神审美精神和审美旨趣，又实现了新的符号形式的审美冲击力。

"所指共同"并不是指将原符号的所指原封不动地装进新符号的能指之中，其能指完全不发生变化，而是一种相对的说法，能指大致没有发生很大变化，呈现出一种原所指和新所指[①]基本相同的面貌。因为在图文互换的过程中，因为符号能指发生变化，所指肯定也相应发生变化。即使在电视剧《三国演义》这样比较尊重原著的作品中也增删了一些人物和情节，因为不可能将原作中的所指丝毫不漏地转换。转换者只要实现了原作和新作的所指在总体趋势上的一致趋势，就实现了"能指互换，所指共同"的目标。

---

① 原所指与原符号相对应，即被转换符号的所指；新所指与新符号相对应，即转换而成的符号的所指。

二 能指互换，所指增损

"能指互换，所指增损"是图文互换的第二种表现形态，它指的是符号能指发生了质的变换，从一种符号形式转换成另一种符号形式，而所指在实现转换的过程中与原所指相比有所变化——或增加、或减少。

符号所指的增损主要表现在符号形象的增损和叙事（情感）容量的损增。"损"主要指减少和损失，"增"指增加和丰富。具体来说，"损"是符号形象的减少，或者叙事（抒情）线索的减少。"增"是符号形象的减少，或者叙事（抒情）线索的增加。如在文学作品中的某些人物形象，在改编成电视剧、电影后就消失了。因为电影和电视时长的限制，在文学改编的过程中，如果与主要发展线索关系不紧密的人物或者情节都会删掉。反之，根据剧情的发展变化，又可以增加某些人物形象、增加叙事（情感）情节，从而增强新的符号形式的艺术魅力。如在文学著作《三国演义》中，其中描写了英雄人物一百单八将，但是这些人物中有很多是为了凑数胡乱编造的，在1994年版电视剧《三国演义》中便删去那些可有可无的角色，而只表现了一些人物性格鲜明、对事件发展有重要影响的人物，从而使得电视剧更加集中、形象和生动，富有极强的艺术表现力。这些可以删掉的都是对原作精神影响不大的因素，或者说不是原作的有机组成部分，所以，改编者才敢大胆删去。相反，在改编的过程中，为了突出人物形象或者丰富情节结构的构成，还可以增加所指内容。如夏衍先生在改编鲁迅的小说《祝福》时，增加了"祥林嫂砍门槛"的故事情节，当时也引起了很大的争论，但事实证明这是成功改编的经典案例。因为这种行为给使得祥林嫂的性格中除了逆来顺受的成分，还添加了一丝反抗的意味，这增加了原文人物形象的丰富性和立体感，使祥林嫂摆脱了类型化的扁平人物风格而成为原形人物。

"增"和"损"都使原作的所指产生了改变，但是无损原作的总体精神和风格。与"所指共同"相比，无论是改变的量还是程度上来说，"所指增损"有比较明显的变化。所以，在"增"和"损"的过程中，都会产生牵一发而动全身的效果，因此，"所指增损"对图文转换者的要求其实更高、更严，要求他们具有在熟练运用不同符号基础之上的创造性。

"所指增损"在图文转换中是最常见的现象。在图文互换的过程中，语言和图像在所指方面都或多或少地发生变化，所以，增损的这种变化是客观存在的，也是具有客观原因的。"增损"的原因既有符号外部的原因，也有内部原因，同时还是主体选择的结果。外部原因主要是由外在环境、创作主体和接受主体的变化而引起的。外在环境主要指时代变化为新的符号形式的产生和发展创造了条件，如图像化时代的新技术条件促使图像的生产和发展成为可能并日渐兴盛，从而为从语言符号到图像符号的转换创造了外部动力。特别是在消费社会的背景之下，图文互换还要受到经济利益的驱使和影响：某些不利于吸引大量接受者从而获得物质利益的部分要被删去，同时增加一些能够吸引眼球、获取利益的部分，从而影响新符号类型的所指，导致其发生或"增"或"损"的变化。与此同时，图文转换者的个体特性、偏好、选择也会影响图文转换过程的"增"或"损"。这些都是图文转换过程中的符号的外部原因。

但是，图文互换过程中"所指增损"还有更重要的内部原因：语言和图像之间具有各自的符号场域，它们之间既有相交和重合的部分，也有永不相交和重合的部分。相交和重合的部分是可以实现互换的，但是永不相交和重合的部分则不能完全实现转换。不能转换的部分则要发生改变——或"增"或"损"，从而巧妙地转换为另一种符号形式。简而言之，"所指增损"的内部原因就在于不同符号之间的不可转换的因素的存在。

三　能指互换，所指迥异

"能指互换，所指迥异"是图文互换的第三种表现形态，它指的是能指发生了质的变换，从一种符号形式转换成另一种符号形式，而所指也发生完全的、彻底的变化，从而导致新所指与原所指迥异的局面。也就是说，在图文互换的过程中，能指和所指都发生了完全的、彻底的变化。

新所指和原所指之间的差别迥异，无论是从符号形象还是符号叙事（抒情）方面，都不存在相似点或者交叉点，从而在原符号和新符号之间形成了某种悖离性的张力。这种张力刚好展现了不同符号因为差异带来的不同魅力，也展现了符号各自的场域界限。但是，这种迥异状况的出现并不表明原符号和新符号之间毫不相关，否则这就谈不上图文互换，而是一个全新的创造过程。实际上，在"能指互换，所指迥异"这种表现形态中，原符号的能指和所指也发挥了重要作用，原符号的能指和所指至少起到了提供转换灵感的作用。转换者在面对某一符号文本的时候，被激发出创作的欲望和热情，即使没有将原符号类型的所指完全转移到新的符号类型中，也是建立在原符号文本基础之上的艺术创作活动。

"所指迥异"产生的主要原因有两个：一是符号特性的存在，即不同符号之间的界限在某些符号文本里表现得特别明显，以至于所指的转换无从下手,所以只能另辟蹊径,改变原符号的所指。二是转换者因为个性的充分张扬而跳出原符号文本能指和所指限定的圈子,建构出新的能指和所指构成统一体。

"能指互换,所指迥异"产生两个极端的效果:抑或是转换者成功地在新的符号类型中出奇创新,营造了新的艺术世界,并对接受者产生了良好的艺术影响,这种状态要出神入化地运用两种符号类型才能达到如此效果。抑或是转换者在"能指互换,所指迥异"的过程中既没有通过转换将原符号类型的审美氛围和效果传递出来,也没有在新的符号类型中建构起能指和所指的和谐整体,所以,这种转换是失败的转换。

所以,在"所指迥异"的图文互换类型中,原符号与新符号之间仍然存在着隐秘的但同样紧密的关系,这种呈现方式与图文互换的前两种表现形态的显明关系是有差别的。虽然隐秘,但是原符号和新符号之间的关系仍然存在。这种情况在图文转换过程中是较少见的,转换者还是或多或少地将原符号类型的所指转换到新符号类型之中。

总之,在图文互换的三种表征中,"能指互换,所指增损"的情况比较普遍,而另外两种情况则相对少见。而在现实中,不管转换者如何努力,也不可能做到在另一种符号类型里面原汁原味、原形原象地呈现原符号的能指和所指。所以,在图文转换过程中,能指和所指都发生了变化。根据所指变化的程度不同,我们将图文互换分为"所指共同"、"所指增损"、"所指迥异"这三种主要的表现形态,以此作为图文互换的三种基本表征。

第四节　图文转换的原则

图文转换过程必然有接受和认同，也有重构和创新。接受是指要受到原有符号文本的内容或者形式的影响，重构指转换过程又不仅仅是模仿的过程，而是充满创造性的过程，体现转换者的思想和风格。转换最后形成的文本必然是一个风格糅合的综合体。所以，图文转换过程必然要遵循以下两个基本原则：忠实性原则和重构性原则。这两个原则之间的关系不是分离的，而是辩证统一的。所以，在图文转换过程中，不能孤立地坚持其中之一，而是应该在忠实性中张扬重构性，在重构性中坚持忠实性。

一　忠实性原则

一谈到图文转换，我们可能首先要考虑的是与原作相比，作品在人物形象、故事情节、主旨等方面的相似性问题。这个原则并不是一个新颖的观点，很多学者就极为推崇图文转换的忠实性原则，强调改编作品要尽可能地表现出原作的精神。如夏衍认为文学改编必须遵循"两个忠实"的基本原则，即忠实于原著和忠实于编导。[①]很多学者在论述图文转换问题时以忠实性原则为主要标准甚至是唯一的标准，如法国著名电影理论家安德烈·巴赞从现实主义电影美学出发，认为原封不动的转换是最高级的状态，他认为要"形神兼备地再现原著的精髓"[②]。

[①] 参见夏衍《改编杂谈》，载《电影论文集》，中国电影出版社1992年版。
[②] 参见［法］安德烈·巴赞《电影是什么？》，崔君衍译，中国电影出版社1987年版，第83—108页。

这种忠实性在面对经典作品改编时体现得非常明显，如果对原著的改动较大，违背了原著的精神，则会招致骂声一片。所以，这种态度也反映了接受者对忠实性的认同。忠实性原则是图文转换必须遵循的原则之一。它同时也是体现图文转换特色的一个基本原则，否则就变成了一个纯粹的全新的创造过程。原作既是起点，也是限制。

但是，忠实性原则并不是指要绝对忠实于原有符号系统的能指和所指，这既无必要，也不现实。忠实性指的是忠实于原符号文本的内核。这个内核指的是"神"，是原符号文本的精髓所在和灵魂寄托，具体可以指原作的主题意蕴、风格特色的规定性。在转换的过程中，不能丢弃精髓和灵魂。忠实性是转换过程遵循原形式"神"的一种规定性。英国电影《我的左脚》改编自同名小说，讲述了一个自强不息、身残志坚的励志故事。但是小说的主要情节、场景、人物等都发生了很大变化，只留下小说的"神"——自立自强。所以，在某种程度上来说，原有的符号文本只是现有符号文本创作的一个起点。

同时，我们也不能为了忠实性原则而感到有所束缚。对精髓和灵魂有所忠实，并不一定要求形式上的拘泥。

在具体的转换过程中，一种艺术符号向另一种艺术符号的一个基本原则是必须坚持自身的独立性，不能一味迎合而丧失自身存在的特质。我国著名作家莫言在谈到小说创作与影视剧的关系时说："越是迎合电影，电视写的小说，也未必能迎来导演的目光。恰好是把那些不把电影电视放在心里的小说，更能引起导演的兴趣，相信一个优秀的导演绝不会去看一个烂俗的故事，因为这个故事谁都可以编出来，吸引他的还是小说纯正的艺术性和小说家表达的思想。"① 换句话说,在图文互换的过程中,一种符号越能坚持自身的符号特性,也就越能展现自身的魅力。

夏衍也说过:"假如要改编的原著是经典著作,如托尔斯泰、高尔基、鲁迅这些巨匠大师们的著作,那么我想,改编者无论如何总得力求忠实于原著,即使是细节增删、改作,也不至越出以至损伤原作的主题思想和它们的独特风格,但是,假如要改编的原作是神话、民间传说和所谓的'稗官野史',那么我想,改编者在这方面就可以有更大的增删和改作的自由。"② 本书虽然不完全同意夏衍所说的根据原作出名程度的差异来决定忠实性程度的做法,但是他所说的自由改编也还是遵循着一个蓝本,即原作。吴怡弓导演的电影《城南旧事》改编自林海音的同名小说,也忠实了原作的精神和情绪:离别之情。它在情节的处理和人物安排上都比较成功,所以一直被当作成功改编的蓝本。

同时,绝对的忠实还存在一定的障碍,实现起来具有一定的难度。因为艺术作品都是产生于艺术创作者所处的特定的时代,转换者要准确理解原文,需要尽可能还原作者所处的时代和作者彼时的所思所想。但是,处于此时的改编者已经失去了了解当时时代和作者情思的具体语境,所以我们对原作的理解只是揣摩和猜测,对原作的绝对忠实没有可能,也没有必要。

所以,忠实性原则是图文转换的一个基础,但绝不是全部。在这个艺术创作过程中,重构性发挥着更大的作用,它最终决定着新的文本的形成。

---

① 莫言:《小说创作与影视表现》,《文史哲》2004 年第 2 期。
② 夏衍:《改编杂谈》,载《电影论文集》,中国电影出版社 1992 年版,第 498 页。

二 重构性原则

如果仅仅是忠实于原作,那么转换形成的作品可能沦为图解原作的工具,而不能产生激发观者欣赏的契机。在忠实性原则的基础之上,我们还讲求重构性原则。在转换过程中,我们有所依傍,但并不是限制,我们还得发挥自身创造性,根据另一种符号的特性实时进行改变。因为图文转换不仅仅是一种机械的转换过程,它也是一项创新性的活动,也会融入转换者的主观思考。对此,夏衍曾经说过:

> 改编不是对原作的另一种方式(形式)的传达,而是对原作有独特理解的冲动所引起的新形式的表现欲。因之,改编不只是要无违原作主题、思想、哲理、风格特色的规定性,而且要显露改编者的哲学思考、风格、特色的个性,要宣泄改编者的激情。[①]

夏衍的观点很明确:改编既要遵守原作的主题、思想、风格等方面的规定性,也要渗入和添加改编者的思想和风格特色,从而形成全新的作品。如果说原作的规定性是改编的基础的话,那么改编作品的独有风格的形成则是创新性的体现,是新的意蕴的生成点。

贝拉兹·巴拉也提倡图文转换要摆脱原有符号限制而进行自有创作,他认为忠实的改编是不可能的,也是没有必要的。而且,几

[①] 张子良:《创作断想》,《西部电影》1987年第10期(A1)。

乎每一部具有较高影响力和艺术性的改编作品，都不是绝对的忠实，而是对原作的重新解读和阐释。[①] 他的观点不无道理，因为绝对的忠实而没有自有发挥的余地，只会限制图文转换过程的创造性。

左莱·派克在《电影和文学》中提到小说改变成电影的三种基本的方式：第一种是"移植"的改编，即严格地把文本语言转变成电影语言，把电影变成小说的再现。如《边城》。第二种方法是"部分"的改编，即在保持原作叙事结构的核心的基础上对小说进行重新阐释。第三种是把原著看作一种素材，或者一种诱因，所改编的作品甚至成为另一种迥异的作品。根据左莱·派克的论述，我不赞同第一种和第三种改编方式，而是赞同第二种方式："部分"的改编的方式，在忠实性原则的基础上的重构性改编就是"部分的"改编。

我们在充分重视两种符号系统差异的基础上，也将有所创新。从一种符号系统到另一种符号系统，改变是绝对存在的，改变就是创新的过程。鉴于各自的容量不同，从符号的所指来说，创新的表现之一是增加内涵，之二是削减内涵。增加内涵意味着要增加人物、情节、场景等；反之则要削减人物、情节、场景等，这就意味着需要增加或者减少一些符号系列。什么是可以增加的、什么是可以削减的？这都是需要思量和斟酌的问题。除此之外，改编的符号文本还有可能会打乱原有符号文本的顺序。

所以，图文互换的过程就是一个选择的过程：选择故事情节、选择人物、选择场景等，选择的过程就是重构性的过程。其实，这些特征就是图文互换的当代性问题，即任何转换的过程都是以当下的眼光看待历史的作品，这个当代性就是重构性的体现。对此，有

---

① 参见［匈］巴拉兹·贝拉《电影美学》，中国电影出版社 1978 年版，第 275—280 页。

的学者认为:"文学名著的影视改编,实质上也是改编者用当代眼光对已成'历史'的文学名著进行的一次新的阐释,改编后的影视作品或多或少都会打上改编时代的烙印,体现出当下的时代精神和当代人的审美情趣。影视改编的这种当代性,无论从文学名著本身的价值属性和影视艺术作品的大众文化属性来看,还是从作品的改编者和广大的影视观众来看,都是十分必要和必需的。"[①]

鉴于此,图文的转换过程必然是一次新的阐释,但是也是一次建立在原作基础上的阐释。关于忠实度和重构度的关系和比例问题,则会根据作品的具体情况和转换者的爱好而有所不同。

关于忠实和重构问题的论证也是由来已久的。有的学者主张绝对地忠实,忠实原作的主体、人物形象、故事情节等,有的学者又认为图像是另一种艺术符号系统,图像艺术及其语言形式具备自身的特性,所以,这是一个新的创造性的过程。忠实和重构的关系其实不用划分得如此泾渭分明,也可以是一种辩证的互相渗透的关系:忠实是重构的忠实,重构是忠实的重构。也就是说,不存在绝对的忠实,也不存在绝对的重构。在图文转换的过程中,我们要辩证地看待两者之间的关系,否则,就不能建立图文互换的正确关系。真正成功的图文转换是忠实性和重构性的辩证统一,忠实性主要建立了"神"的转换基础之上,而重构性则建立在形式的神的双重基础之上。只有"形"与"神"的转换才达到了忠实性和重构性的目的。正如我国现代著名电影理论家夏衍先生所说:"从一种样式改编成为另一种艺术样式,所以就必须要在不伤害原作的主题思想和原有风格的原则之下,更多的动作形象——有时不得不加以扩大,通

[①] 秦俊香:《从改编的四要素看文学名著影视改编的当代性》,《北京电影学院学报》2003年第6期。

过稀释和填补,来使它成为主要通过形象的诉诸视觉、听觉的形式。"① 他所说的"不伤害原作的主体思想和原有风格是原则"就是忠实性原则,而"扩大"、"稀释"和"填补"等就是重构性原则的具体表现。由此可以看出,夏衍先生也是赞同在图文转换过程中坚持忠实性原则和重构性原则相结合的基本观点的。

第五节 图文互换的局限

鉴于语言符号和图像符号各自的场域特性,这两种符号各自必然有一些不能转换的元素,这就是图文转换的局限,这也是不同艺术符号之间不可逾越的界限。无论是从文到图的过程,还是从图到文的过程,实际上是用对原作的一种解读代替了千万种解读,这必然会丧失很多我们甚至是无法预知的内涵。

当年,王乔南准备将鲁迅先生的《阿Q正转》改编成剧本,写信征求鲁迅先生的意见,鲁迅先生迅速回信,态度坚决地拒绝了,他说:

> 顷奉到五日来信,谨悉种种。我的作品,本没有不得改作剧本之类的高贵性质,但既承下问,就略陈意见如下:——我的意见,以为《阿Q正传》,实无改编剧本及电影的要素,因为一上舞台,将只剩了滑稽,而我之作此篇,实不以滑稽或哀怜为目的,其中情景,恐中国此刻的"明星"是无法表现的。
> 况且诚如那位影剧导演者所言,此时编制剧本,须偏重女

---

① 何希凡、谭光辉:《电影对文学名著改编的困境和出路》,《四川师范学院学报》2003年第4期。

脚,我的作品,也不足以值这些观众之一顾,还是让它"死去"罢。①

鲁迅明确提出自己的作品通过剧本"无法表现",让剧本"'死去'罢",表达了他对将自己作品改变成电影的抗拒。虽然他的观点是针对某件特殊作品而言,但是也透露出某些信息:文学作品的符号系统转换成图像作品的符号系统的确存在很多阻碍。

陀思妥耶夫斯基也谈到改编过程中所存在的局限:"艺术有某种秘密,由于它,史诗的形式永远不可能适应于戏剧的形式。我甚至相信,各种不同形式的艺术都有与它们相适应的诗的思想,因而一种思想永远不可能在其他与它不相适应的形式中表现出来。"② 他的话虽然有些扩大局限性的嫌疑,但是也从侧面反映了改编局限的客观存在。

从总体上说,被转换的文本都是转换活动的限制。因为无论原作好坏,都会对转换文本形成无形的压力和牵制。所以,从某种程度上来说,图文转换就是一个"戴着镣铐跳舞"的痛苦但又散发出独特韵味的过程,是一个痛并快乐着的过程。因为在转换的过程中,因为符号场域的不同,需要摆脱某些限制和克服某些障碍。这些限制和障碍就是符号各自的局限所在。具体来说,语言再现之视觉再现、视觉再现之语言再现③的局限所体现出来的特征也不同。简而言

---

① 鲁迅:《致王乔南》,载《鲁迅全集》,人民文学出版社 1981 年版,第 26 页。
② [苏]波高热娃:《论改编的艺术(二)——陀思妥耶夫斯基小说的改编》,俞虹译,载《世界电影》1983 年第 2 期。
③ 米歇尔在谈到"视觉再现的语言再现"时提到这样的场景:鲍伯和雷在无线电剧目中谈论一组照片,边看边叙述与照片相关的故事情节,并时不时加上一句旁白:我的确希望你们无线电国度里的人能看到这些照片。米歇尔认为这就是"视觉再现的语言再现"。本书根据他的观点,再加上"语言再现的视觉再现"来说明图文的互换过程。

之，语言再现之视觉再现指的是从语言到图像的转换，而视觉再现之语言再现指的是从图像到语言的转换。

一 语言再现之视觉再现的局限

语言再现之视觉再现指的是从语言符号到图像符号的转换，也就是说从文学作品到影视作品的转换。符号是异质的，不同的符号具有本质性的差异。所以，图文转换的局限是客观存在的，有的学者根据符号之间的"不可通约性"，认为文学是不可能完全转换成影视的，甚至认为"文学就是影视改编中丧失掉的东西"[①]。

语言的本质性特征是"缺席的形象"和"联结的言语链"，即抽象性和时间性。虽然在图像化时代的图像也具备了这些特征，但是尚存在程度上的差别。图像也可以表达抽象和思想和时间的延展，但是不如语言符号得心应手。文学的借喻、梦幻、意识流、回忆等很难转换为图像。因为这些是纯粹意识的产物，是无形、无踪的。

一般来说，叙事性作品改编成图像的可能性较大，但是也存在很多局限。如从篇幅上来说，长篇小说改编成电影则要删减，短篇小说改编成电影则需要添加，原文都会对改编产生或大或小的影响。具体来说，语言转换为图像的过程存在的局限主要表现在两个方面：外部局限和内部局限。

首先是外部局限，它指的是作品之外的影响因素。影响因素之一来自于接受者的已有认识，他们阅读过的文学作品，特别是文学经典，已经形成比较固定的审美感受和审美趣味，也在心中形成了一个基本的标准。这个标准的存在，对于改编的作品来说，就是限

[①] 饶道庆：《〈红楼梦〉影视改编中的阻碍与流失》，《红楼梦学刊》2009 年第三辑。

制和局限。改编后的作品是否符合观众心目中的标准,是否能被观众接受,是否比得上原作的艺术水平,这些都是存在的客观的问题。如经典名著《红楼梦》在艺术上已经达到了极高的水准,观众在心中已经形成了某种定势,如果改编的作品不及原作,甚至是歪曲、诋毁了原作,无疑不会被广大观众接受。所以,这样的经典作品也很少有改编作品能够与之媲美。换句话说,已然存在的作品经过时间的洗礼和读者的检阅,已经形成了自己的定势,接受者也形成了自身的审美定势,已经形成的读者群也会以一种审视甚至苛刻的眼光来看待新的转换作品,所以,这些都会对转换过程造成外在的压力。

其次是内部局限,它指的是作品之内的影响因素。文学作品中的心理等情感因素、意境等审美境界,这些因素是属于文学领域的特殊美感表现,用另外一种艺术形式不一定能完美表现出来。鉴于此,有的学者明确指出,图像不能代替文学的原因就在于:"对图像艺术而言,语言艺术中浓厚的文学性、复杂隐蔽的内心生活属于理性范畴的情感判断和结构关系,含糊性和虚拟性的时间描写、过于复杂的事件和人物关系、文学通感和抒情意境等,它是无能为力的。为此,图像不可能取代文学。"[①] 他认为文学有自身的特性或者特长,这是图像所不能替代和完成的:文学性、内心生活、时间描写、文学通感等,这些就是对于文学再现之视觉再现的局限的简要总结。

著名学者克莱·派克认为:"当一部文学作品被转变成电影,它不仅仅是通过摄像机、剪辑、表演、布景和音乐把原作做相对应的变形,而且是根据独特的电影法则和惯例、文化的表意元素、以及根据制片人和导演的理解做相应的转化。当叙事原文一成为银幕剧

---

① 王有亮:《图像不能取代文学》,《江西社会科学》2001年第5期。

作的时候,许多原来的意义就可能已经丧失,文字原作的某些成分被浓缩,最后他们用一种新的媒介在一种不同形式中和通过一种不同的影像过程被重新体现出来。"① 影视的艺术表达语言不同,创作团队和方式也不一样,所以是一个全新的再创造的过程,而这些改变都是由作品本身、或者说作品内部的因素带来的。

二 视觉再现之语言再现的局限

视觉再现之语言再现指的是从图像符号到语言符号的转换,也就是说从影视作品到文学作品的转换。米歇尔认为这种局限性所带来的障碍是无法克服和跨越的。所以,他认为要实现这种转换只是一种"乌托邦"式的理想,他说:"'视觉再现之语言再现的希望'的全部目的,即通过语言获得造型艺术的视野、图像或'静止'时刻,都是阴险的、危险的。视觉再现之语言再现的全部乌托邦向往——给沉默的形象一个声音,或使之能积极或实际可视,或(相反的)使诗歌语言'静止',使之具有图像性,或者'僵化'成静止的空间序列——所有这些向往都开始具有偶像崇拜和拜物的性质。而形象的乌托邦比喻及其文本作为现实之透明窗口的表达都被狭隘的概念所取代,即形象是骗人的幻觉,是势必要把诗人和听者固定下来的一种魔幻技术。"② 从他所用的一些带有强烈贬义色彩的词汇,如阴险、危险、僵化、骗人等,我们可以发现他对这种转换的不信任甚至是抵触情绪。

这种不信任和抵触情绪一直延续,他在分析一个无线电节目中

---

① 参见陈犀禾《电影改编理论问题》,中国电影出版社1988年版,第160页。
② [美] M. J. T. 米歇尔:《图像理论》,陈永国译,北京大学出版社2006年版,第142页。

"鲍伯和雷"在欣赏和评论一组暑假照片的时候，切入视觉再现之语言再现的问题，提出了这种转换的三个阶段，他认为人们对此有一种迷恋（视觉再现的语言再现的迷恋）：视觉再现之语言再现的冷淡、希望与恐惧。"冷淡"是因为认为语言再现的不可能性。"希望"是因为"在古代诗学和修辞学中找到理论根源，从口头叙事到后现代诗歌的每一种体裁中都可以找到例证"，因为想象和隐喻可以克服不可能性。"恐惧"是因为语言再现和视觉再现之间的界限消失从而引起的杂交，这是危险的。① 在此时，他承认了从图像到语言的转换，但是又提出了一个新的问题——"杂交"所导致的恐惧。最终他得出的结论是"视觉再现之语言再现的形象就好比语言结构中某种不可接近的、不可呈现的'黑洞'，它完全缺场，但又以最基本的方式构筑和影响这个结构。"②

但是他认为："绘画可以讲故事，提出论点，表达抽象的思想；词语可以描写或体现静止的、空间状态的事物，在不破坏其自然使命（不管那是什么）的情况下取得视觉再现之语言再现所能取得的一些效果。"③ 实际上，他还是承认了图文互换在符号特性上有一些重要的基础特性：图像可以超越具象进入抽象的表述层面，语言也可以超越时间性进入空间描述的境界。

因此，米歇尔将视觉再现之语言再现的过程分为三个阶段：视觉再现之语言再现的冷淡、视觉再现之语言再现的希望和视觉再现之语言再现恐惧。冷淡是因为转换的不可能，希望是因为存在着转换的理论根源和现实例证，恐惧是因为转换中所存在的清晰的符号

---

① 参见［美］M. J. T. 米歇尔《图像理论》，陈永国译，北京大学出版社2006年版，第138—142页。
② 同上书，第145页。
③ 同上书，第147页。

媒介的界限。这三个阶段实际上没有先后之别，在转换的过程之中，"冷淡"、"希望"和"恐惧"这三种感情可以是并存的。

所以，不管是语言再现之视觉再现，还是视觉再现之语言再现，其核心要素都是要克服符号作为自身特性对立面的"他性"。图像符号和语言符号的转换必须克服各自由于媒介不同所带来的障碍。萨丕尔的理论虽然建立在"语言工具论"的基础之上，但是他也深刻认识到了不同艺术媒介的"模子"的特殊性，正如萨丕尔所说：

> 语言是文学的媒介，正像大理石、青铜、黏土是雕塑家的材料。每一种语言都有它鲜明的特点，所以一种文学的内在的形式限制——和可能性——从来不会和另一种文学完全一样。用一种语言的形式和质料形成的文字，总带着它的模子的色彩和线条。文学艺术家可能从不感觉到这个模子怎样阻碍了他，帮助了他，或是用别的方式引导了他。可是一把他的作品翻译成别人的语言，原来的模子的性质就立刻显现出来了。文学家的一切表达效果都是通过他自己的语言的形式"天赋"筹划过，或是直觉地体会到的；不能不受损失地或不加修改地搬过来。所以克罗齐是完全正确的，他说文学作品从来不能翻译。①

所以，一种艺术符号转换为另外一种艺术符号，必然会"损失"一些东西，或者添加一些东西。这就是图像和语言符号之间的距离。这正如爱德华·萨丕尔在论述"语言和文学"这一相关论题的时候提出的一个问题："文学这门艺术里是不是交织着两种不同类或不同

---

① ［美］爱德华·萨丕尔：《语言论》，商务印书馆2007年版，第199页。

平面的艺术——一种是一般的、非语言的艺术，可以转换到另一种语言媒介而不受损失；另一种是特殊的语言艺术，不能转移。"① 在文学向图像转换的过程中，存在着能转移和不能转移的部分，这种观点是辩证的。所以，也并不像克罗齐所说的"文学作品从来不能翻译"。鲁道夫·阿恩海姆在《艺术与视知觉》的"引言"中也谈到用语言来表达视觉作品这个问题，他说："在这种种的偏见之中，有一种声称说，视觉事物是决然不能通过语言描述出来的。这一警言，当然包含着一定的真理内核。一幅伦勃朗绘画所产生出来的那种特殊的经验，用描述性和解释性的语言只能将它部分地表达出来，而这种局限性在我们欣赏艺术时也并非是一种个别的事例。"② 接着，他又论述："如果我们看到了或感受到了艺术品的某些特性，然而又不能把它们描写或表述出来，其失败的原因又在哪里呢？可以肯定，这种失败不是因为我们运用了语言，而是因为我们的眼睛和思维机器不能成功地发现那些能够描写或表达这些特征的概念。当然，语言并不是我们的感觉同现实接触的通路——它仅仅是给那些看到、听到或想到的事物赋以名称。但对于描述和解释视觉对象来说，语言却并不是一个生疏的或不合适的媒介。"③ 所以，他撰写了这部著作，其目的是对视觉的效能进行系统分析以指导人们的视觉。

福柯在其代表作之一《词与物：人文科学考古学》中阐释了语言和绘画的"无限制"的关系，实际上也是论述视觉再现之语言再现的限制。他在这本书的第一章中通过分析 17 世纪著名画家委拉斯开兹的名画《宫中侍女》（又名《宫娥图》）时，通过分析画内人物

---

① [美] 爱德华·萨丕尔：《语言论》，商务印书馆 2007 年版，第 199 页。
② [美] 鲁道夫·阿恩海姆：《艺术与视知觉》，腾守尧、朱疆源译，四川人民出版社 1998 年版，第 2 页。
③ 同上书，第 3 页。

和物件、画面构图、光线等因素，认为这幅作品的含蕴是相当丰富的，而我们的"所说"是不能准确、完整表达其意蕴。所以，他说："但语言和绘画的关系却是无限制的。这不是因为词语的不完善，或当面对可视事物时，词语不可挽回地缺乏表现力。这也不能归于其他原因——只说我们看到了某某东西是无济于事的；我们所看到的东西永远不在所说的东西当中。而且，试图用形象、隐喻或明喻来表示我们所说的东西也是无济于事的；这些形象、隐喻和明喻大放异彩的地方不是我们眼睛所能利用的空间，而是受句法的序列因素所限定的。"①

对于视觉符号转换为语言符号，福柯也探讨了视觉再现中的不确定性，不确定性来自视觉再现之物与现实之物之间的不对等性，因为，视觉再现并不是窥探现实的镜子。而且最主要的原因是"可见之物"在画框外还有丰富的想象空间，因此，这些内容不能包含在"所说"中。

总之，图文互换以客观现实为转换的基点，遵循异质同构的基本精神，在文、图各自本质性特征的基础上，寻找两者的共同点，从而完成转换过程。当然，转换必须要克服与自身特性相异的他性，从而实现异质符号的转换。当然，在具体的转换过程中，不是任何文本都能转换为另一类文本的，以上论述只是为具备转换基本特质的文本找寻一些可实现的理论依据。

---

① 陈永国主编：《视觉文化研究读本》，北京大学出版社 2009 年版，第 240 页。

第五章　图文缝合

在图文互文和悖离关系的基础之上，图像化时代的图和文展现出鲜明的缝合趋势，即互相渗透的态势。其实，在人类文明发展史上，图文缝合的趋势一直存在，而且在语言和图像诞生之初就比较明显。赵宪章将文学和图像的关系划为三个主要的阶段："一体"、"分体"与"合体"。"一体"指的是在文字发明之前的"口语时代"，原始人用图像表达生活和感情，是一种"以图言说"的形式。"分体"指的是文字发明后的"文本时代"，语言成为语言记忆和非口语言说的基本形式，而图像降格为语言的"副本"，从而实现了语言和图像的分离。"合体"指的是语言和图像彼此需要，相互吸吮。[①] 从他"一体"、"分体"与"合体"的论述中可以看出，即使是在"分体"的阶段，图像也是客观存在的，并且作为语言的"副本"存在，发挥了辅助语言符号的作用。所以，正因为有前两个阶段的发展，已经积蓄了相当的力量，才促使第三个阶段——"合体"阶段的出现。而"合体"阶段就是本书所说的"图文缝合"，这个

---

① 参见赵宪章《文学和图像关系研究中的若干问题》，《江海学刊》2010 年第 1 期。

阶段是对"一体"阶段的超越。

对于这一阶段的特征，赵宪章说：

> "语图合体"是中国画从写实走向写意的必然选择。这是因为，由于写意画的叙事功能大大弱化，虚拟和玄想成为它的审美倾向，也就必然求助于语言表达；另一方面，文本文学历经图像艺术的长期熏染，也受其色彩、笔法、构图和意象等审美元素的启发和影响，在语言文本中展现绘画的效果也成了中国诗文的审美需要，即追求所谓"诗中有画"的文学时尚。于是，语言艺术和图像艺术彼此需要、相互吸吮，"语图合体"的历史体态自然生成。①

他认为在"语图合体"阶段，即使是写意画对虚拟和玄想的表达也要借助于语言表达；同时，语言还受到图像中色彩、笔法、构图等基本艺术要素的熏陶，这是"语图合体"的基本表现。

龙迪勇说过："每一幅画都既具有'图像性'的一面，也具有'文字性'的一面，当'图像性'的一面逐渐减少的时候，其'文字性'的一面就会逐渐增强，当'图像性'要素趋近于零的时候，它也就成为名副其实的文字了。"② 他认为绘画作品中的图像性和文字性是并存的，绘画只是图像性因素占据主导地位，而文字性因素占据辅助或者弱势地位。当两者之间的关系发生变化进而产生质变时，文字和图像有可能发生性质的改变。他的话生动地说明了"图

---

① 赵宪章：《文学和图像关系研究中的若干问题》，《江海学刊》2010 年第 1 期。
② 龙迪勇：《图像与文字的符号特性及其在叙事活动中的相互模仿》，《江西社会科学》2010 年第 11 期。

像性"和"文字性"之间此消彼长的关系，也显示了文字和图像之间共融一体的紧密关系：在文字中具有图像性的因素，同样在图像中也有文字性的因素。这是图文缝合的重要前提。

文字艺术的主要代表是文学，而图像艺术的代表是影视和绘画。图文缝合主要体现在"文学图像化"和"图像文学化"这两个双向互动的过程。"文学图像化"是文学的图像性延展，而"图像文学化"是图像的文学性延展。文学性和图像性已经溢出了文学和图像各自的场域，渗透到对方的领域，并丰富了对方领域。不管是"文学图像化"，还是"图像文学化"，都体现了两者之间紧密的存在关系。这种关系已经超越了简单的异质符号的差异或者互文的状态，进入了有机缝合的新境界。两者在有机缝合的基础上展现了图文互文的具体表现形态。当然，图文缝合所带来的不仅仅是各自表达功能的延伸和扩张等积极方面，也出现了一些消极影响。

第一节 "文学图像化"

在图像化时代，文学和图像缝合的表现之一是"文学图像化"。图像对文字的冲击也会促使文字吸取图像的优势，尽量克服自身在信息传递方面的不足，从而变压力为动力，形成"文学图像化"的趋势。

从传递的信息形式来看，文字是抽象的，而图像是具象的。语言文字在信息传递的生动形象性方面确实逊于图像，这是由各自的符号特征所决定的。这使得语言文字意识到自身的缺陷和不足，更多地借助图像辅助说明抽象的思想。如很多纯文字性文学期刊在封面以及内页都增加了大量图片来吸引读者，这也会使文字的吸引力增加。其次是文学作品通过影视改编来扩大自身影响，从而激起观众对原著的兴趣，进而去阅读原著。如由吴宇森导演的电影《赤壁》凭借强大的明星阵容和迷人的声、光、色组合展现了风云三国的对峙和较量，也会吸引观众去重读文学名著《三国演义》。影视同期书的出现更是印证了这一点。如《永不瞑目》、《大宅门》、《人间四月天》、《橘子红了》、《雍正王朝》、《省委书记》、《亮剑》等，都是在影视剧热播后，才发行同名的文学读本。

以上都是"文学图像化"的一些现象，这说明了图像对文字的影响是客观存在的。但是，图像不是对文字的否定和打击，而是从各方面丰富了文字的表达。所以，"文学图像化"指的是在文学活动的全过程中出现的被图像影响的趋势和特征。在"文学图像化"主要体现在文学意蕴的图像化、文学创作中运思过程的思维图像化以及文学文本的图像化。

一 文学语言的图像化

文学语言本来是抽象的文字符号，其图像性较弱。但是在图像化时代，文学语言也逐渐向图像化靠拢。无论是文学意蕴方面，还是文字形式方面，都体现了鲜明的图像化倾向。

"文学图像化"首先体现在文学语言的图像化，这一点许多学者都有相关论述。如刘巍认为："文学图像化""特指文学语言的图像化，即作者在写作时沉浸在图像之中，运用可观可感的手法来叙写作品"。[①] 他注意到在文学创作过程中强调文学语言"可观可感"的

[①] 刘巍:《关于"文学图像化"的几点思考》,《理论学刊》2010 年第 7 期。

图像性，却没有明确提出思维方式的图像性，虽然他用了"沉浸在图像之中"一说。他进一步论述"文学图像化"所带来的变化："图像对文学的侵入从外围深入到了腹地，'图像化'影响着文学的品质，将语言艺术与视觉艺术相结合、叙事的时间与影像的空间相结合，生成了新的阅读快感和意义能指。写作者在写作时沉浸在图像之中，运用可观可感的手法，如选题的通俗性、人物的动作性、场景的画面性、故事的戏剧性来叙写作品，是具有特色的写作和表意实践。这也是本书所特指的'文学图像化'。"① 接着，他对"文学图像化"做出了评价和判断："'文学图像化'即代表作家写作的独立性和个性消失，作品叙述更为直观、表层，其直接后果就是文学思想深度和情感浓度的缺失"②。他认为一旦在创作过程中融入图像化思维，文学创作就会流于肤浅化。他将"图像"和"肤浅"之间画上等号的观点是富有代表性的，但是这观点本身是值得商榷的。他的观点还建立在感官是浅层的感受、具象化也等于平面而无深度的层面，这些术语之间的对等关系本来就是不成立的。处于符号系统中的不同符号存在表现形式的差异，但是在指代它物的方面并没有深刻和肤浅之分。

文学语言的图像化还表现在诞生了新的图像化的文字符号。虽然象形文字是中国文字中的重要组成部分，但是到了图像化时代，特别是随着网络技术的发展，一些新的具象、生动的文字符号出现了。以下简单地举出一些愉快、积极情绪的表情符号③：

---

① 刘巍：《关于"文学图像化"的几点思考》，《理论学刊》2010 年第 7 期。
② 同上。
③ 参见许鹏等《新媒体艺术概论》，高等教育出版社 2006 年版，第 191 页。

: -)	最普通的笑脸,表示微笑	: -]	傻笑
: - D	非常高兴地张嘴大笑	; -]	扬眉而笑
: - j	暧昧地笑	: - 1	平淡无味地笑
I -)	眯眼笑	8 -)	戴着眼镜笑
I - D	呵呵笑	: ~)	笑出眼泪
I - P	捧腹大笑	8 ;]	大猩猩一般的笑容

图 5.1　常用网络用语符号

以上符号是用简单的汉语标点符号、英语字母等组成的新的符号,这些符号具有鲜明的形象化特征,而且能够传递丰富的信息,所以在网络上广为流传,受到众多人的青睐。从这些符号中,我们可以窥见语言符号中具象化的因素在逐渐加重。这些符号本身就是人的表情的生动体现。以上所举事例只是不同笑的类型表示,还有很多种类的符号表示,但是,这些符号已经足够说明语言符号形式的图像化倾向。语言的图像化趋势在网络、计算机等技术背景下体现得特别明显。在许多网络文学作品中,类似于以上类型的带有很强形象性的图像化符号占据了大量篇幅,而且也获得了创作者和接受者的广泛认同。

从形式上来说,语言符号具有图像化的倾向,在具体形象、诙谐幽默中传情达意。这些语言符号用简单的形式组合、惟妙惟肖地传递情绪和感情,从而使语言符号的信息量扩大。而且,面对这样的语言符号,语言的所指也在很大程度上实现了图像化。所以,文学语言的图像化过程就是语言的能指和所指都实现图像化的过程。

除此之外,语言符号更注重文学意蕴的图像化表达。在以往的文学作品中,形象化的描绘也很多。但是,到了图像化时代,这种趋势变得更明显,如语言符号中色彩感和场景感的加强等。

当代,文学图像化在形式方面具体体现为文学作品的影视化倾向。许多文学经典都被改编成影视艺术作品，有的甚至在不同的时期被改编了很多次。而且，在很多文作品初创期，文学家就将其影视化的可能性纳入可思考范围。这是图像的具体影响，也是文学为适应图像化时代主动做出调整的表现。

二 创作主体的图像化追求

文学创作的起点是创作主体，作家在进行创作之初，就融入了鲜明的图像意识。他们有意识地向图像靠拢，一方面是因为外在的诱因，另一方面因为语言符号具备与之相对应的内因。

创作主体的图像化追求首先体现在文学创作主体团队的相对萎缩，越来越多的创作者转行书写影视剧本，或者是将文学作品改编成影视剧。其代表是王朔，他从20世纪70年代末开始进行文学创作，也成就了一些脍炙人口的作品，如《一半是火焰，一半是海水》、《顽主》、《我是你爸爸》、《动物凶猛》、《过把瘾就死》等。他的许多作品受到影视导演的青睐。如米家山执导的电影《顽主》、夏钢执导的《一半是火焰，一半是海水》均改编自王朔的同名小说。王朔还编剧了电影《非诚勿扰2》、《一声叹息》和电视情景剧《编辑部的故事》等。这些都说明影视作品有一种吸引力，吸引创作主体用图像符号，而不是用语言符号来进行创作。

其次指文学创作运思过程和接受过程的图像化。从古到今，这种现象一直伴随着文学的创作活动和接受活动。只是到了图像化时代，这种活动变成了一种有意而为之的行为，并且表现得越来越明显。它主要指文学创作过程中想象的作用机制，也与"格式塔"心理学紧密相关。在文学创作过程中，一是在作者的头脑中有意识地形成尽可能多的、相应的、具有思想视觉性的图像，这需要想象的结构能力和完形能力。接着，作者将这些图像转换为抽象的语言符号。二是读者在阅读文学文本的时候，也会在头脑中建立起相应的、并受到个人经验影响的图像。

创作主体的图像化追求，还体现在读者的创造性上。读者也是创造者，他们在接受艺术作品的时候会结合自己的"前见"和"期待视野"，产生出建立在现有文本基础之上的新的蕴涵，这是接受美学的重要观点。读者在创造性接受的过程中，也倾向于接受图文并茂的作品，或者以图像为主的作品。一般的读者更倾向于去接受图像化的作品。

三　文学文本的图像化

文学文本的图像化在图像化时代是特别明显的，图像已经不仅仅是少儿读物中的常客，它在众多成人读物中也占据了重头戏。

在人类文明发展史上，图像的历史比语言文字要早。在语言文字产生之前，图像是人们交流的重要手段，其地位远远超过了语言文字。后来，随着语言文字的逐渐普及，它在信息传递和日常交流中的地位逐渐超过了图像，成为叙述和交流的主体，而图像逐渐沦为叙述的辅助地位。图像对文学作品的辅助说明在我国古代就存在。《山海经》中的地貌多以图像的形式呈现；"题画诗"在绘画作品种题上与之相应和的诗句，共同创造了独特的审美世界；"绣像小说"给小说主要情节配以图像，图文并茂地讲述了一个个生动的故事。

到了20世纪中叶，图像对文学作品的切入强度越来越大，因此，图像与语言文字的关系也悄然发生了一些变化。这些变化主要表现在以下几个方面：

一是图像辅助叙述的比例越来越大。漫画小说则是很好的证明。朱德庸的《涩女郎》、《粉红女郎》等漫画系列图像叙述占据绝大部分比例。王朔的畅销小说也改编成连环漫画的形式，如《看上去很美》、《一半是海水，一半是火焰》、《动物凶猛》等。海岩的作品《玉观音》、《平淡生活》、《拿什么拯救你，我的爱人》等也改编成了连环画。很多作家都明确表示，接受将自己的作品改为图文化小说的举措，但是要求图画能准确传达语言的内涵，能保持原著的风格。20世纪80年代有著名《连环画报》和《富春江画报》。司汤达的名著《法尼娜·法尼尼》的绘本改编得非常精美，完全能够表达原著风格。戴敦邦画的《红楼梦》、黄钧画的《西厢记》、尤劲东画的谌容的《人到中年》，都非常完美地传达了原著精神。其实这种图文小说的畅销度如何，很大程度上已经取决于图片的质量如何。但是要注意的是，并不是所有的文学作品都可以改编成图文的形式。如果泰戈尔的《飞鸟集》充斥着卡通人物，则是一大笑谈。

二是许多文学期刊走向图像化趋势。文学期刊在遭遇了一定时期的销售量下降的冷遇之后，重新寻找把握市场和发展的策略，以期对抗图像的冲击。文学期刊中的图像已经不是为了吸引儿童，更多地为了吸引成年人。从内容上来说，文学作品中图像的比例越来越大，图像的切入已经成为提高销售量的重要举措，有的增加甚而直接开辟了介绍视觉艺术的专栏，等等。赵晓芳归纳了当今文学期刊图像化的两种主要路径：一种是以《作家》为代表，侧重于形式的变化（外观装帧）。从最初的文内无图到配少量插图，这些图片都是模糊的黑白图片，再到以图为对象的栏目越来越多，所配之图也变成具有高清晰度的彩色图片；另一种是以《山花》为代表，侧重于内容的变化（栏目设置）。[①]《人民文学》、《青年文学》、《十月》、

[①] 赵晓芳：《视觉文化冲击与浸润下的文学图景——论世纪之交中国文学的图像化走势》，博士学位论文，华中师范大学，2008年，第21页。

《收获》等期刊都倾向于用纯净的亮色作为封面色以引人注目并透露出雅致风格；《大家》则常常以黑色背景加白色刊名并配以中外著名作家的肖像，从而显示出庄重神秘。各大期刊内插图比重的增加和质量的优化更是不言而喻的。文学期刊中还增加了图文化小说这一图文融合的类型。比如《小说界》"另类文本"中选登的部分图文化长篇小说作品，《大家》"凸凹文本"、"俗说俗世"栏目陆续选登的一些图文化小说文本等。同时，一些期刊的内部还专设了视觉艺术栏目，刊登一些图像艺术作品。如《上海文学》就开设了"图像时代"栏目。许多文学书籍和期刊的封面图像精美纷呈，并配上护封、腰封等。

三是许多原本纯文字符号的出版物也在逐渐发生变化。20世纪90年代，人民文学出版社出版了由200部著作构成的"名著名译插图本"丛书，在书籍中根据故事情节的发展配以精美的插图，这套丛书包括了世界上许多国家的文学名著，如日本的《源氏物语》、西班牙的《堂吉诃德》、法国的《基度山伯爵》、英国的《唐璜》等等；2007年9月，广西师范大学出版社陆续推出了"插图本"学术著作系列丛书，所涉及范围和学科较为广泛，如社会学经典《乌合之众》、美学著作《华夏经典》、哲学著作《悲剧的诞生》甚至史学著作《无墙的博物馆：艺术史》等；2009年北京大学出版社有插图本外国文学史系列丛书，在历史事实中穿插了许多图片，增强了阅读性，如《插图本法国文学史》、《插图本英国文学史》、《插图本俄国文学史》、《插图本日本文学史》等；2011年5月，浙江人民美术出版社出版了《世界文学名著连环画》，如《史记》、《小鹿班比》、《一千零一夜》、《雾都孤儿》……出版社大有将文学著作、中外历史统统都配上插图的想法和趋势。在这些"图说"版中，文字内容不再作为图书出版的唯一"卖点",相反,大量精美、富于视觉冲击力的图像符号带来了更多的经济效益。

四是大量文学作品成为影视艺术的脚本。语言文字和图像本来是两套异质的符号系统,但是两者互补的态势越来越明显。特别是在高新技术支撑下的新的图文结合的形式。如电视散文以电视为依托和平台,将影像和散文结合起来,通过声音、文字和图像的有机结合,展现出独有的意境美。电视读书栏目也是新的图文结合的形式。同时,就语言符号本身来说,有些文字符号的图像化,如现代的许多网络用语。如笑脸符号(^_^)等。

从接受方面来讲,图像的受众团体越来越庞大,部分受众甚至对图像产生了依赖。读文学作品的人减少了,而看影视改编剧的人多了。人们每天花很多时间、甚至是不知不觉地沉浸在影视艺术的洗礼中,而不是在文字的世界里遨游。创作主体和接受主体的减少也是米勒宣称"文学之死"的重要原因。

其实,在文学创作过程中,"文学图像化"既指一种过程,也指一种趋势。"过程"主要指从文学作品到影视作品的转换。当代有很多文学作品都被搬上了荧(银)幕,用图像的方式展示着与文学作品不同的魅力。而"趋势"主要指文学载体中的图像符号比重越来越大。"过程"将在后面相关章节详细论述,在此重点阐释图像符号日益增长的"趋势"。当然,文学创作是文学活动的起始阶段,它的"图像化"是最重要的一环,它会影响到文学创作的全过程。所以,"文学图像化"不仅仅存在于文学创作过程中,而是存在于文学活动的始末,即贯穿于文学创作、传播、接受的全过程。在文学创作过程中,作者有意识地融入图像的因素,如添加图片,或者用图像化的思维构建一个个生动的场景;在传播过程中,许多文学作品还配备了相应的图像光盘；在接受过程中，许多读者已然变成了观众，他们更倾向于从影视艺术或者图片中获取信息或者审美的感受。

当然，"文学图像化"源于接受者对于直观视觉的超强信赖力，来自可见的才是可信的观点。我们可能都有这种生活经验：当我们看到某些文字新闻，而没有相关的图片来配套的时候，我们心底总有一些小小的失望甚至是质疑，这或许就是"文学图像化"的心理动机之一。

第二节 "图像文学化"

与"文学图像化"相对，"图像文学化"则是一个逆过程。图像中融入了文学性的因素，也增强了它的表现能力。"文学图像化"表现的三个维度的逆向运行就是"图像文学化"的表现：图像所指的文学化、图像创作中运思过程的文学化以及图像文本的文学化。这一过程在此只做简单阐释。

一 图像所指的文学化

图像所指的文学化是指图像文本的所指或者说深层意蕴包含着丰富的文学性因素，包括对叙事性的强调、文学修辞的运用等。

图像所指的文学化首先体现在对叙事性的强调方面。叙事一般被认为是文字或者文学的特长，但是随着图像化时代的到来，这种观点已经受到很大的冲击，人们认为图像也有较强的叙事性，它不仅仅是通过连续的"影像流"构成叙事的时间或者空间线索。其实，图像和文字都是叙事的重要工具，只是长期以来，人们只注重到文学的叙事性而忽视了图像的叙事性。特别是在图像化时代，图像的叙事性已经体现出来了。龙迪勇也特别看重图像的时间性，他在分析图像的"最富于孕育性的那一顷刻"的空间性特征的同时，认为图像的空间性中包含着时间性："显然，瞬间在这一极短的、'丧失了所有时间扩延的东西'，必须通过某种空间性的物质，才能真实地被我们所把握。由于照片把某一时空中的情景单元凝固在图像中，所以我们说它以空间的形式保存了时间，或者说，在图像中，时间已经空间化了。"① 他认为图像以空间的形式保存了时间，只是因为这里的瞬间被人们忽略了。这其实说明了图像本身就蕴含着叙事的内因，这也就为图像的叙事性特征奠定了理论基础。

叙事性等同于时间性的概念在影视作品中得到了进一步发挥。如果说单幅图像中即存在叙事性因素，那么在影像流中，其叙事性特征进一步加强。随着叙事性的加强，图像的文学性特征也显现出来。这里的文学性是一个广义的概念，指的是某些带有文学性特质的性质。所以，图像，特别是影像，既可以向我们娓娓道来一个曲折动听的故事，也可以讲述比较抽象的哲理情思。

图像所指的文学化不仅仅使图像获得了延续性的故事情节，而且获得了比瞬时更深厚的时间维度，从而展示了图像在叙事方面的潜力，也展示了图像叙事的魅力。

在当今时代，有些图像文本甚至直接取材于文学作品，即文学和影视的联姻。经由文学作品改编而成的影视艺术，吸取了文学作品的某些特质，或是盎然的诗意，或是扣人心弦的情节，或是一点灵感的深化……总之，脱胎于文学作品中的图像作品，总是带有很深的文学印记，这是无法避免的。

---

① 龙迪勇：《图像叙事：空间的时间化》，《江西社会科学》2007 年第 9 期。

在图像艺术的创作中，创作者也会使用一些文学修辞来彰显文学性。如在电影中也会使用隐喻和象征来加深图像的文化蕴涵。法国著名电影理论家克里斯丁·麦茨就认为电影靠隐喻而生存。在电影中，银幕本身就是一种隐喻，人们通过这个"窗口"来表达一定的情思，"所以，电影实际上是采用隐喻的方式来折射现代生活并寄寓某种哲思，从而赋予电影文本深层意蕴，这类意蕴比具体修辞元素和修辞格所传达的意蕴更深广"①。当然，在影视文本中，还有一些具体的修辞元素，通过具体影像的组合方式，如不同的蒙太奇的组合就会产生不同的意义，所以，马赛尔·马尔丹对电影中的隐喻进行了界定："所谓隐喻，那就是通过蒙太奇手法，将两幅画面并列，而这种并列又必然会在观众思想上产生一种心理冲击，其目的是为了便于看懂并接受导演有意通过影片表达的思想。"②

在图像作品中，创作者也同样使用象征手法来表达意义。单幅的画面可以通过构图、色彩搭配等影像元素来传达意义。如工整、平稳的画面构图传递的一种威严之感，故一般在表现皇宫时，多采用这种构图方式。所以，象征通过表层图像和深层意义的结合实现了意义的多义或者含混的交叉。因此，刘巍认为："'图像化'写作依然使用着文学比喻、象征、通感、移就、比拟、夸张等手法，只是过多地将文字背后的深意以感观可见的形式表达出来罢了。"③ 她所认为的比喻、象征等修辞手法实际上也反映了不同艺术类型之间的相通之处。

---

① 李烨鑫：《张艺谋电影修辞艺术研究》，硕士学位论文，华中师范大学，2008年，第28页。
② ［法］马赛尔·马尔丹：《电影语言》，何振淦译，中国电影出版社2006年版，第79页。
③ 刘巍：《关于"文学图像化"的几点思考》，《理论学刊》2010年第7期。

图像艺术通过借用文学性的一些特质,加大了图像符号的内涵含蕴量。所以,图像符号所指的文学化已经超越了简单的符号层面,而着眼于精神世界的相通,这是更深层的文学化趋势。

二 图像文本的文学化

图像文本的文学化是"图像文学化"的最终体现。在图像化时代,图像文本的文学化的最突出的表现是影视同期书的出现。此时,许多先行拍摄制作的影视艺术作品已经获得大众的认可,获得了良好的评价。借着这股东风,作家再将这些影视作品改编成文学作品,形成所谓的影视同期书,这个过程被称为"图像文学化"。如《刮痧》、《庭院里的女人》、《大腕》、《永不瞑目》、《大宅门》、《人间四月天》、《橘子红了》、《雍正王朝》、《省委书记》、《亮剑》等,几乎是不胜枚举。这同样也反映了图像的重要性,正是因为如此,文学才会借鉴图像已经取得的成就来搭顺风车。从影视作品到文学作品的过程,就是从"外图像"到"内图像"的过程,这同样也是彰显图像重要性的过程。影视同期书是由图像向语言转换的结果,也为图文互换做出了一些实践探索。

图像文本的文学化还体现在影视作品中文字的运用上。这里的文字不是指银幕下方的、与剧情发展相适应的同期声,而是指经常出现在图像文本中提示剧情时空转换的一些文字。如"第二天"、"三年后"等。这些文字能够弥补图像在时空表达上的缺陷和不足,帮助观众迅速、快捷地了解剧情。这些转场实际上借助了文字表达的精准性。

总之,无论是图文转换,还是文图转换,其实都反映了图像的魅力。正是因为图像强大的视觉魅力,才促使二者的转换。在这种双向互动过程之中,反映了图像强大的向心力。如果没有图像化时代的到来,我们将仍然醉心于文字符号的阅读。正因为有了图像的视觉冲击,才出现了图像符号和语言符号的互补互文的图像化时代。

第三节 图文缝合之后

图文之间的互文关系使得文学和图像相互渗透:语言符号中的文学性渗入图像符号中,同样,图像符号中的图像性也渗入语言符号中。所以,图像化时代的文、图呈现出鲜明的缝合趋势。"文学的图像化"和"图像的文学化"是图文互文关系的具体体现,它所产生的影响也是辩证的,既有正面的、积极的影响,也有负面的、消极的影响。

一 积极影响

图文缝合对图文双方都产生了重大影响,语言和图像分别以各自的优势特质嵌入对方,实现了双方的互补态势。语言的抽象性、延展性等特征与图像的具象性、空间性特征等结合在一起,实现了双方的优势互补,将语言和图像的接受群体集合在一起,实现了接受者的合流,既扩大了各自的表现力和张力,也在某种程度上实现了与市场的接轨,并实现了消费社会背景下两者的双赢。语言性和图像性分别溢出语言和图像的领域,蔓延到图像和语言的领域。

(一)语言的图像性延展

图像性是图像符号独特的特性和本质性的特征,是图像之所以成为图像的根本因素。所以,图像性大多只能在图像符号本身才能见到。但是,在图像转向下的图像化时代,图像性逐渐和语言符号结合在一起，使得图像性渗透在语言符号中。

语言的图像性延展具有历史依据。从汉字来说，象形字是文字中很重要的类型，而且，汉字也是象形性最为突出的一种语言符号。象形字的重要特征在于它与所表现事物之间的形似，使得其抽象性减弱，而可辨识度大大提高。在对语言的识别过程中，思维的抽象性也相对较弱。所以，从汉字的源头上来分析的话，文字在发明和产生的过程之中，象形字是占有很大比例的。这既适合原始人的思维发展水平，也蕴含了文字的内在图像性特征。随着语言符号的继续发展，其象形性逐渐减弱，语言符号和它所表达的物象之间的任意性原则起到了主要作用。索绪尔认为，任意性原则是语言符号所遵循的基本原则之一。但是，任意性原则所带来的抽象性并没有驱逐甚至扼杀语言的图像性，而是使得其图像性从外在形式走向内隐，其图像性得到了进一步延展。所以，有人称语言内包含有"内视图像"，特别体现在文学创作中。所以，"文学作为语言的艺术有属于自己的'心象'，而不是直观的图像"[1]，"'内视'形象是文学创作的特点之一。就是说，作家创作出来的形象，在创作前、创作中、创作后，都是内视心象，而不是如电影或电视剧创作那样开始于内视形象最终落实到具体的、外在的图像"[2]。"内视图像"的说法刚好说明了语言符号的图像性从外在向内在逐步发展的过程，它在某种程度上和"精神的图像"具有相通之处。所以，从文字的起源到其后的继续发展，语言的图像性一直存在并向纵深方向延展。

语言的图像性延展也具有现实的原因。身处于图像化时代的文字，与图像的具象、生动性相比，其抽象性特征受到很多接受者的

---

[1] 孙志璞：《论电子图像时代文学的独特审美场域》，《文艺理论》2006年第9期。
[2] 同上。

排斥。所以,图像逐渐增长的趋势使得图像的某些优势凸显出来,从而吸引了一部分新的接受者。这也对语言提出了新的发展要求,使得它在外在现实的压力之下产生了适当向图像性延展的需求。

虽然图像也能表达抽象的思想,但是图像性的基本表现还是具象性、生动性和空间表现特质,这些特征都成为图像的标签性特征。所以,语言符号通过"文学图像化"的一些策略(上文已论及)来增强自身的图像性特征,增强语言文字符号文本的具象性和生动性,不管是从外围还是内部实现语言的图像性延展,从而实现图文的缝合。

语言的图像性延展并没有损伤语言符号的固有特征,更没有将语言符号挤向边缘地带,相反,它增强了语言的表现领域和表现能力。将语言的抽象性和图像的具象性完美融合是图文缝合所追求的终极目标,所以,这也是一个不断探索和进步的过程。

语言的图像性延伸不乏成功的案例,如钱钟书的小说《围城》在出版之初并未产生很大影响,但是经它改编的同名电视剧《围城》热播后,才大大扩大了原小说的影响,其影响一直延续至今。

(二)图像的文学性延展

文字性也是语言的本质性特征,是文字之所以为文字的根本因素。文字性是语言符号的区别性特征,但是在图像化时代,这种趋势已经发生了很大改变:文字性超越了语言符号的限定性领域,进入了图像符号的领域。

以文字符号为主要载体的文学作品,其之所以为文学的根本特征在于其文学性。在图像化时代,文学性的讨论是十分热烈的,这是由这个问题本身的复杂性决定的。有人强调文学性是文学和非文学的本质区别,所以,在非文学中是不存在文学性的,这是区别性的特征,是严格的界限。如 20 世纪初期的俄国形式主义者和 20 世纪末期的解构主义者都认为文学性是最主要的区别要素。在此基础上,他们认为文学性是文学的研究对象。如罗曼·雅各布森卡勒在探讨"什么是文学性"这个问题时指出:"文学科学的研究对象并非文学,而是'文学性',即使一部既定作品成为文学作品的特性。"① 另一种观点则认为,在图像化时代,文学性已经溢出了文学的范围而渗入了其他学科领域,使得众多其他学科也带有了文学性的色彩。

文字性和文学性既有相通之处,也有相异之处。文字性是文学性的基础,而文学性是文字性的提升和延展,因为文字符号是建构文学作品的基石。但是文字毕竟不同于文学,双方最大的差异在于在文字性特质上又添加了文学艺术的特质。对此,张玉能认为,意象性是文字的主要特征,但是文学性是使语言文字结构称为美的艺术形态的内在的质的规定性,主要体现为外观形象性、情感感染性和超越功利性。② 所以,在讨论文字性的时候,我们首先可以谈论相关的对文学性研究的成果,因为本书所研究的语言符号主要是具体存在于文学作品中的。

图像是具象生动的符号,它向文字性延伸就需要加强自身表达抽象思想的能力(具体的策略上文也已论及)。因为有抽象性的融入,图像的具象化特质变得别有一番特色。

图像的文字性延展的重要表现是影视作品和文学作品的联姻。影视作品吸取了文学作品的叙事性特别是故事情节,通过流动的影像流实现对空间性艺术形式的超越。影视作品在影像的蒙太奇组合

---

① 乔纳森·卡勒:《文学性》,载马克·昂热诺等《问题与观点:20 世纪文学理论综论》,史忠义等译,百花文艺出版社 2000 年版,第 27—30 页。
② 参见张玉能《汉字的意向性和文学性的视像化》,《青岛科技大学学报》2005 年第 3 期。

中，撞击出思想的火花。图像在具象化的影像深层添加了抽象思维的特质，增强了图像的叙事性，从而实现了图像的时间性延展和抽象思想性延展。

文学经典的改编是文学和图像转换的经典案例。如果这种改编是成功的，不仅会使影视作品具备依然存在的文学性，而且还会给图文双方都带来有利的影响。这种改编既使影视作品获得票房或收视率，又能扩大文学经典的影响，甚至引起人们重新阅读经典的兴趣。这就是双赢的具体体现。特别是当代文学经典遭到冷遇的时代，影视作品甚至成为人们接触、了解文学经典的主要途径，而不是通过直接阅读文学文本来获得对应的审美感受。

图像的文字性延展并不是仅仅存在于图像化时代，它只是在图像化时代表现得越来越明显，越来越有影响力。在电影诞生初期，因为技术的不成熟等众多方面的原因，它并没有被看作是艺术，而只是一种不入流的"杂耍"，所以电影要想得到独立发展是步履维艰的。这时，它寻求到文学这门成熟艺术作为拐杖，从文学中汲取营养来发展自身。它一方面借助了文学作品已然建立起来的影响力，另一方面又自觉地从文学中借鉴了很多相适应的艺术技巧。与其他艺术相比，电影在很短的时间内就跻身艺术殿堂，并作为最年轻的一门艺术被称为"第七艺术"。在其后的发展过程中，文学对影视的影响始终存在。到了图像化时代，文学对影视的影响更甚，否则就不会出现对同一件文学作品的若干版本的改编。这其实也说明文和图各自的场域特性并不是绝对的水火不容。

总之，文字的图像性延展和图像的文字性延展这两个截然相反的过程，使文字性和图像性在文字符号和图像符号之间相互贯通。文字性和图像性都有自身独特的场域从而形成艺术符号各自的场域的质的规定性，但是，文字性和图像性又是比较开放的特征，具有包容和渗透的特质。正因为如此，文字和图像的场域性特质能够向对方渗透并产生一定的影响力。但是，正因为各自场域的存在，特性的互渗并不能起到促使质变的作用，而是进一步丰富了质的特性，使得对方成为充满张力的、多维的复合体。

对此，乔钠森·卡勒充分肯定了这种互相的延展过程，他重点论述了文学性的延展。他认为文学性的延展并不意味着因为文学边界的消失而带来的文学的消亡，而是随着文学性的蔓延进一步扩大了文学的统治疆域，所以文学的前景是一片大好。国内的学者余虹也认为文学性进一步深入政治、经济、文化等领域，并替代文学而成为文学研究的中心和主体。虽然他们的观点也引起一片质疑之声，但是他们同时说明了一个问题：这种相互渗透带来的积极作用是毋庸置疑的。所以，图文在缝合过程中既坚守了自身的特性，又借鉴了对方的某些优势以适应图像化时代的发展要求，从而在相互渗透中实现在对自身某些传统特性的超越。

二 消极影响

图文缝合的积极影响是主要的，但是也不可避免地带来了一些消极影响。叶维廉在《中国诗学》中虽然阐释了图文转换所达到的审美之境，论述了不同媒介的"出位"所带来的审美愉悦，但是，他在文章的末尾也不无担忧地指出：

我们由这些表现方式看到，西方现代诗超媒体的努力，无疑是我们观、感领域的扩充，在语言的性能上有不少新的发明，但我们也了解到，这些发明是有代价的，便是一般语言特性

（尤其是述义性）的削弱（或相反的，浓缩到义多而模棱），语法的疏离与扭曲，有时到了无法入手的地步。……①

他的论述就涉及图文转换所导致的消极影响：文学转换为图像，结果是导致语言特性的削弱、语法的扭曲等问题。

对于图文缝合，学者们论述较多的是负面影响，即集中在图像对文学的消极影响。这方面的代表性学说主要有"文学终结论"、"文学边缘说"以及"文学深度的流失"。

（一）"文学终结论"

20世纪上半叶，匈牙利电影理论家巴拉兹也曾这样预言，视觉文化将取代印刷文化，他认为电影的出现使"我们不仅亲眼看到了一种新艺术的发展，而且看到了一种新的感受能力、一种新的理解能力和一种新的文化在群众中的发展"②。他想充分展示电影的魅力，但是也未免操之过急。1980年，秉承着巴拉兹的基本思想，德里达最先提出"文学终结论"，他说："……在特定的电信技术王国中（从这个意义上说，政治影响倒是其次），整个的所谓文学时代（即使不是全部）将不复存在。哲学、精神分析学都在劫难逃，甚至连情书也不能幸免……"③ 他的论述就像一颗重磅炸弹，投进了原本平静的学术领域。他认为图像的盛行将导致文学的终结和消失，在西方乃至全世界都产生了轰动效应。J. 希利斯·米勒将这一观点在中国学界传播开来，引起了轩然大波。2000年，他到北京参加国际学术会议做了长篇发言，提出了"文学终结论"的观点。2001年，

---

① 叶维廉：《中国诗学》，生活·读书·新知三联书店1992年版，第174页。
② [匈] 巴拉兹·贝拉：《电影美学》，中国电影出版社1978年版，第21页。
③ [美] J. 希利斯·米勒：《全球化时代文学研究还会继续存在吗?》，国荣译，《文学评论》2001年第1期。

《文学评论》发表了他的文章《全球化时代文学研究还会继续存在吗?》，这篇文章宣布了"文学的终结"。2007年，米勒的《论文学》被译成"文学死了吗?"这样一个耸人听闻的书名。他在书中开篇就宣称："文学就要结束了。文学的末日就要到了。是时候了。"①

米勒看到了文化潮流中的新变化，具有一定的道理，但是其观点也未免显得耸人听闻。所以，对于这一观点，有人支持，有人反对。反对者以童庆炳为代表，他说："……文学虽然有这样或那样的改变，但文学不会消失，因为文学的存在不决定于媒体的改变，而决定于人类的情感生活是否消失。如果我们相信人类和人类情感不会消失的话，那么作为人类情感的表现形式也是不会消失的。"② 他认为文学是人类表达自身情感的一种方式，所以决定文学存在的因素是人类情感。只要人类存在，就存在情感，作为情感载体的文学也就不会消亡。

这种观点集中表达了人们对于图像的一种恐惧之情，一种对语言符号的主导地位遭到威胁的恐惧之情。对图像的恐惧在西方出现得很早，早在公元100多年前的德尔图良在《论偶像崇拜》一书中就对图像充满了仇视。他说："'当魔鬼把制作雕像、图像和各种其他类似物的匠人引进世界时'，对虚假之神和魔鬼的崇拜就立刻紧紧地迷惑住了世人的视线。"③ 后来，随着照相机的发明，画家又对摄影图片产生了极端的恐惧，他们害怕瞬时完成的摄影作品夺走了自己的饭碗，从而导致"绘画之死"。时至今日，这种对图像，特别是影像的恐惧之情发展得更加强烈。

---

① [美]希利斯·米勒：《文学死了吗》，秦立彦译，广西师范大学出版社2007年版，第1页。
② 童庆炳：《全球化时代的文学和文学批评会消失吗? 与米勒先生对话》，《社会科学辑刊》2002年第1期。
③ Moshe Barasch, Icon., Studies in the History of an Idea, New York: New York University Press, 1992, p.111.

支持图像发展者以周宪等为代表。他从图像符号传播的优越性特征出发,认为当今的文化形态已经转型为视觉主因型文化。他说:"视觉凌越听觉,图像统治文字,因而电子媒介的图像实时(现场时间)传播具有不可比拟的优越性,由于速度的提高,图像传输优于文字阅读,这便导致了视觉图像占据主因的文化转变。"[①] 他甚至认为当今的文化形态已经由语言文字为主的听觉主因型文化转化为以图像符号为主的视觉主因型文化,图像在这种文化形态里面因为其无可比拟的优越性,超越甚至统治了语言文字。

朱国华在《电影:文学的终结者》一文中也说道:"在此语境压力下,文学家能够选择的策略是或者俯首称臣,沦为电影文学脚本的文学师,或者以电影的叙事逻辑为模仿对象,企图接受电影的招安,或者以种种语言或叙事实验企图突出重围,却不幸跌入无人喝彩的寂寞沙场。因此,本书倾向于认为,文学的黄昏已然来临。……文学失去了生命力。"[②] 朱国华认为文学在图像化时代完全处于一种被动应付的状态,毫无积极性可言,所以,在图像的一次又一次的攻击之下,文学只能俯首称臣,甘拜下风。

针对"文学终结论",有的学者也提出了针锋相对的观点,如彭亚非在《图像社会与文学的未来》一文结尾时就鲜明指出:"说到底,没有什么文学终结的问题。文学的未来将为它自己优越而深刻的本性所指引。在图像文化成为历史新宠的后现代社会,它仍将持之以恒地将我们带向时间的深处,在尽显语言和内视世界的能指之美的同时,通过深刻的内心体验开掘存在的诗意,共享人类灵魂探险的无穷可能性,并以此构成人性的全面而立体的交流,使失去家

[①] 周宪:《视觉文化的转向》,北京大学出版社2008年版,第169页。
[②] 朱国华:《电影:文学的终结者》,《文学评论》2003年第2期。

园的人类精神在新的信念的询唤下,在灵与肉的主体性升华中,重获救赎,直达彼岸。"① 这一段话说得特别中肯,"文学终结"并不是一个新鲜的话题,但是文学以其独特的性质和场域功能一直存在并将继续存在下去。在图像符号占据重要位置的图像化时代,图像符号的优势体现出来了,但是语言符号并不会因此而消失。语言符号和图像符号在相互交融的态势之下,在坚守各自场域特性的基础之上,开出更绚丽的花朵。

(二)"文学边缘说"

与"文学终结论"相比,"文学边缘说"对文学发展的态度稍显乐观,它并不认为文学会在图像的挤压之下窒息、死亡,而只是会被从文化的中心地位、或者说主导地位而日趋边缘化。为此,余虹具体论述了"文学边缘说"的基本内涵:"概言之,后现代条件下的文学边缘化有两大意涵:1. 在艺术分类学眼界中的文学终结指的是文学失去了它在艺术大家族中的主导地位,它已由艺术的中心沦落到边缘,其主导地位由影视艺术所取代。2. 在文化分类学眼界中的文学终结指的是文学不再处于文学化的中心,科学上升为后现代的文化霸主后文学已无足轻重。"② 余虹指出了影视艺术取代了文学的主导地位,致使文学在后现代文化中处于无足轻重的地位。

在图像化时代之前,与文字相比,图像一直处于边缘地位,扮演辅助叙述的角色,文字或者文学甚至是接受者已经习惯了这种方式,所以,一旦图像迅猛地增长,挤占了文字或者文学的生存空间,就导致了所谓的"文学边缘化"的假象。为什么称为假象?因为在

---

① 彭亚非:《图像社会与文学的未来》,《文学评论》2003 年第 5 期。
② 余虹:《文学的终结与文学性蔓延——兼谈后现代文学研究的任务》,《文艺研究》2002 年第 6 期。

图像化的过程中，文字和图像只是各就其位，而并不存在谁挤占谁的问题。而且长期以来文学处于主导而图像处于辅助地位本来就是不正常的现象，二者应该相得益彰，相辅相成。

但是，图文关系的一些变化确实已经发生。所以，李静认为："从某种意义上看，当前文学研究的危机乃'研究对象'的危机。后现代转折从根本上改变了总体文学的状况，它将'文学'置于边缘又将'文学性'置于中心，面对这一巨变，传统的文学研究如果不调整和重建自己的研究对象，必将茫然无措……"[①] 李静进一步论述了文学已经被文学性所代替，而文学性是一个超越了文学场域的更大的范畴和概念，这也表明了文学的研究范围更大。她认为图像的盛行导致文学研究对象发生变化，文学性取代了文学。她的"文学性"论述是否从另一个侧面意味着文学占领范围的进一步扩大？这或许提出了新的研究课题。

（三）文学深度的流失

还有一种观点认为：语言符号因为其本身的抽象性赋予了它表达深度哲思优势，但是具象化、直观化的图像削弱了文字的深度感，进而将文学从精英艺术的神坛拖入了大众文化的旋涡，这是对文学艺术性的削弱。对此，张荣翼持否定态度，他说：

> 图像化已经成为了当代的一个重要的文化的表征。图像化通过现代技术水平下的传播机制，把图像从传达意义的层次解放出来，图像不再是为了传达意义，而是图像本身的感官冲击成为了核心。图像就是图像，图像不是去传达什么，而是表达

[①] 李静：《影视小说"读图时代"的文学"宠儿"》，《文艺争鸣》2007年第4期。

它自身。当然，图像作为符号也总是要传达意义的，因此图像化并没有使得意义从此退隐，但是图像已经不是作为文字表达的附庸而是可以单独承担意义的建构，这已经是不争的事实。①

他认为图像本身就可以独自承担起意义建构的责任，所以，也不存在图像削弱文字深度的负面影响。刘巍也认为："市场不是文学的对立面，图像也不是深度的对立面，关键要看作家如何去把握文体的张力。"我十分赞同这一观点。作为不同符号类型的文字和图像，它们只是在表达意义的方式上存在差别，而在意义表达本身并没有优劣、好坏之分。

无论是认为文学即将消亡，还是继续昌盛，都过于片面。我们要正确看待这一问题，还必须回到该论题提出的文化语境和社会背景。其实，米勒的观点只是与特定的时代、特定的文学类型联系在一起，对文学整体并没有适用性，也就不具有普遍意义。后来，米勒自己也修正了这一观点，没有再谈"文学终结"这一问题。但是，他所提出的观点确实也反映了一些问题，只是没有他所说的危言耸听，如在图像化时代文字符号如何应对图像激增的问题，等等。这种言论和黑格尔的"艺术终结论"一样，也是经不起时间考验的。纯文学在面对出现的新兴的文学种类时，必须保持一个平和的心态。

就像当初摄影术发明的时候，有人宣称"油画之死"一样，但是在接下来的岁月中，油画不仅没有"死"，还发展得很好，还出现了印象主义、超现实主义以及立体主义等流派。所以，对于这种"某某之死"的论调，我们可以从另一个层面去理解：只是记录外部

---

① 张荣翼：《图像化背景与意义的重建》，《学习与探索》2009年第7期。

世界和内心情感的方式发生了改变,手段和途径更多了。所以,对于"文学之死"的论调,我们也可以这样理解。

"图像化"给我们带来的影响确实不能小觑。这样的说法颇为形象:"一枚信息炸弹正在我们中间爆炸,这是一枚形象的流霰弹,像倾盆大雨向我们袭来,急剧地改变着我们每个人内心世界据以感觉和行动的方式……也在改变着我们的心理。"① 图像不仅改变了我们行为的方式,也产生了深层的文化影响。但是我们的目的不是言论的震惊度,而是要从学理上探究其实质和内在真相。

文学的消费群在缩小,图像的消费群在增大,这是事实。但是,我们并没有必要根据数量的消长来判断事物的存在与否。所以,周宪认为:"也许我们有理由说,在视觉文化时代,文字正在慢慢地沦为图像的脚注。或者换一种形象的说法,在视觉文化时代,图像是主角,而文字不得不担当配角。"② 他的这种观点也是带有一定片面性的,因为两者是相辅相成的平等关系,不存在主、配角之分。

图像化时代的图文之间既竞争又合作的关系对文学活动产生了全面影响,包括从文学创作、文学传播和文学接受乃至文学批评四个方面。我们可以肯定的是:文学不会灭亡!文学作为以文字符号为重要载体的艺术,具备悠久的历史,具备比较完备的创作、传播、接受和再创作的体制和机制,具有固定的创作群体和接受群体。而且更关键的是语言符号具备自己独特的场域,这是其他符号不能代替的。所以,语言不能代替图像,图像也不能代替语言。

关于这一点,格罗塞说得好:"就某种意义上讲,每一幅图画都

---

① [美]阿尔温·托夫勒:《第三次浪潮》,朱志焱译,上海三联书店1984年版,第229页。
② 周宪:《视觉文化的转向》,《学术研究》2004年第2期。

是文字，因为每幅画总代表一件事物。……然而一幅画在本意上是不会变成一篇文字的，除非那幅画已失去原来的目标，而仅在于说明某种意义。绘画的本来目的是印象；而文字的本来目的却在说明。一个图形如果仅是为说明，即不必求正确和精细，只要普通看去能够认识就好了。"[1] 他既说明了文字和图像各自的特征，也说明了两者之间的关联性。所以，无论从功能还是审美方面，语言和图像都是不可替代的，所以，两者即使在图像化时代也是共存共生的。

---

[1] ［德］格罗塞：《艺术的起源》，蔡慕晖译，商务印书馆1984年版，第150页。

结语　坚守场域特性，开拓艺术空间

本书从符号学的视角出发，研究语言、图像的特征，以及图文之间的相互关系。在此基础上，试图表达以下思想：首先，图像的蓬勃发展是不容忽视的事实，但是语言在符号系统中仍然发挥着基础性作用；其次，在符号场域之内，语言和图像各有所长，也各有所短，双方是不能相互替代的；最后，身处不同符号场域的语言和图像既有重叠和交叉之处，也有不相交之处。因此，图文互换是有限度的转换。也就是说，它们之间存在着能够转换之处，也存在不能转换之处。能够转换之处是重叠和交叉的部分，不能转换之处是不相交的部分。这也进一步证明了图文双方不能相互替代的观点，并从侧面回应了目前学界的"文学终结论"、"文学边缘说"等观点。图像符号在当前时代得到极大发展，但是语言符号并没有式微，仍然起到基础性作用；语言和图像各自具有相互重叠的区域，但是也有对方无法替代的特征以及相应的表现区域，两者都有广阔的发展空间和表现潜能；语言和图像各自能弥补对方不足，并彰显自己的个性特征；图与文在互补关系中共同发展并将持续发展下去。

赵宪章认为："大众传媒对于文学所施展的魔法最根本的是'图像'对于'语言'的战争，它可以不加商量地排挤本来属于语言的场域，或将语言文本图像化。这就是我们的文学现实及其所面临的根本问题。"[①] 他认为文学在图像化时代受到图像的影响甚至某种程度上的排挤，这确实是无法回避的事实，也是我们需要面对的问题。但是将这个问题归结为文学面临的根本问题，未免有些夸张。文学所面对的根本问题是其内部因素和特征的发展，而不是外部因素的影响（虽然外部因素对它产生了影响，但是不足以构成根本影响）。赵宪章的观点还是将文学和图像放在互为差异的两端，以一种略带敌意的态度对待图像的兴盛。从某种程度上来说，他还是将图像的作用和影响扩大化了。

对此，我们可以肯定：图像化确实是一个不可逆转的趋势。但是，图文关系的主流不是差异、对抗甚至诋毁，而是和谐的互文和互补关系。对于图像的激增，我们态度是静然面对、泰然处之，但是又不是听之任之。

既然图像对于语言的影响是客观存在的，那么，语言在面对新的形势时需要适当做出调整以谋取更好的发展。反过来，图像也不能因为暂时较为乐观的发展态势就觉得高枕无忧，它有自己的劣势，也需要在新的时代做出调整。所以，语言和图像在互文和互补的关系网中首先要坚持自身在符号场域内的质的规定性，因为这是各自存在的基础和根本。其次，它们在坚守自身符号特性的同时，还需要发展新的功能和特性以弥补自身的缺陷。也就是说，在图文互补的趋势之下，语言和图像都需要坚守自己的场域特性，也需要发展

---

① 赵宪章：《传媒时代的"语—图"互文研究》，《江西社会科学》2007年第9期。

某些新的特性。

一 语言符号的坚守与发展

从语言符号来说，它始终处于一个永久变化和发展的过程，它自身具有不断完善和发展的内驱力。随着时代的发展，语言总会改变自身的一些元素或者特性以适应社会的发展。语言自身所具有的不断发展的内在逻辑和规律，是语言符号在图像时代依然强劲的内在原因。所以，语言具有适应新时代的开放性精神。

语言符号在图像化时代必须坚守自身的某些特性。首先是在抽象思维方面的深度，它擅长表达虚指性所在，这确实是图像所不及的优势。所以，语言符号更适合进行一些哲理和学理方面的探究。其次，语言由于自身的时间性特征在叙述功能方面也有相当的优势，这也是必须坚持的。

与此同时，它还必须发展克服自身的某些局限和不足，发展某些新的功能和特性。如适当地添加一些图像、或者图像性的因素。对于这一点，张晶也谈过自己的观点，他说："文学不可能是一个孤立于社会文化转型的自律系统，它的理论研究必须面对当下的文化环境。文学理论在今天尤其应该具有它的开放性和移动性，这是用不着遮掩的。"[①] 他虽然论述的是文学、文艺学学科在面对图像时代时的姿态，但是，这样的姿态同样适用于语言符号。这样的态度既可以改变接受过程中的思维形式（从抽象到具象），又可以适应新时代读者的接受趣味和要求。语言在其发展历史上，经过了时间的洗礼和无数次的考验，已经具备了超强的张力和容纳性。

[①] 张晶：《图像时代：文艺学的突破之维》，《湖南文理学院学报》2009 年第 1 期。

所以，在图像的冲击之下，语言完全可以从容面对，也可以包容和接纳许多新的因素，包括图像性的因素，这丝毫无损语言的本质性存在和发展。

鉴于语言符号的改变和发展，运用语言符号的主要艺术类型——文学也需要发展自己的图像性。图像性的主要方面是具体形象性。如果说语言符号的抽象性强调的是思维的张力，而图像的具体形象性强调的是视觉的张力。文学的图像性就是要将抽象性和具象性这两点有机结合。文学的图像性首先体现在文学作品中画面感的营造。流沙河认为："一首诗，就其结构而言，可以分成描述和叙述两部分。所谓描写，就是画。所谓叙述，就是说。画一画，说一说，一首诗就出来了。"① 流沙河先生的"描写"和"画"就强调画面感的营造。其实，画面感在文学中并不是一个新鲜的词汇，中国诗歌的意象和意境的营造就会产生画面感，这是意象和画面感的相通。文学的图像性还表现在文学作品的图像表达方面，主要通过文学作品的图像改编来实现。

二　图像符号的坚守与发展

在图像化时代，以影视艺术为代表的图像符号具有强大表现力和广阔的发展空间。它们在短短的一个多世纪的时间里，创造出了辉煌的成就。图像符号能够完成较为复杂的叙事，也能够阐述较为复杂的内心感情。如著名导演阿伦·雷乃执导、1959 年上映的电影《广岛之恋》，讲述了一位法国已婚女演员到"二战"后的广岛拍摄一部有关于"和平"主题的影片，邂逅了一位同样已婚的建筑师并

---

① 流沙河：《画＋说＝诗·十二象》，生活·读书·新知三联书店 1987 年版，第 1 页。

发生了一段有悖于伦理道德的爱情故事。但是由于这块特殊土地的已经发生的种种事件总是令她惶惶然,如在她与建筑师相处的过程中,她的头脑中总是交替出现残酷的战争画面以及战时她与一位德国占领军的爱情。所以,在这部影片中,用画外音、画面、音乐、光影、构图等元素来综合呈现女主角内心意识的流动,这是一部关于回忆与忘却互相博弈的电影。回忆与忘却都是抽象的意识活动,但是在这部电影中也得到了充分的展现。因此,这部电影在世界电影史上获得了极高声誉。它的主要作用在于它扩大了电影艺术的表现空间,并展现了与语言表达截然不同的魅力。电影史上不乏这样的经典作品,它们将抽象的思想融入具象的图像语言中,创造出生动可视、具备思想深度的艺术效果。

从20世纪初,影视艺术逐渐发展并兴盛,它的发展历程和发展状况说明了其良好的发展前景,也说明了图像符号巨大的发展空间。图像符号也因为其具象和抽象的统一、时间和空间的互补等特征,成就了被大众接受和喜欢的局面。图像符号的发展空间在与语言符号的相互磨砺中形成,它能够借鉴语言符号的某些优长,也必将在今后的发展过程中寻找新的突破口,寻求新的发展机遇。

图像虽然已经展示了巨大的魅力,它同样需要坚守自己的特性,如具体形象性、空间性特征等。同时,它也需要发展一些新的特性和功能。具体来说,图像需要发展其文学性的某些特质。文学性(Litarariness)最初是属于文学作品的专属物,但是随着理论研究的不断深化,它已经超越了文学的疆界,进入了更广阔的领域,从而成为一个开放的概念。"文学性"一词最早由俄国形式主义批评家雅格布逊提出,他说:"文学科学的对象不是文学,而是'文学性',

即那个使一部作品成为文学作品的东西。"① 他认为文学性是文学之所以为文学的质的规定性，也是文学研究的对象。文学性通过"陌生化"来实现，它无论怎样变形，都是围绕着"文学性"而运作的。到了罗曼·英加登时期，他进一步发展了"文学性"理论，他认为"文学性"就是一种审美力量，是"艺术"和"审美"的相互作用。它寓于文学文本之内，也体现在文学文本之外。学者王岳川在肯定文学性的多种表现形式之后宣称："在后现代传媒时代中文学性已经逃逸到文化中，仅仅成为大众文化的形象符码。"② 他认为文学性已经越出了文学的场域，而进入文化的领域。我们不可否认，文学性是文学的重要特征之一，但是并不是唯一的、专属的特性。所以，在其他艺术类型或者整个文化系统中，文学性也是可以存在的。

所以，图像符号内部应该也存在文学性的属性。图像艺术中的夸张、变形、对比、强调、隐喻等，都是利用文学的诸多手段来增强图像的效果。如影视艺术中的特写镜头就是以突兀的手法强调了某些细节，类似于文学作品中的细节描写。图像的文学性主要表现在叙事性的融入和意境的营造。图像中叙事性的展现，电影特别是电视剧是主要的体现者。影视艺术作品通过连贯的影像流娓娓道来一个个跌宕起伏、有始有终的故事。

龙迪勇认为图像可以打破空间艺术的局限，生发出时间的维度，其改变方式主要有以下两种：

---

① Garvin Paull, *A Prague School Reader on Aesthetics*, *Literary Structure and Style*, Washington DC: Georgetown University Press, 1964.
② 王岳川：《"文学性"消解的后现代症候》，《浙江学刊》2004 年第 3 期。

结　语
坚守场域特性，开拓艺术空间

概括起来，在图像叙事中，主要有两种使空间时间化的方式：利用"错觉"或"期待视野"而诉诸观者的反应；利用其他图像来组成图像系列，从而重建事件的形象流（时间流）。前者主要表现为发现或者绘出"最最富于孕育性的那一顷刻"，后者则主要要让人在图像系列中感觉到某种内在逻辑、时间关系或因果关联（否则就只是多幅图像的杂乱堆砌）。[①]

上文所说的两种主要的方式的其中之一就是诉诸观众的思维活动，将空间时间化，另一种是将单幅的空间性的画面组成画面系列以实现空间化。通过空间的时间化，将"最富有孕育性的那个顷刻"变成无数个顷刻的续接，从而实现叙事的功能。

图像符号也可以营造意境。如中国画总是将意境的塑造摆放在比较重要的位置，通过简单的线条、笔墨、造型和构图等艺术语言也能传递深厚的意蕴；电影《城南旧事》通过独特的背景音乐、画面影调和构图形式传递出浓浓的怀旧色彩和温馨气息。

通过意境的营造，图像可以加强自身的抽象性思想。所以，对于图像，我们不仅仅是视觉的观看，也必须有思维的参与。图像意境的营造可以加强图像的解读性。在图像的接受过程中，我们用解读（reading）取代观看（seeing），实际上是对图像深层意蕴的挖掘。贡布里希等传统的艺术史家也认为图画应被"阅读"，因为图像并非是自然的、不证自明的，而是必须加以破译的视觉语言创造的。[②]

心理学家鲁·阿恩海姆亦认为："所有的感觉表达媒介都在发生

[①] 龙迪勇：《图像叙事——时间空间化》，《江西社会科学》2007年第9期。
[②] [英] E. H. 贡布里希：《艺术与错觉：图画再现的心理学研究》，李本正、林夕、范景中译，浙江摄影出版社1987年版，第439页。

相互的渗透，尽管每一种表达媒介在依靠自身最独特的性质时发挥得最好，它们又都可以通过与自己的邻者偶然联袂为自己灌注新的活力。"① 所以，通过文学的图像性、图像的文学性的双重发展，两者实现了共赢。这种相互的渗透具备一定的前提和基础，也具备一定的必然性和良好的效果。当然，语言和图像的发展都是一个渐变的过程，不是一朝一夕就能完成的。

当然，语言与图像分别向图像性与文学性方面延伸的策略，只是它们各自发展方向的一个维度体现。它们还可以涉及其他领域，生发出更广阔的发展空间。

自古至今，从中到西，语言和图像都是相伴相生的，彼此从未离开过，在图像化时代更是如此。图像在现代的激增并不可怕，它只是一种符号，和语言符号并列的一种再现和表现方式。我们不畏惧语言，也就不应当畏惧图像。

对于图像的看法，艾尔雅维茨的观点比较中肯："在后现代主义中，文学迅速地游移至后台，而中心舞台则被视觉文化的靓丽辉光所普照。此外，这个中心舞台变得不仅仅是个舞台，而是整个世界：在公共空间，这种审美化无处不在。但另一个方面，我们难道不能也理直气壮地说，当前的'图像转向'可能仅仅是对词语在社会和历史中的持续作用的一种补充吗？而正在发生的一切，可能仅仅是不久前还处于一个相当边缘领域里的视觉文化有益的扩散，而且，图像还正借助于补充词语在实际上来拓展（而不是削弱）这些符号的存在领域？"② 他认为图像在一定程度上挤占了文学的位置，但是

---

① [美]鲁·阿恩海姆：《艺术心理学新论》，郭小平、翟灿译，商务印书馆1994年版，第119页。
② [斯]阿莱斯·艾尔雅维茨：《图像时代》，胡菊云、张云鹏译，吉林人民出版社2003年版，第34页。

他认为这是一种有益的扩散，而不是一种带有攻击性的入侵。而且，他还认识到图像能够对文学起到一种补充作用，这是尤为重要的。

所以，图像化时代的文与图，不管是互文还是悖离，两者都是一种平行关系。这种平行关系既体现为和谐关系，也表现出某种程度上的矛盾和悖离，但是两者在地位上是平等的。这种平等指的是在表达世界、抑或是建构世界的作用上的对等。同时，它也指文和图之间的相互影响、提升和超越。而且，图文的互补和互文会产生"1+1>2"的效果。因为图文之间已经不再是简单的互释关系，而是实现了更高层次的超越：它们所蕴含的信息量增大，审美效应也大大增强。所以，图文互补具有良好的发展前景。

面对图文互文的关系，我们所采取的态度是建构性的态度，而不是解构性的态度。解构性的态度带来的是譬如"文学终结论"等类似的观点，并将语言和图像的关系解构得水火不容。建构性的态度则会在语言和图像之间找寻到相似点，也找寻到不同点，从而建立两者之间正常的关系，并使两者都得到充分发展。

当然，没有任何一种理论或者观点可以放之四海而皆准，适用于一切现象。本书的一些观点同样是如此，肯定存在着缺陷。但是本文的研究力求准确、实事求是地贴合现实状况，以求准确地把握图文关系。

本书主要研究了图像时代的图文关系，对于这一论题，还遗留了一些亟待解决的问题：文学和图像的这种新型的互补关系导致产生了很多图文结合的文本形式，这些文本的艺术类型归属问题如何解决？是划分为文学，还是划分为图像？划分的标准是什么？是按照各自所占的比例，还是文本显示的主要特征？

同时，在图像发展方面，随着数字技术和电脑技术的发展，已经出现了一种新型的图像形式——"拟像",这是一种没有客观现实对应物、完全在计算机上虚拟出来的。"拟像"的出现已经改变了图像和现实世界的近亲性,那么如何探讨两者和现实的关系也是一个重要的研究课题,这些问题留待以后进行深入研究。

参考文献

一 著作类

1. [美]W.J.T.米歇尔：《图像理论》，陈永国、胡文征译，北京大学出版社2006年版。

2. [美]爱德华·萨丕尔：《语言论——言语研究导论》，陆卓元译，陆志韦校，商务印书馆2007年版。

3. 叶维廉：《中国诗学》，生活·读书·新知三联书店1992年版。

4. [法]皮埃尔·布迪厄：《艺术的法则——文学场的生成和结构》，刘晖译，中央编译出版社2001年版。

5. [德]莱辛：《拉奥孔》，朱光潜译，人民文学出版社1979年版。

6. 钱钟书：《七缀集》，生活·读书·新知三联书店2003年版。

7. 赵一凡、张中载、李德恩：《西方文论关键词》，外语教学与研究出版社2006年版。

8. 韩丛耀：《图像：一种后符号学的再发现》，南京大学出版社2008年版。

9. [法]克里斯丁·麦茨：《电影与方法：符号学文选》，李幼蒸译，生活·读书·新知三联书店 2002 年版。

10. 于德山：《中国图像叙述传播》，山东文艺出版社 2008 年版。

11. [德] 海德格尔：《在通向语言的途中》，孙周兴译，商务印书馆 2008 年版。

12. 叶蜚声、徐通锵：《语言学纲要》，北京大学出版社 1997 年版。

13. 郝朴宁、李丽芳：《影像叙事论》，云南大学出版社 2007 年版。

14. [法] 安娜·埃诺：《符号学简史》，怀宇译，百花文艺出版社 2005 年版。

15. 李幼蒸：《理论符号学导论》，中国人民大学出版社 2007 年版。

16. [意] 乌蒙勃托·艾柯：《符号学理论》，卢德平译，中国人民大学出版社 1990 年版。

17. [法] 福柯：《知识考古学》，谢强、马丹译，生活·读书·新知三联书店 2007 年版。

18. [法] 罗兰·巴尔特：《符号学原理》，李幼蒸译，中国人民大学出版社 2008 年版。

19. [英] 保罗·科布利、莉莎·詹茨：《视读符号学》，许磊译，安徽文艺出版社 2009 年版。

20. 吴风：《艺术符号美学：苏珊·朗格符号美学研究》，北京广播学院出版社 2002 年版。

21. 张凤：《文本分析的符号学视角》，黑龙江人民出版社 2008 年版。

22. 朱玲：《文学符号的审美文化阐释》，安徽大学出版社 2002 年版。

23. [德] 海德格尔：《在通向语言的途中》，孙周兴译，商务印书馆 1997 年版。

24. [德] 海德格尔：《林中路》，孙周兴译，上海译文出版社 2008 年版。

25. ［法］居伊·德波：《景观社会评论》，梁虹译，广西师范大学出版社 2007 年版。

26. 周宪、童庆炳：《视觉文化的转向》，北京大学出版社 2008 年版。

27. ［美］尼古拉斯·米尔佐夫：《视觉文化导论》，倪伟译，凤凰出版传媒集团、江苏人民出版社 2007 年版。

28. ［美］丹尼尔·贝尔：《资本主义文化的矛盾》，严蓓雯译，江苏人民出版社 2007 年版。

29. ［匈］巴拉兹·贝拉：《电影美学》，中国电影出版社 1978 年版。

30. 刘悦笛：《视觉美学史：从前现代、现代到后现代》，山东文艺出版社 2008 年版。

31. 曾军：《观看的文化分析》，山东文艺出版社 2008 年版。

32. 孟建、［德］Stefan Friedrich：《图像时代：视觉文化传播的理论诠释》，复旦大学出版社 2005 年版。

33. 吴琼编：《视觉文化的奇观：视觉文化总论》，中国人民大学出版社 2005 年版。

34. 罗岗、顾铮：《视觉文化读本》，广西师范大学出版社 2003 年版。

35. 高字民：《从影像到拟像：图像时代视觉审美范式研究》，人民出版社 2008 年版。

36. 毛凌滢：《从文字到影像：小说的电视剧改编研究》，四川大学出版社 2009 年版。

37. 张宗伟：《中外文学名著的影视改编》，中国广播电视出版社 2002 年版。

38. ［美］马克·波斯特：《信息方式：后结构主义与社会语境》，范静哗译，商务印书馆 2000 年版。

39. ［法］鲍德里亚：《生产之镜》，仰海峰译，中央编译出版社 2003

年版。

40. 陈永国主编:《视觉文化研究读本》,北京大学出版社2009年版。

41. 徐复观:《中国艺术精神》,春风文艺出版社1987年版。

42. ［意］翁贝尔托·埃科:《符号学与语言哲学》,王天清译,百花文艺出版社2006年版。

43. ［德］马克斯·韦伯:《学术与政治》,冯克利译,生活·读书·新知三联书店1998年版。

44. ［法］列维·斯特劳斯:《野性的思维》,李幼蒸译,商务印书馆1997年版。

45. ［法］安德烈·戈德罗、弗朗索瓦·若斯特:《什么是电影叙事学》,刘云舟译,商务印书馆2005年版。

46. ［美］苏珊·朗格:《情感与形式》,刘大基、傅志强等译,中国社会科学出版社1986年版。

47. 伍蠡甫:《西方文论选》,上海译文出版社1979年版。

48. 王先霈:《文学批评术语词典》,上海文艺出版社1999年版。

49. 张宗伟:《中外文学名著的影视改编》,中国广播电视出版社2002年版。

50. 张冲:《文本与视觉的互动》,复旦大学出版社2010年版。

51. ［法］安德烈·巴赞:《电影是什么?》,崔君衍译,中国电影出版社1987年版。

52. 俞建章、叶舒宪:《符号:语言与艺术》,上海人民出版社1988年版。

53. ［英］卡罗琳·冯·艾克、爱德华·温特斯:《视觉的探讨》,李本正译,凤凰出版传媒集团、江苏人民出版社2010年版。

54. 徐巍:《视觉时代的小说空间——视觉文化与中国当代小说演变

研究》，学林出版社 2008 年版。

55. 刘彬彬：《中国电视剧改编的历史嬗变与文化审视》，岳麓书社 2010 年版。

56. 陈林侠：《从小说到电影：影视改编的综合研究》，中国社会科学出版社 2011 年版。

57. 肖伟胜：《视觉文化与图像意识研究》，北京大学出版社 2011 年版。

58. 谢宏生：《图像与观看》，广西师范大学出版社 2012 年版。

59. 赵毅衡：《符号学原理与推演》，南京大学出版社 2012 年版。

60. ［德］本雅明：《机械复制时代的艺术作品》，浙江摄影出版社 1996 年版。

61. ［法］米歇尔·德塞图：《日常生活实践》，陆扬、王毅译，载《大众文化研究》，上海三联书店 2001 年版。

62. ［英］特雷·伊格尔顿：《二十世纪西方文学理论》，伍晓明译，北京大学出版社 2007 年版。

63. ［法］福柯：《词与物：人文科学考古学》，莫伟民译，上海三联书店 2002 年版。

64. 吴小丽、林少雄主编：《影视理论文献导读》（电影分册），上海大学出版社 2005 年版。

65. ［美］阿尔温·托夫勒：《第三次浪潮》，朱志焱译，上海三联书店 1984 年版。

66. ［德］格罗塞：《艺术的起源》，蔡慕晖译，商务印书馆 1984 年版。

67. 流沙河：《画＋说＝诗》，载《十二象》，生活·读书·新知三联书店 1987 年版。

68. 张冲：《文本与视觉的互动：英美文学电影改编的理论与应用》，复旦大学出版社 2010 年版。

69. ［美］威廉·阿尔斯顿：《语言哲学》，牟博、刘鸿辉译，生活·读书·新知三联书店 1988 年版。

70. ［法］居伊·德波：《景观社会》，王昭凤译，南京大学出版社 2006 年版。

71. ［英］汤姆林森：《文化帝国主义》，上海人民出版社 1999 年版。

72. ［英］伊雷特·罗戈夫：《视觉文化研究》，朱国华译，载《文化研究》第 3 辑，天津社会科学院 2002 年版。

73. ［德］马丁·海德格尔：《林中路》，孙周兴译，上海译文出版社 2004 年版。

74. 凌逾：《跨媒介叙事——论西西小说新生态》，人民出版社 2009 年版。

75. 吴琼编：《凝视的快感——电影文本的精神分析》，中国人民大学出版社 2005 年版。

76. 叶朗：《现代美学体系》，北京大学出版社 1999 年版。

77. ［斯］阿莱斯·艾尔雅维茨：《图像时代》，胡菊云、张云鹏译，吉林人民出版社 2003 年版。

78. ［法］克里斯蒂安·麦茨：《想象的能指：精神分析与电影》，王志敏译，中国广播电视出版社 2006 年版。

79. ［瑞］费尔迪南·德·索绪尔：《普通语言学教程》，高名凯译，商务印书馆 2008 年版。

80. ［美］爱德华·茂莱：《电影化的想象——作家和电影》，邵牧君译，中国电影出版社 1989 年版。

81. ［英］约翰·伯格：《观看之道》，戴行钺译，广西师范大学出版社2007年版。

82. ［法］鲍德里亚：《生产之镜》，仰海峰译，中央编译出版社2003年版。

83. ［美］鲁道夫·阿恩海姆：《艺术与视知觉》，腾守尧、朱疆源译，四川人民出版社1998年版。

84. ［法］皮埃尔·布迪厄、［美］华康德：《实践与反思——反思社会学导引》，李猛、李康译，中央编译出版社1998年版。

85. ［美］乔治·布鲁斯东：《从小说到电影》，高骏千译，中国电影出版社1981年版。

二 论文类

86. 段炼：《视觉文化研究与当代图像》，《美术观察》2008年第5期。

87. ［美］J.希利斯·米勒：《文学理论的未来》，刘蓓、刘华文译，《东方丛刊》2006年第1期。

88. ［苏］波高热娃：《论改编的艺术（二）——陀思妥耶夫斯基小说的改编》，俞虹译，《世界电影》1983年第2期。

89. 赵宪章：《语图互仿的顺势和逆势——文学与图像关系新论》，《中国社会科学》2011年第3期。

90. 周宪：《"读图时代"的图文"战争"》，《文学评论》2005年第6期。

91. 孙文宪：《语言批评的演变》，《长江学术》2008年第3期。

92. 周宪：《视觉文化的转向》，《学术研究》2004年第2期。

93. 王岳川：《"文学性"消解的后现代症候》，《浙江学刊》2004第3期。

94. 龙迪勇：《图像叙事——时间空间化》，《江西社会科学》2007

年第 9 期。

95. 欧阳友权：《数字化语境中文学的嬗变》，《理论与创作》2004 年第 3 期。

96. 张邦卫：《图像增值：语言的式微与图像的狂欢——数字化时代审美文化的范式转型》，《长沙理工大学学报》2005 年第 2 期。

97. 周宪：《看的方式与视觉意识形态》，《福建论坛》2001 年第 6 期。

98. 周宪：《反抗人为的视觉暴力——关于一个视觉文化悖论的思考》，《文艺研究》2000 年第 9 期。

99. 温朝霞：《"出位之思"：中西诗学对话的启示》，《唯实》2004 年第 9 期。

100. 赵宪章：《文学和图像关系研究中的若干问题》，《江海学刊》2010 年第 1 期。

101. 赵宪章：《传媒时代的"语—图"互文研究（笔谈）》，《江西社会科学》2007 年第 9 期。

102. 潘繁生：《"看"比"读"好——论图像文化转向的必然性》，《淮海工学院学报》2009 年第 9 期。

103. 刘淇：《詹姆逊后现代理论对"图像时代"的阐释》，《华章》2009 年第 14 期。

104. 杨利国、周丽艳：《语言符号是人类文化的元语言——有关语言符号的在思考》，《内蒙古民族大学学报》2003 年第 6 期。

105. 段钢：《图像时代的符号和象征》，《天津社会科学》2006 年第 4 期。

106. 胡家宁：《现代传播中的视觉符号探讨》，《扬州大学学报》2006 年第 6 期。

107. 郝朴宁：《影像符号的意义构成》，《当代文坛》2008 年第 3 期。

108. 段钢：《图像时代的符号和象征》，《天津社会科学》2006年第4期。

109. 张柯：《论后期海德格尔的"语言本质"思想》，《江西社会科学》2008年第3期。

110. 吴宗杰：《中西话语权势关系的语言哲学探源——话语学的文化研究视角》，《浙江大学学报》2006年第2期。

111. 罗洋富：《试论视觉文化时代读写行为的转变》，《贵州师范大学学报》2005年第1期。

112. 庄琴芳：《中西话语权势关系的语言哲学探源》，《外语学刊》2007年第5期。

113. 欧阳文风等：《"图像社会与文学发展"专题学术座谈会综述》，《中南大学学报》2008年第5期。

114. ［美］安东尼·卡斯卡蒂：《柏拉图之后的文本和图像》，《学术月刊》2007年第2期。

115. 王永祥：《不可动摇的语言符号的任意性原则——再读索绪尔的〈普通语言学教程〉》，《四川大学学报》2008年第6期。

116. 叶起昌：《论后印刷时代话语中图像与文字的关系》，《北京交通大学学报》2008年第4期。

117. 欧阳文风：《从文学到文学性：图像时代文学研究重心的转移》，《理论与创作》2008年第2期。

118. 毛凌滢：《互文与创造：从文字叙事到图像叙事》，《江西社会科学》2007年第4期。

119. 林钰源：《视觉艺术的图像方式与图像语言》，《华南师范大学学报》2009年第1期。

120. 张雅玲：《试析图像时代文学的使命》，《江西社会科学》2007

年第 2 期。

121. 李晓灵：《图像时代的电影和文学》，《北京社会科学》2008 年第 4 期。

122. 陈文育：《图像时代的审美真实性问题》，《江海学刊》2008 年第 4 期。

123. 吴昊：《图像与文学关系的历史考察——兼谈文学在"图像时代"的生存策略》，《文艺评论》2007 年第 6 期。

124. 韩巍峰：《语言的强制性规范——从索绪尔的语言社会观看"符号暴力"》，《中州大学学报》2008 年第 2 期。

125. 李晓灵：《图像时代文学在电影场域中的绝地重兴》，《浙江师范大学学报》2008 年第 4 期。

126. 孙文宪：《作为结构形式的母题分析——语言批评方法论之二》，《华中师范大学学报》2001 年第 6 期。

127. 彭亚非：《图像社会与文学的未来》，《文学评论》2003 年第 5 期。

128. 龙迪勇：《图像叙事和文字叙事——故事画中的图像与文本》，《江西社会科学》2008 年第 3 期。

129. 龙迪勇：《图像与文字的符号特性及其在叙事活动中的相互模仿》，《江西社会科学》2010 年第 11 期。

130. 孙志璞：《论电子图像时代文学的独特审美场域》，《文艺理论》2006 年第 5 期。

131. 余虹：《文学的终结与文学性蔓延——兼谈后现代文学研究的任务》，《文艺研究》2002 年第 11 期。

132. 李静：《影视小说"读图时代"的文学"宠儿"》，《文艺争鸣》2007 年第 4 期。

133. 黄发友：《挂小说的羊头，卖买剧本的狗肉——影视时代的小说危机》（下），《文艺争鸣》2004年第3期。

134. 秦俊香：《从改编的四要素看文学名著影视改编的当代性》，《北京电影学院学报》2003年第6期。

135. 周宪：《"读图时代"的图文"战争"》，《文学评论》2005年第6期。

136. 周宪：《视觉文化与消费社会》，《福建论坛》2001年第4期。

137. 赵维森：《视觉文化时代人类阅读行为之嬗变》，《学术论坛》2003年第3期。

138. 蒋原伦：《图像/图符修辞》，《文艺研究》2009年第10期。

139. 杨小彦：《视觉的全球化与图像的去魅化——观察主体的建构及其历史性变化》，《文艺研究》2009年第3期。

140. 曹意强：《可见之不可见性——论图像证史中的有效性和误区》，《新美术》2004年第6期。

141. 徐巍：《图像时代文学创作的危机与选择》，《社会科学》2011年第9期。

142. ［美］L. 西格尔：《影视艺术改编教程》，苏汶译，《世界电影》1996年第1期。

三　英文文献

143. Roland Barthes, *Elements of Semiology*, Translated by Annette Lavers and Colin Smith, New York: Hill and Wang, 1973.

144. Durham Scott, *Phantom Communities: The Simulacrum and the Limits of Postmodernism*, California: Stanford University Press, 1998.

145. Winfried Nöth, *Handbook of Semiotics*, Bloomington/Indianapolis:

Indiana University Press, 1995.
146. Michel Foucault, *The Order of Things: An Archaeology of the Human Sciences*, New York: Vintage Books, 1973.
147. Scott Lash, *Sociology of Postmodernism*, London: Routeldge, 1990.
148. Michel de Certeau, *The Practice of Everyday Life*, Translated by Steven Rendall, California & London: Univeristy of Canifornia Press, 1984.

致　谢

　　此刻，窗外淅淅沥沥下着小雨，并伴随着阵阵凉风，一如我此刻忐忑不安的心情。不安的原因在于本书还存在许多不足之处，恳请各位专家批评指正，不甚感激。本书是在我的博士论文的基础上修改而成的，也是2016年度湖北省教育厅人文社科重点项目"符号学视野下的当代图文关系研究"的最终成果。

　　感谢我的博士生导师孙文宪教授，您的睿智、严谨、博学和宽厚是我心中的航标，也是我永远追求的目标。能够成为您的学生，实属我三生有幸。这篇论文从确定选题，整理论文思路，具体行文，您不厌其烦地指出错误、矫正思路。在论文修改的过程中，您的每一次建议都让我如醍醐灌顶，受益匪浅。我的写作思路在与您的每一次谈话后更加清晰，本书的主要观点也在与您的反复磋商中更加明确。这篇论文凝聚了您太多的心血，不能一一言表。您在年迈母亲的病榻前给我修改论文的画面将在我心中将永不褪色。感谢师母对我的生活及学业的关心，我们更敬佩的是您乐观、健康而又时尚的生活方式和生活态度，您是我们的生活导师。

　　感谢华中师范大学文学院的王先霈教授、胡亚敏教授、张玉能教授、李显杰教授、修倜教授等。从硕士研究生到博士研究生，我在美丽的桂子山度过了六年最美好的青春年华，被母校深厚的人文底蕴所熏陶，也深切地感受到您们的师者风范、学者风范。你们的学识和人品都是值得我一辈子去学习的楷模。

感谢我的博士同窗王芳实、王金山、谢龙新等同学，感谢我的同门黄柏刚、刘慧玲、张才刚、张惠、艾士薇、石中华、王丹等，与你们的情谊是我心中永远的歌。

感谢我的父母，您们年过半百，操劳了大半辈子，身体状态欠佳，父亲更是几番生病住院，并留下了较为严重的后遗症。但是在我写作博士论文的时期，您们却毅然离开自己生活了几十年的老家，承担起照顾我年幼孩子的重任，并揽下所有家务，任劳任怨，几十年如一日。你们的辛苦付出女儿深藏在心底。感谢我的爱人，你虽不善言辞，但是你对我学业的默默支持和付出也令我难忘。感谢我的儿子，在博士论文完成之时，你已经由一个嗷嗷待哺的婴儿成长到一岁四个月，而今，你已经快七周岁了，成为一名小学二年级学生，你的健康成长是我前行的最大动力。

感谢本书中所引用的著作或者文章的作者，你们的科研成果是本文研究得以进行的重要基础。站在巨人的肩膀上才能看得更远，如果没有你们的成果，本书将无法进行研究。

此时，心头溢满了感激之情。感谢所有帮助过我的人，感谢我认识的人和认识我的人……

怀揣一颗感恩之心，不忘初心，我将在学术研究的道路上继续学习，勇敢前行。

李烨鑫

2017年10月于湖北民族学院